Les arts plastiques à l'école

Les arts plastiques à l'école

Claude Reyt

ARMAND COLIN

ISBN : 2-200-21960-1

Armand Colin – 34 bis, rue de l'Université – 75007 Paris

Table des matières

De l'action aux opérations

SUR LE SUPPORT

SUR UN MATÉRIAU

Je tiens à remercier les enfants et enseignants de Seine-Saint-Denis qui ont nourri ma réflexion, tous les CPAP qui l'ont enrichie, Évelyne Houet avec laquelle tant d'expériences ont été menées, Brigitte de Souza pour une citation qu'elle reconnaîtra… et les étudiants et stagiaires qui m'ont autant apporté que ce que j'ai pu leur apporter. Je souhaite aussi, pour beaucoup de raisons, rendre un hommage particulier à Daniel Lagoutte.

Introduction

Depuis la parution déjà ancienne de notre premier ouvrage, ont été édités par le ministère deux fois des *Instructions officielles* et des *Compléments*, et un livret dans la collection « Une école pour l'enfant, des outils pour les maîtres ». Il était devenu nécessaire de le réactualiser, d'autant que le titre d'Activités plastiques recouvrait alors très précisément ce que nous nous étions fixé comme tâche, à savoir l'inventaire des activités menées ou à mener à l'école maternelle. Notre projet est aujourd'hui plus ambitieux, puisqu'il prétend couvrir toute l'école primaire (maternelle/élémentaire) où l'enseignement des arts plastiques connaît, en dépit de bonnes volontés manifestes et d'intérêt accru, et d'ailleurs d'avancées notoires, un certain nombre de difficultés.

Difficultés qui tiennent, tout d'abord, à des problèmes matériels : manque de place, de temps, de moyens… Puis, de façon sans doute plus aiguë, à un manque de formation : comment enseigner ce que l'on connaît peu, et mal ?

Le terme même d'*arts plastiques*, si, confusément, tout le monde imagine bien ce qu'il peut recouvrir, est entaché d'ambiguïté. S'il est justifié par les pratiques artistiques contemporaines inséparables de la didactique actuelle, il n'en reste pas moins qu'il y a pour l'usager manque de clarté tant des objectifs que des contenus. À cela deux raisons. La première tient à la nature même de la discipline, éminemment évolutive et heuristique. Notons que c'est le cas pour la totalité du champ de l'enseignement et que la pédagogie n'est viable qu'en perpétuelle recherche, et donc mutation. C'est cependant particulièrement vrai dans un domaine artistique qui se donne pour tâche d'amener les élèves à une expression personnelle, singulière et si possible inédite. La deuxième s'éclaire au vu d'un historique qui montre que le passage d'une pratique du dessin (technique, géométrique, d'après modèle), d'une efficacité et d'une utilité reconnues (« un bref croquis m'en dit plus qu'un long discours », aurait dit Napoléon), à celle d'un registre plus vaste où s'articulent dans la réflexivité savoirs et savoir-faire ne s'est effectué ni rapidement ni simplement. La juxtaposition des termes *arts* et *plastiques* fait déjà problème. Parfois est avancée l'idée que le *plastique* (tout ce qui est de l'ordre de la forme) serait enseignable, tandis que l'*artistique*, plus impondérable, ne pourrait l'être. Certains vont plus loin, refusant à tout champ artistique la dénomination de discipline, voire en renvoyant la pratique hors Éducation nationale, à d'autres instances (culturelles, territoriales…).

Mais qu'en est-il de l'enfant ?

L'enfant et l'expression plastique

> « La seule instruction à donner aux maîtres […] c'est de favoriser par tous les moyens l'instinct qui pousse les enfants à dessiner. Laissez-les couvrir de crayonnages fantaisistes leurs ardoises et leurs cahiers : ils aiment à se raconter des histoires ou à se rappeler des spectacles familiers. Pas de conseil à leur donner, pas de critique à leur faire […]. » (*IO*, 1923.)

Cette vision quelque peu rousseauiste pointait déjà quatre éléments fondamentaux. Le besoin (*instinctif*), le désir (*ils aiment*), le narratif (*raconter*), l'évaluation (*pas de critique*). Deux concernent le rapport naturel de l'enfant au dessin, l'un rend compte du caractère de ses productions, le dernier évoque une forme de pédagogie.

Pourquoi l'enfant dessine

Par besoin élémentaire, tout d'abord, de laisser une trace, trace qui lui permet tout à la fois de manifester sa présence et de s'approprier le monde.

Il investit par le geste et de son action un espace informe, non structuré, auquel il imprime sa volonté. Démiurge, il apprivoise les choses en leur donnant place dans son univers personnel. Peut lui importe, *a priori*, le résultat, le fait seul de représenter la réalité lui donne du pouvoir sur elle. Et la magie de cette possession facile engendre le plaisir (plaisir de faire d'abord, de créer ensuite), partant le désir d'agir encore, de réaffirmer son emprise.

Cette expression lui apparaîtra vite comme un moyen privilégié du rapport à autrui. L'enfant dessine pour communiquer. Pour dire, pour expliciter, pour offrir. L'acte prend alors tout son sens, tant il est vrai qu'il est rarement gratuit : l'on fait *pour* quelqu'un, la plupart du temps pour l'adulte, pour établir un contact, l'accepter, voire le refuser, toujours pour s'affirmer dans une relation à l'autre.

Comment l'enfant dessine

Dans ce cadre, en toute logique, « le souci de l'enfant n'est pas de représenter les choses telles qu'elles sont, mais de les figurer de la manière qui nous les rend le plus aisément identifiables. Tous les artifices qu'il utilise [...] visent à cette fin de représentativité. Il augmente la quantité d'informations [...]. Plus un dessin veut dire de choses plus il intéresse l'enfant. Le dessin est donc bien l'équivalent d'un récit. Le langage par l'image remplace le langage par les mots mais le souci reste le même : informer, raconter. » (Widlöcher, *L'Interprétation des dessins d'enfants*, Dessart.)

S'organise un système de signes variés et variables, puisés dans un ensemble de schèmes à efficacité reconnue, immuables dans toutes les productions et suivant la même évolution, dans une uniformité qui n'est pas sans analogie avec un code. C'est le stéréotype, confortable parce que bien possédé, qui évoluera lentement au fur et à mesure de la maturation, intégrant peu à peu perceptions et connaissances jusqu'à se dessécher et se réduire en se normalisant. Vaine question que de débattre si l'on doit s'attacher à le conserver ou à le détruire, puisque en tous les cas il existe et subsiste.

Une fois admis le fait que l'enfant s'exprime, disons, en imageant, le problème se déplace vers les rôles fondamentaux de l'école et plus précisément des enseignants, seuls capables, par un enseignement bien compris, d'aider les élèves à s'appuyer sur leur désir pour développer leurs aptitudes.

L'école aujourd'hui

Dans *Apprendre... oui, mais comment?* (ESF), Philippe Meirieu s'insurge contre la notion de classe et son carcan horaire, qui interdit selon lui tout autant la collaboration entre les maîtres que la prise en compte individualisée des élèves. Il faut assouplir, ajoute-t-il, en prenant le temps du suivi individuel, en diversifiant les formes de regroupement des élèves, en gérant plus souplement le temps, etc.

Un énorme progrès a été accompli en ce sens par l'organisation en cycles de l'école primaire, et par la définition des objectifs en termes de compétences à acquérir. Mais, admettons-le, le système a bien du mal à se mettre en place, et les horaires restent bien souvent inféodés au disciplinaire.

Heureusement, reste, outre leur intelligence des problèmes concrets, la polyvalence des enseignants qui, par définition, interdit un strict cloisonnement. Rappelons-en les principes :

> « La polyvalence des maîtres donne sa spécificité à l'école primaire. Loin d'impliquer une simple juxtaposition d'enseignements disciplinaires, elle favorise la mise en œuvre de démarches faisant appel à plusieurs disciplines pour construire ou conforter un apprentissage. Elle crée les conditions pour mener des activités diversifiées, mais coordonnées, concourant au même objectif, pour mettre en place au travers des différentes disciplines des procédures intellectuelles [...] » (*IO*, 1995).

Il n'en faut pas méconnaître les difficultés, car elle suppose de la part des maîtres une maîtrise plurielle (contenus, objectifs, procédures intellectuelles mises en œuvre... sans même parler des connaissances indispensables en psychologie), une polyvalence bien comprise ne pouvant se concevoir sans une définition précise préalable des champs disciplinaires, qui seule permettra de créer des passages, de jouer des transversalités.

Restons modestes : personne n'est Shiva ! Cependant l'expérience montre que les choses ne vont pas si mal : les enseignants se forment, s'organisent en équipes où, sans aller nécessairement vers des échanges de services (palliatif éventuel, mais en aucun cas solution miracle), chacun met ses compétences propres, ses recherches personnelles, au service de tous... Précisons encore, pour mémoire, que les arts plastiques, au même titre que la musique, sont une discipline *obligatoire*, dont nul n'a le droit de se désintéresser... De quelle tristesse ne serait pas une école aux contenus fondés sur les seuls enseignements dits « fondamentaux » !

Éléments de didactique

L'on n'apprendra rien à personne en rappelant que la didactique se donne pour tâche d'étudier les interactions entre un savoir identifié, un enseignant, un « apprenant » dans une situation d'apprentissage. Dans une acception plus courante, le terme renvoie à l'utilisation de techniques et de méthodes propres à chaque discipline, techniques différentes selon les matières puisque ancrées sur les contenus. Il est donc nécessaire que soit clairement identifiée la discipline, tant dans sa nature (ses caractéristiques, ses finalités) que dans ses contenus (savoirs dits « savants », savoirs à enseigner, savoir enseigné).

1. Caractère des arts plastiques

• Il s'agit d'une discipline artistique, ce qui suppose, de façon très générale :

– approche sensible, de l'ordre de l'esthétique, mot que nous utilisons toujours au sens étymologique (du grec ancien *aisthetikos* = qui a la faculté de sentir, intelligent; le verbe *aisthanomai* signifie à la fois sentir et comprendre). Il s'agit donc de privilégier l'intelligence des sens, pris au sens le plus large (perceptions et émotions);

– activité divergente (créativité, imagination, invention, recours à l'imaginaire);

– investissement fort et conduite particulière, qui sont de l'ordre des attitudes.

Mais le mot art n'a pris le sens que nous lui donnons aujourd'hui qu'au XIXe siècle. Dans son étymologie latine, il recouvre trois notions successives et complémentaires : celle, d'abord, de talent, savoir-faire, habileté; puis celle de métier; enfin, de manière plus large, connaissances techniques, théorie, ligne de conduite.

Savoir-faire, connaissances techniques, théorie, permettent de pointer la spécificité disciplinaire. Les arts plastiques ne sont pas un champ artistique comme un autre : chaque domaine artistique, en effet, a ses exigences propres, et sa nature particulière, même si l'on peut imaginer que, sur le plan des attitudes et des conduites, comme sur les finalités sensibles, tous se rejoignent. Il convient donc d'en définir précisément les propriétés.

• Il s'agit d'une discipline éminemment concrète, puisque c'est d'abord une pratique dont l'objet est de former (déformer, transformer), mettre en forme, figurer... Pratique fondée sur une interrelation action (geste)/matériau (outils, médiums, supports, etc.).

Le métier du plasticien réside justement dans cette confrontation à la matière, soit qu'il lutte avec elle pour la contraindre, soit qu'il se laisse guider par elle, soit que, dans un dialogue complice, il joue avec et l'utilise...

En ce qui concerne l'enfant, cette nature concrète, cet appel au « manipulatoire », n'est évidemment pas neutre, puisque chacun sait que c'est en faisant qu'il apprend, d'une part, et que par ailleurs il se réalise en réalisant. En outre, la matérialité de l'œuvre implique et développe de façon non négligeable le sens tactile.
Savoir-faire et habileté renvoient par ailleurs à un élément essentiel dans le domaine pédagogique : la maîtrise gestuelle dont l'acquisition est indispensable pour que se gèrent au mieux les conduites motrices dites fines.

• C'est une discipline « visuelle ». C'est-à-dire qu'elle sollicite l'un de nos sens le plus pratiqué... et peut-être le moins subtilement utilisé. Voir est naturel, mais l'on ne regarde jamais, avec ce que cela implique tout à la fois de dynamique, de concentration, de distanciation. « Voir est une création », disait Matisse. Ce que les arts plastiques vont sans cesse susciter, c'est une vision « active », celle qui identifie, observe, examine, scrute, qui n'est ni aisée ni gratuite, car fondée par une volonté d'ordre intellectuel et réflexif (notons au passage la même différence entre entendre et écouter). Vision aidée par l'immuabilité de l'œuvre (de la production) qui, à la différence d'autres arts comme ceux du spectacle, la soumet inchangée au « regardeur » qui l'investit, se l'approprie, éventuellement la reconstruit (« c'est le regardeur qui fait l'œuvre », disait Duchamp)

2. Les contenus

Les arts plastiques recouvrent l'*ensemble des domaines artistiques où se mettent en question les formes* (*IO* de 6e, 1996). Définition simple, évidemment insuffisante. Pour l'école primaire, les *Instructions* (programmes de 1995) sont données d'abord en termes d'attitudes et de compétences :

> « La pratique des arts plastiques à l'école maternelle se fonde sur le désir qu'a l'enfant de regarder et de toucher, de faire et de réaliser... Il convient de le mettre dans les meilleures conditions pour exercer sa conduite créative (cycle 1). Il convient d'amener l'élève à agir avec des moyens divers – instruments, matériaux, supports –, à combiner des éléments, à essayer des associations, à improviser, à expérimenter, à se documenter, à créer (cycle 2). Les arts plastiques impliquent à la fois invention et réalisation. L'observation d'œuvres d'art aidera l'élève à choisir sa propre conduite de création, qui se nourrira d'une curiosité sollicitée en permanence (cycle 3). »

D'autre part, le livret de 1993, *L'Éducation artistique à l'école*, souligne que :

> « [...] l'enseignement visera à faire prendre conscience à l'enfant de ce qu'il fait et de la portée des opérations plastiques qu'il met en œuvre. On lui donnera ainsi l'occasion d'exprimer ses émotions et ses perceptions de manière plus intense, et d'affirmer sa personnalité de manière plus authentique. »

Quant au maître (*ibidem*), son rôle est de fournir des occasions de découverte, de conseiller, d'encourager, d'impulser, de mettre un matériel à disposition, de rassembler une documentation, de favoriser la construction des savoirs et de conduire l'interrogation des élèves sur les réalisations.

Déclarations de principes, orientations générales, finalités, ces lignes mettent l'accent sur la nécessité d'induire chez l'élève un comportement autonome, de développer chez lui un désir et un pouvoir de gérer sa propre activité et de construire lui-même ses savoirs.

Les instructions officielles

Fondés sur les mêmes objectifs, les programmes déroulent cependant de manière plus précise des contenus à enseigner. Ils sont rangés de façon claire en trois registres :
– Pratique des arts plastiques, où se donnent, en termes d'action, des savoirs techniques et opératoires, mais également des savoirs cognitifs.
– Acquisition de connaissances, référées à l'imaginaire comme point d'ancrage, qui renvoient à la connaissance des éléments plastiques (des notions) aussi bien qu'au champ de l'art (œuvres, artistes, démarches).
– Présentation, qui recouvre l'idée de distanciation évaluatrice.

Le tableau ci-dessous en donnera le détail par cycles, ce qui permet que s'en éclaire la progression :

Cycle 1	**Cycle 2**	**Cycle 3**
Exploration visuelle et tactile de formes, objets, matière ; exploration visuelle de couleurs.	Recherche dans l'environnement d'objets et d'images comme source et stimulation de la production. Reconnaissance de leur qualité esthétique.	Enrichissement du musée de la classe et du musée personnel. Collection d'objets et d'images en fonction de leurs qualités esthétiques et de leur dimension affective.
Réalisation d'un musée personnel.	Constitution du musée de la classe, enrichissement du musée personnel.	
Graphismes, traces et empreintes, pratique du dessin, du modelage, de la peinture et du collage, réalisation d'objets en volume.	Opérations plastiques simples avec divers instruments, sur des matériaux et supports variés : papier, carton, toile, bois, plâtre, terre…	Expérimentation d'opérations plastiques simples sur des des images, des objets, des matières ; exploitation en vue d'effets à produire.
Utilisation de procédés simples : dissociation, inversion, suppression d'éléments.	Pratique du dessin avec des moyens différents : crayon, fusain, craie d'art, pastel. Pratique de la peinture, du modelage, du collage, de la sculpture, de l'assemblage. Approche de l'écriture : calligraphie.	Utilisation d'un ensemble de moyens : dessin (crayon, craie d'art, fusain, feutre, pastel…), peinture, collage, photographie, modelage, sculpture, assemblage…

Cycle 1	Cycle 2	Cycle 3
Exercices de mémoire visuelle.	Formes, matières, couleurs, volumes : comparaisons, différenciations, associations...	Représentations diverses d'un objet, d'un personnage... Utilisation de séquences d'images ou de dessins, pour raconter une histoire, un événement... Présentation et affichage de documents, en fonction d'une recherche, d'un travail en cours.
Les grands référents de l'imaginaire : les éléments (l'air, la terre, l'eau, le feu), la maison, l'arbre.	Enrichissement de l'imaginaire.	Enrichissement de l'imaginaire.
Reconnaissance d'éléments plastiques : forme, couleur, matière, volume.	Familiarisation progressive avec l'œuvre d'art ; connaissance d'œuvres d'art célèbres.	Mise en relation et comparaison d'œuvres de diverses époques. Approche de démarches d'artistes.
	Visites de musées et de galeries d'art.	Visites de musées et de galeries d'art, d'ateliers d'artistes.
Commentaires sur son propre travail.	Valorisation des réalisations : présentation, exposition.	Valorisation des réalisations : présentation, exposition.
Observation des effets produits (choix des matériaux, couleurs).	Analyse des effets produits, explication par les élèves de leurs jugements personnels.	Définition de critères d'appréciation des productions.

On notera qu'à l'école maternelle ne sont pas nettement détachées les diverses activités, ce qui prend en compte le caractère global de toute appréhension chez le jeune enfant ; que par ailleurs, sont subtilement gradués tant les contenus eux-mêmes que leurs emplacements réciproques. Ainsi, au cycle 1, les actions plastiques sont mentionnées avant les procédés. En effet, l'enfant alors agit d'abord, pour le simple plaisir de se manifester, et ce n'est qu'ensuite, sur sollicitation de l'adulte, qu'il pourra éventuellement entrer dans une action concertée (utiliser...). En revanche, aux cycles 2 et 3, les opérations apparaissent avant les techniques, pour bien préciser que ces dernières ne sont qu'un moyen, en aucun cas « l'unique fin d'une séance en arts plastiques » (*Compléments aux IO*, 1985), et qu'elles prennent leur sens surtout lors d'un besoin manifesté.

Parallèlement, le langage utilisé pour qualifier les contenus montre que, d'un cycle à l'autre, il y a distanciation progressive par rapport à l'acte : par exemple, en ce qui concerne la technique, au cycle 2, *pratique du dessin avec des moyens différents* : la pratique suscite l'utilisation de moyens, conçus du coup comme tels ; puis c'est, au cycle 3, *l'utilisation d'un ensemble de moyens*, ce qui suppose un recours concerté à ces derniers. De même : l'utilisation d'opérations, simple *utilisation de procédés* (cycle 1), devient expérimentale au cycle 2 pour aboutir à la recherche d'*effets* au cycle 3 ; l'observation des effets produits donne lieu à analyse, puis à la définition de critères de jugement ; etc.

Est prise en compte, aussi, l'évolution de l'enfant quant à ses compétences et motivations dans l'approche notionnelle : les exercices de mémoire visuelle, à l'école maternelle, sont simple intégration au processus d'intellectualisation des connaissances sensorielles acquises par exploration ; au cycle 2, cycle par excellence de l'expérimentation, où se perçoivent les relations de causalité, l'on comparera, différenciera, associera (les formes, couleurs...) ; le cycle 3 voit apparaître la prédominance de la représentation, fondée sur la préoccupation fondamentale des élèves de cet âge qui est de figurer.
En résumé, l'on peut dire que les enfants du cycle 1 se satisfont avant tout de l'action, éventuellement répétitive ; que ceux du cycle 2 accèdent à l'analyse et donc à l'utilisation d'opérations raisonnées, qu'au cycle 3 devient nécessaire la réflexion sur la raison d'être de l'action. Notons cependant d'ores et déjà ce sur quoi nous aurons sans cesse à revenir : les choses ne sont évidemment pas aussi nettement tranchées. La nécessité de formulation schématique qui est le propre des textes officiels oblige à un découpage abrupt et quelque peu artificiel, et chacun sait qu'un enfant ne passe pas subitement, en fonction de son âge, d'un stade à l'autre. Il n'y a donc là qu'une indication élémentaire, sur laquelle le maître aura, bien entendu, à réfléchir.

Les contenus théoriques

Ce sont ceux qui fondent la discipline, sur lesquels s'appuient les précédents, qui ne peuvent se légitimer (non plus que se construire) sans une théorie référentielle. En amont de l'enseignement, ce sont ceux sur lesquels le maître aura à réfléchir, non qu'il doive tous les posséder (ce serait bien impossible !), mais pour que, sachant de façon claire de quoi il est question, il puisse situer les cadres de son action.
Il s'agit de connaissances, articulées aux trois registres technique, notionnel et culturel, registres que l'on va tenter de définir.

Technicité

Du *technè* grec, qui signifie à la fois « art » et « métier », le terme implique les habiletés nécessaires à la construction de l'œuvre. Dans le domaine de l'art, il renvoie aux procédés de travail et d'expression. Nombre d'ouvrages font l'inventaire des techniques du dessin, de la peinture, de la sculpture, etc., tant il est vrai qu'un sens dérivé énumère ainsi les grands domaines de la production... Étant donné la diversité des moyens contemporains, et même de l'utilisation des systèmes classiques au cours de l'histoire, les énumérer serait aussi fastidieux qu'inutile. Il n'est aucunement question que l'enseignant soit un artiste, non plus d'ailleurs que l'enfant. La technique à l'école est avant tout une manière d'appréhender et d'acquérir un certain nombre de savoir-faire au cours d'expérimentations légitimées : utiliser un outil, couvrir une surface, découper ou déchirer, etc. Reste qu'elle est une préoccupation fondée, car si même elle n'est pas première, sans un minimum de maîtrise la production est impossible.

Concepts et notions

En arts plastiques comme ailleurs, toute opération se fonde sur l'approche d'une notion, et au-delà d'un concept. Notons que, si le dictionnaire confère aux deux termes le même sens, nous donnons ici à *concept* la signification de *représentation mentale abstraite*, à *notion* celle de *branche élémentaire du savoir* (Foulquié). Ainsi le premier sera-t-il une généralité pluriforme, tandis que la deuxième recouvrira un contenu plus spécifique, disciplinaire, susceptible d'être concrétisé dans des actions plastiques. Une notion ne se construira jamais seule, mais en opposition avec son contraire qui la confirme, et avec d'autres qui, en constellation, la complètent ou lui sont assujetties. Par exemple, le mot ton recouvre une notion particulière aux arts plastiques (valeur d'une couleur), tout en ayant ailleurs d'autres sens qui, ensemble, participent du concept de couleur. Un bleu peut être d'azur (qualité), mais azur, par l'intermédiaire de connotations littéraires, se développe en ciel (notion concrète d'une autre nature), lui-même évocateur d'infini (concept). Le concept d'espace se travaille dans toutes les disciplines par acquisition de notions diversifiées plus ou moins spécifiques. En arts plastiques il est partout présent : il est lieu du travail, surface de la feuille, représentation particulière qui emprunte des notions mathématiques (perspective), et/ou joue sur des impressions visuelles (dégradation des tons), des traductions intellectuelles (superpositions, échelonnements), etc. Le concept de transparence est, concrétisé, la qualité d'un matériau et celui-ci, puisque l'on voit à travers, instaure des relations devant/derrière, dedans/dehors, éventuellement dessus/dessous, qui construisent dans leur formulation des notions spatiales. Sa qualité s'oppose à l'opacité, et une recherche de synonymes ouvrira toute une gamme de translucide à cristallin, diaphane, hyalin, opalescent, pellucide, clair, toutes notions transférables à d'autres matériaux, tandis que limpide, lumineux, vitreux, vaporeux et fin suggèrent les thématiques de l'eau, de la lumière, de la vitre, du voile, et l'idée de l'éther…

Les notions, donc, concernent les composantes plastiques (forme, couleur, matière, matériau, c'est-à-dire les qualités des constituants premiers, mais aussi leurs modes de fonctionnement et d'organisation à l'intérieur de la réalisation). Leur nombre en rend le listage exhaustif irréalisable. Il n'est cependant pas inutile de le tenter partiellement.

Éléments plastiques premiers

• *La forme*, en dehors de sa configuration (cercle, carré, etc.), renvoie à l'informe et aux notions (et opérations conjointes) de déformation et de transformation. Au-delà, elle se décline en apparence (disposition, figure, manière) et style (façon, facture). Secondairement, elle peut donner lieu à dénombrement d'éléments simples qui la composent et la caractérisent : point, ligne, plan, volume

• *La couleur* se qualifie, en termes de colorimétrie, par son degré de clarté, de pureté, et par sa longueur d'onde.

– Le degré de *clarté* est ce que l'on appelle la *valeur* d'une couleur, c'est-à-dire son caractère sombre ou clair.
– La *pureté* se définit par un rapport avec le blanc : les couleurs pures, n'en contenant pas, sont dites saturées. Une couleur mélangée de blanc est dégradée, ou encore lavée. L'état de dégradation est dit ton.
– Le mot *teinte* désigne, lui, l'espèce de la couleur (sa longueur d'onde).
– Une *couleur foncée* par du noir (ou du gris) est rabattue, elle est rompue quand on l'affaiblit par mélange avec d'autres teintes, particulièrement avec sa complémentaire.
– Une *nuance* est la variation d'une couleur par mélange avec sa voisine sur le cercle chromatique. Deux couleurs complémentaires sont celles qui, ensemble, reconstituent la lumière blanche ; elles sont diamétralement opposées sur le cercle chromatique (rouge/vert, bleu/orangé, jaune/violet)
En sus de ces propriétés techniques, chaque teinte a des valeurs symboliques (culturelles) variables selon les civilisations. Il faut par ailleurs souligner que ces mêmes propriétés ne sont valables que dans l'acception occidentale, depuis Newton. Certaines époques, certaines cultures, n'ont pas les mots pour nommer des couleurs que donc elles ne reconnaissent pas, voire ne perçoivent pas. L'histoire montre bien que leur réalité est toute relative, surtout si l'on pense que le nombre des teintes de l'arc-en-ciel a été porté à sept pour des raisons mystiques alors que l'indigo n'y est pas vraiment perceptible, et que d'ailleurs notre constitution physiologique (en l'occurrence notre rétine) n'est pas obligatoirement identique d'un individu à l'autre.
• *Le matériau* est ce qui constitue l'œuvre (nature du support, des outils, qualité des médiums). *Matière* suppose des caractéristiques palpables (épaisseur, densité, fluidité, dureté, rugosité, poli…) mais aussi visuelles (on parle alors d'effets de matière). Par analogie avec la disposition des éléments d'un tissage, le mot *texture* est utilisé pour désigner l'aspect extérieur (de surface) d'une matière, son grain (lisse, velouté, strié, granuleux…)

Éléments associés

D'autres notions, plus subtilement, participent également des composantes plastiques.
• Ainsi de *la lumière*, en tant que réalité (éclairage d'un volume par exemple : direct, indirect, en contre-jour, violent, tamisé, etc.), en tant que moyen dans la représentation (modelé, clair-obscur, éclat…).
• Ainsi de *l'espace*, lui aussi réel (situation de l'œuvre dans un espace choisi, qui la présente, voire en fait intrinsèquement partie), *procédé* de présentation ou représentation (point de vue, prise de vue-plongée/contre-plongée, cadrage, champ/hors-champ), *figuré* (profondeur suggérée par la perspective, étagements, chevauchements, rabattements…) *organisé* (composition, structure, construction…).

Modes d'organisation

• En juxtaposition, superposition, alignement, entassement, imbrication, semis, accumulation, éparpillement, dissociation…
• Par alternance, inversion, symétrie/asymétrie, décalage…

- Concentrique, rayonnante, excentrique, orthogonale/diagonale...
- Statique/dynamique, confuse/ordonnée, équilibrée/en déséquilibre...

Relations entre les éléments

- Contraste, opposition, analogie, similitude, homogénéité/hétérogénéité, continuité/rupture, disparité, hiérarchie...
- Enchaînement, série, suite, séquence...
- Plein/vide, forme/fond...

Connaissances culturelles

Elles se réfèrent aux œuvres et aux artistes, replacés dans leur contexte historique, ainsi qu'aux différents discours sur l'art qui, époque après époque, nourrissent l'œuvre et lui donnent sens. *Produite* et *pensée* par un individu inscrit dans une certaine société, l'œuvre est une *matérialité* qui s'adresse à nos sens mais qui, au-delà, développe une présence propre, une *aura* particulière. Étienne Souriau lui confère quatre types d'existence : une existence *physique* (le tableau est un objet fait d'une toile, d'un châssis, de pigments colorés) ; une existence *phénoménale* (les apparences sensibles : taches claires, sombres, colorées) ; une existence *réique*, car elle représente quelque chose (la *Joconde* est une femme dans un paysage) ; enfin, une existence *transcendante*, un au-delà de la représentation, « transcendance confuse dont on ressent la présence indubitable dans toute œuvre d'art digne de ce nom. » « L'œuvre, dit dans le même esprit Soulages, n'est pas là pour communiquer, mais pour faire sens. »

L'exemple de *La Joconde*, commode car l'œuvre est bien connue, diversement appréciée, et jouit d'une célébrité qui paraît souvent excessive, permettra de concrétiser le propos.

- Elle est renommée dès l'origine, puisque Vasari, historien du XVIe siècle, la citera en exemple (sans d'ailleurs l'avoir jamais vue : et comme il la décrit, peut-être y a-t-il là déjà naissance d'ambiguïté). Renommée due en partie à celle de son auteur, alors en pleine possession de ses moyens.
- Léonard de Vinci la conserve par-devers lui, bien qu'elle réponde à une commande (elle ne sera jamais livrée), ce qui permet de supposer qu'il lui accorde une importance particulière. Là-dessus, cependant, nous ne pouvons avoir aucune certitude.
- L'artiste était peu productif, et il s'agit là de l'une de ses rares peintures achevées : elle est donc particulièrement représentative de ses recherches et de son style.
- Elle a fait partie de la collection de François Ier, et est en tant que telle l'une des premières œuvres majeures du patrimoine français.

Toutes raisons qui sont d'ordre historique, hors de l'œuvre elle-même, qu'il faut analyser :

• Elle représente magistralement le souci de l'époque d'une mise en place « illusionniste » et les solutions auxquelles l'artiste a recouru pour y répondre (composition pyramidale, modelé en clair-obscur – traduction française du *sfumato* italien, terme plus significatif).

• Elle est le prototype du portrait de femme (mi-corps, mains au premier plan) que, à tous les temps de l'histoire, les artistes reprendront (cf. par exemple la *Femme à la perle* de Corot qui en est la réplique exacte).

• Le modèle est présenté devant un paysage : le fait est à l'époque traditionnel, mais l'innovation réside dans le fait que le paysage se déroule sans l'intermédiaire d'une fenêtre. Il convient cependant de noter que le tableau a été amputé de 7 cm de chaque côté, ce qui a peut-être supprimé une loggia (quand ? par qui ?). Le paysage lui-même est typique de la relation de son auteur à la nature, qu'il veut, à l'inverse de ses contemporains, représenter toujours en deux registres : dominée par l'homme (le premier plan, en tonalités brunes, où court un chemin) et sauvage, nature indomptée (arrière-plan de pics bleutés).

Le mystère du personnage ne tient aucunement en son fameux sourire (cité par Vasari, ce qui est sans doute la source d'un discours sans cesse répété), mais en la manière dont il est peint, et les écrits de Léonard sont à cet égard éclairants : « Quand tu veux faire le portrait de quelqu'un, fais-le par mauvais temps ou vers le soir [...]. Tu auras donc, peintre, une cour spécialement aménagée avec des murs teints en noir et un toit qui fait un peu saillie au-dessus de ce mur [...] et lorsqu'il fait soleil, il conviendra de la couvrir d'une toile. Ou bien peins ton tableau vers la tombée du soir, quand il y a des nuages ou du brouillard, et cette atmosphère est parfaite. » (*Traité de la peinture*, Berger-Levrault)

Mauvais temps, noir, soir, brouillard, autant d'évocations qui rendent compte à la fois de préoccupations techniques (rendu particulier du jeu lumière/ombre), de l'étrangeté du peintre (sur sa personnalité, *cf.* Freud, *Un souvenir d'enfance de Léonard de Vinci*, Gallimard), d'une atmosphère éminemment ambiguë qui a frappé, sans que ce fût toujours clairement perçu, les spectateurs : la *Joconde*, comme tous les tableaux de l'artiste, est fondée sur le principe de l'émergence... Ce qui, bien évidemment, générera quantité d'exégèses et des hypothèses des plus sérieuses aux plus farfelues. C'est le propre de l'œuvre que d'ouvrir ainsi le champ infini des interprétations.

Mais, si l'on résume, sa présence est liée à ses constituants plastiques (une matière fluide et lisse, des tons d'eau et de terre, un modelé subtil qui fond la forme dans le fond tout en l'en arrachant), à l'organisation de ces constituants (composition pyramidale, opposition de couleurs chaudes et froides qui participent à l'expression de l'espace, proportions réciproques de la forme humaine – imposante – et du fond de paysage), qui expriment et soutiennent un sujet (présent dans toute œuvre, même abstraite, et qui peut être important ou secondaire, précis ou obscur, narratif ou non, symbolique, référé aux archétypes de l'imaginaire collectif...). Elle est surtout le résultat d'une activité instauratrice, à savoir : « l'ensemble des démarches, orientées et motivées, qui tendent expressément à conduire un être du néant ou d'un chaos initial jusqu'à l'existence complète, singulière, concrète, s'attestant en indubitable présence. » (Souriau)

Instauration qui est mouvement, progression, selon un fil conducteur (sorte d'arabesque intime, que l'on peut appeler un schème), et qui suppose réflexion, méditation ou rêverie à partir d'un donné, choix d'un point de départ, travail de mise en forme.

Objectifs et compétences (les transferts)

C'est le désir de cette activité instauratrice qu'il faudra tenter de provoquer dans la classe. En appelant les élèves à une attitude ou conduite artistique (ce que d'aucuns désignent du mot impropre de posture) dont on peut préciser les phases (désir, repli sur soi, implication qui est rapport au monde, organisation ou rapport à la réalisation, communication ou confrontation au regard des autres). L'enseignant s'appuiera sur ses propres savoirs (et désirs) pour trouver des déclencheurs, des actions à mener, des techniques à explorer, des procédés à découvrir, les connaissances à faire acquérir, etc. Il lui faudra une conscience claire des objectifs (généraux et opérationnels), que les ouvrages spécialisés donnés en bibliographie l'aideront à définir, chaque séance (ponctuelle) se fondant sur des objectifs spécifiques, reliés à l'intérieur d'une séquence (enchaînement) à la totalité des objectifs généraux.

Objectifs généraux

Ils sont clairement donnés dans les *documents d'accompagnement aux programmes de 1995*, où ils sont mis en référence avec les compétences à développer, elles-mêmes énoncées en termes de performances progressives à atteindre. Il ne s'agit là que d'indications, aucune n'étant impérative et d'ailleurs chacune restant dépendante de l'individu (l'élève) plus que du cycle dans lequel elle s'inscrit… Nous les résumons ci-dessous.

Sentir et percevoir

Cycle 1. Percevoir les différences de couleurs, formes, valeurs, matières, textures, reliefs.
Distinguer un objet de ses représentations.
Évoquer sentiments, souvenirs, anecdotes en relation avec la qualité d'un matériau.

Cycle 2. Utiliser objets et images, pour leur qualité esthétique et non leur signification.
Déceler les potentialités de modification d'un matériau (objet, image).
Choisir objets et images à des fins d'utilisation esthétique.

Cycle 3. Se distancier par rapport à ce qui est immédiatement perçu.
Faire des choix de matériaux en fonction de leur devenir dans une production.
Modifier son mode de perception (verre coloré, loupe, verre déformant…).

Réaliser une production

Cycle 1. Explorer diverses associations de couleurs, formes, matières…
Modifier une couleur, une forme, un objet, une image…
Transformer avec intention une chose en une autre.

Cycle 2. Matérialiser ses propres rêveries.
Pouvoir formuler ses intentions, s'y tenir ou les adapter.
Se fixer les moyens matériels pour parvenir à une production déterminée.

Cycle 3. Modifier les matériaux, les modes de travail, l'ordre du travail habituel.
Se fixer des règles de créativité.
Aboutir un projet après l'avoir fait évoluer.

Agir

Cycle 1. Parvenir à différentes façons de tracer, marquer, agir.
Mettre en œuvre des opérations élémentaires de manière délibérée.
Ouvrir le champ des opérations appliquées.

Cycle 2. Combiner des éléments entre eux.
Effectuer des combinaisons différentes, observer les effets.
Inventer des opérations pertinentes de transformation.

Cycle 3. Combiner des opérations plastiques.
Exploiter des opérations pour intensifier ou modifier les significations.
Tenir compte de règles d'organisation.

Apprendre des techniques

Cycle 1. Découvrir la variété des ressources d'un matériau.
Manipuler, puis imiter la manière de faire pour (remplir une surface, modeler…).
S'adonner sans aide à la pratique, en ajustant et affinant ses gestes.

Cycle 2. Reconnaître et distinguer des techniques.
Distinguer une technique par rapport à l'effet obtenu.
Combiner des techniques par rapport à l'effet visé.

Cycle 3. Approfondir et exploiter une technique.
Adapter une technique à des contraintes particulières et l'approfondir.
Transférer dans une autre technique.

Découvrir des procédés

Cycle 1. Découvrir la qualité d'une matière, d'une couleur, d'une argile…
Répéter, apporter des variations. Mettre en jeu entre elles formes, couleurs, etc.
S'approprier et exploiter l'environnement. Utiliser les trouvailles des autres.

Cycle 2. Inventer des procédés d'expression.
Comprendre un code simple de représentation.
Produire les éléments d'un code.

Cycle 3. Modifier un travail en tenant compte d'une contrainte.
Inventer une histoire à partir d'images. Trouver des relations forme/signification.
Présenter des documents pour communiquer (une impression, une recherche…).

Acquérir une culture

Cycle 1. Revivre par le geste et l'image la signification des images premières.
Reconnaître des images, mémoriser des formes qui nourriront l'imaginaire.
Grouper des images ; mettre son travail en relation avec celui des artistes ; comparer des œuvres, en mémoriser.

Cycle 2. Réunir images, objets, autour d'un thème, d'un artiste, d'une technique.
Reconnaître des contenus symboliques dans l'œuvre d'artistes.
Reconnaître des œuvres d'art en relation avec le travail réalisé.

Cycle 3. Réunir images et objets en fonction de la démarche d'un artiste.
Connaître un petit nombre d'œuvres d'art.
Conduire son travail grâce à la connaissance d'attitudes spécifiques aux artistes.

Évaluer

Cycle 1. Présenter ses réalisations.
Exprimer ses préférences entre deux couleurs, deux formes, deux objets.
Recommencer son travail en lui apportant des modifications.

Cycle 2. Comparer son travail avec celui des autres.
Repérer un élément identique dans deux productions. Présenter avec soin.
Définir ressemblances et différences entre réalisations. Exposer selon un thème.

Cycle 3. Présenter de manière pertinente.
Définir des critères de jugement par rapport au but fixé.
Revoir et modifier sa démarche en vue d'amélioration. Exposer selon un fil conducteur.

Compétences transversales

Il faudra également se tourner vers les compétences transversales, plus générales par définition, et énoncées pour l'essentiel en termes d'attitudes ou d'acquis globaux. Elles concernent la totalité du champ scolaire, mais certains points sont à relever comme concernant, à des degrés divers, plus particulièrement les arts plastiques, dans la mesure où les compétences citées se recoupent.

Ainsi, dans le chapitre *Attitudes*

Au cycle 1, l'enfant... imagine et crée... des objets ; commence à différencier le réel de l'imaginaire ; est sensible à des valeurs esthétiques et exprime ses préférences, y compris dans des productions.

Au cycle 2, l'enfant identifie divers aspects de son patrimoine ; il connaît l'existence d'autres civilisations et d'autres cultures. Il enrichit ses références artistiques ; il développe son sens esthétique et manifeste son besoin de créer.

Au cycle 3, il affirme ses choix et ses goûts esthétiques ; il peut les expliciter et les faire partager ; il développe sa créativité. Il se montre inventif, curieux de toutes formes d'arts...

Dans le chapitre *Désir de connaître, envie d'apprendre*

Au cycle 1, il est capable, à l'occasion d'activités qui lui sont propres, d'observer… de traduire par un dessin…

Au cycle 2, des situations de recherche et de réflexion le conduiront à… faire des choix et à les expliquer.

Au cycle 3, l'élève doit commencer à savoir repérer et représenter les éléments significatifs d'une situation.

Dans la *Construction des concepts fondamentaux d'espace et de temps*

Au cycle 2, il commence à réaliser des représentations simples de l'espace familier, puis d'un espace plus abstrait…

Au cycle 3, il commence à comparer la représentation, à des échelles différentes, d'une même réalité ; passer d'une échelle à une autre ; passer d'une représentation à une autre.

Concernant les *Méthodes de travail*

Au cycle 2, l'élève sera capable de remettre une travail présenté avec soin et rigueur et d'en éprouver de la satisfaction.

Au cycle 3, il devra savoir présenter son travail avec rigueur, clarté et précision.

Enfin, pour le *Traitement de l'information*

Au cycle 1, l'enfant identifie les informations données par ses sens. Il discerne des analogies, des différences (formes, couleurs…) Il comprend et exécute une consigne.

Au cycle 2, il devra pouvoir faire un compte rendu d'observation simple (dessin).

Au cycle 3, il doit être capable de communiquer ses démarches.

Objectifs opérationnels

Nés d'une démultiplication des objectifs généraux, appuyés sur les compétences à acquérir, ils sont les plus importants puisque ce sont ceux que l'enseignant va s'inventer pour la mise en œuvre, étape essentielle dans « l'analyse, le repérage, la classification, l'évaluation des intentions éducatives qu'ils traduisent » (Hameline). Ce sont aussi les plus délicats à déterminer, et il faudra user d'une grande rigueur pour éviter les confusions entre la tâche et l'objectif, le produit et la procédure, tout en se gardant de glisser dans le dessèchement.

L'objectif opérationnel vise le développement de capacités (étant bien entendu, pour précision de vocabulaire, que le terme de capacité désigne un potentiel, tandis que celui de compétence désignera un acquis, une aptitude reconnue), et répond à trois questions : que veut-on développer (faire acquérir) ? Comment ? Pourquoi ? (que sera-t-on capable de faire après ?)

La plupart des technologies de l'éducation fixent quatre conditions pour qu'une intention devienne opérationnelle :
– qu'elle décrive de la façon la moins équivoque possible le contenu de l'action pédagogique ;
– qu'elle décrive l'activité de l'élève (la performance à accomplir) en termes de comportement observable ;
– qu'elle mentionne les conditions dans lesquelles le comportement souhaité doit se manifester ;
– qu'elle indique le niveau où doit se situer l'activité terminale (niveau de la performance en termes de compétences) et les critères d'évaluation.

Les *Compléments aux IO* de 1985 tendaient à traduire les objectifs généraux en objectifs opérationnels : passage de l'abstrait au concret, suggestion des tâches. Y étaient donnés des exemples d'opérations plastiques avec le quoi ? le pourquoi ? le comment ? Il ne s'agissait là encore, cependant, que d'indications, suffisamment générales pour que les enseignants n'y trouvent pas de règles absolues. Et pour cause ! Si les arts plastiques sont le lieu des recherches et des choix individualisés, il apparaît comme une aberration qu'y soient prévus tous les éléments mentionnés plus haut. Savoir pourquoi l'on met en œuvre est certes nécessaire. Pourtant, il faut aussi pouvoir avoir recours à l'intuition sans excessive culpabilisation. L'important est le cheminement qui mène à l'objectivation, la mise en place d'attitudes pédagogiques expérimentales. L'usage d'objectifs réfléchis est sans doute plus important que leur définition même, qui ne peut guère être uniformisée sous peine de réduire l'enseignement à des automatismes. Les objectifs généraux étant donnés, les moyens de les atteindre restent heureusement hypothétiques… D'autant qu'en cours de route peuvent se transformer situations, acquis, attitudes, que dans ce cadre les propositions des élèves, leurs réponses ne sont pas attendues, et peuvent donc induire un glissement vers d'autres objectifs. De fait, la démarche en arts plastiques amène à se fonder sur des *objectifs d'expression*, objectifs de créativité, qui visent la transformation d'une attitude ou d'une représentation, par imprégnation et expérience plus que par savoir-faire. Tels qu'Eisner les a définis :
– ils décrivent non un comportement final à acquérir, mais une situation éducative dans laquelle les élèves doivent travailler : ce qui doit être appris n'est pas précisé : on invite à explorer, à réfléchir.
– n'y est pas poursuivie l'homogénéité des réponses, mais la diversité.
– l'évaluation ne se fait pas par référence à un standard, mais par une réflexion sur ce qui a été produit, afin d'en apercevoir l'originalité et la signification.
– le produit sera donc probablement une surprise pour l'auteur comme pour l'éducateur (*in* V. et G. de Landsheere).

Il conviendra d'autre part de bien connaître les possibilités des élèves, sur le plan de la gestualité (les habiletés) comme sur celui de la réflexion, et quel sens ils peuvent donner à leur production. Si l'on rappelle que, globalement, le cycle 1 est celui de l'action, le cycle 2 celui de l'expérimentation, le cycle 3 celui où apparaît la recherche de sens (généralement exprimé dans le désir de narration, de représentation), les actions proposées, d'un cycle à l'autre, peuvent être les mêmes, mais les objectifs énoncés seront différents, afin qu'en aucun cas la répétition ne puisse sembler régression.

3. Mise en pratique

Organisation matérielle

Deux problèmes inhérents à la discipline, ceux du temps et de l'espace, plus qu'à toute autre nécessaires. Et l'un et l'autre sont parcimonieusement distribués.

Les lieux

Dispositif de travail (installation et rangement)

On ne fera pas de différence fondamentale entre école maternelle et école élémentaire, sachant que dans l'une comme dans l'autre la place est insuffisante, mais que l'école maternelle, étant donné ses objectifs (et le fait que les activités plastiques et graphiques y sont fondamentales), se donne tout simplement des moyens qui peuvent être, au moins pour une part, reconduits à l'école élémentaire.

L'idéal : un local attenant à chaque classe. Quelques écoles maternelles en sont pourvues, mais admettons que l'idée relève tout de même de l'utopie. À défaut, un lieu spécialisé, pour les travaux particulièrement salissants ou réclamant un espace d'envergure : salle vide, fond de couloir, préau… Mais pour des raisons pédagogiques qui tiennent à la variété nécessaire des types de séances tout autant qu'à l'imbrication des disciplines, un lieu de ce genre ne peut en aucun cas dispenser d'une installation dans la classe. Il est important que s'y propose un espace réservé où l'environnement est incitateur, où l'on trouve la documentation si nécessaire, où l'on range les travaux, où l'on peut se retirer pour peindre et dessiner librement.

Le rangement y sera facilité (étagères, placards), le matériel dûment répertorié, et après chaque utilisation soigneusement nettoyé et remis en place. Il est essentiel que les enfants, y compris, dans la mesure de leurs possibilités, ceux du cycle 1, soient impliqués et responsabilisés dans la bonne tenue de leurs outils.

La disposition ponctuelle de la classe au cours d'activités sera au maximum souple et variable, et l'on tentera d'assurer la libre circulation des élèves. Il serait judicieux de prévoir des plans de travail muraux sur lesquels on puisse peindre, afficher, etc. À l'école maternelle, l'on préférera aux chevalets (obligatoirement individuels et ne supportant pas de format supérieur au classique raisin) l'aménagement d'un vaste panneau inclinable à volonté. Mais évidemment, chaque maître est libre de ses choix, et notre propos est de montrer que l'on peut toujours « faire », même dans les pires conditions, plutôt que de laisser penser que rien n'est possible sans moyens.

Dispositif d'affichage

L'environnement doit être riche, offrir des stimuli variés, et surtout n'être pas immuable : changer c'est stimuler, renouveler faire découvrir. Toujours dans le domaine de l'utopie, nous souhaiterions que deux murs soient consacrés à l'affichage, l'un pour la recherche en cours, l'autre, « esthétique », consacré aux travaux et œuvres d'art sélectionnés, par exemple dans le cadre d'un musée de classe. Assurément, le problème est aigu dans les classes élémentaires où l'espace est largement occupé par les présentations nécessaires aux disciplines « fondamentales », fondées sur une habitude du regard supposée conduire à la mémorisation (l'on peut tout de même, à ce propos, s'interroger : les élèves retiennent-ils mieux ce qu'ils ont en permanence sous les yeux ?). En arts plastiques, c'est l'inverse qui est à rechercher, l'effet de surprise qui suscite étonnement et intérêt. Et l'accrochage se fera sous deux formes :

Espace de travail, lieu foisonnant de la recherche, source d'enrichissement et d'incitation. S'y proposent le travail en cours, la documentation réunie pour ce même travail, présentés en accumulation (remplissage « sauvage », où chacun des élèves se positionne à son gré), ou en organisation raisonnée (progression, thème, etc.).

Espace de présentation, en contrepoint, ordonné, soigné, bien lisible pour le plaisir de l'œil. L'on se gardera d'y laisser trop longtemps les éléments en jeu car pour qu'il vive, il faut qu'il bouge. De même, il est important, pour que les élèves se sentent concernés, qu'ils le prennent en charge. Peut s'organiser un rituel selon lequel il se transforme à dates fixes (pour le cycle 1 où est essentiel le jalonnement du temps), ou tout au contraire peuvent s'offrir des variations au gré de la fantaisie (de l'enseignant, des élèves). Dans tous les cas s'impose une réflexion sur le pourquoi de « l'exposition » : montre-t-on pour décorer la classe, pour susciter le « regard esthétique » (appréciation, jugement), pour faire connaître (culture), pour lancer ou relancer une recherche ? Tous objectifs justifiables, et tous à prendre en compte, mais qui induiront sans doute tel ou tel type de présentation.

Les réalisations

Elles seront régulièrement soumises au regard. Tout au long ou à la fin des séances de travail, pour qu'il soit procédé à une évaluation (prise en compte), partiellement ou en totalité. Sans pour autant qu'il y ait systématisation, toujours dommageable : au maître de juger de la pertinence de cette présentation.

S'agissant de valorisation, c'est-à-dire de choix de travaux exposables, il sera nécessaire de trouver des critères variables (idée, démarche, soin, réponse à la consigne ou déviation constructive, effort...) de sorte que chacun puisse se voir un jour reconnu, et d'impliquer les élèves dans ces choix.

L'on peut aussi tout présenter, s'il y a une raison qui le justifie :

– Parce que tout est intéressant à titre individuel (résultats différents suggestifs de questionnements multiples) : alors, par exemple, on juxtapose en laissant des marges qui permettent une lecture aisée de chaque proposition.

– Parce que tout est globalement intéressant (résultats homogènes) : on organise une présentation d'ensemble, sorte d'accumulation ordonnée, recomposition qui soumet aux élèves un problème supplémentaire de mise en forme.

– Parce que l'on veut fabriquer une tenture, une cloison, un masquage de mur : on met en commun, en cherchant, par rapport à la taille et à la forme requises, les moyens de solidifier (agrafages, couture, tissage…). Le jeu est l'amalgame, où chaque œuvre s'oublie dans l'ensemble qu'elle sert, quitte à remanier (reprendre par-dessus) pour créer une unité.

La présentation

Notons que toute classe se doit, quel que soit l'affichage, d'être un lieu agréable à voir tout autant qu'agréable à vivre. On ne peut laisser en permanence sous les yeux des enfants des reproductions poussiéreuses ou des étiquettes informes et prétendre parallèlement leur donner le respect de leur environnement. Qu'ils soient, d'ailleurs, concernés et responsables face à ce problème et que, tout au moins pour les arts plastiques, ils participent à une réflexion sur les modes de présentation du travail.

Ainsi un *volume* (objet ou sculpture) n'est significatif qu'en fonction de l'espace qui le contient et dans lequel il s'inscrit. On devra donc, analysant sa forme, déterminer s'il présente un point de vue privilégié ou s'il doit être vu sous toutes ses faces, ce qui conduira à le positionner devant un fond ou à le proposer dans l'espace. Spatialisation nécessaire qui est inséparable de l'éclairage : un volume prend sa valeur par les jeux d'ombre que la lumière inscrit en lui, en soulignant la forme, les reliefs, la texture.
Pratiquement il faudra donc choisir :
- l'emplacement déterminant le point de vue (plongée, contre-plongée, hauteur d'œil) ;
- le positionnement (face, profil, tous côtés) ;
- l'éclairage qui souligne ou aplatit, relève ou aseptise, révèle ou dénature ;
- l'espace scénique (ouvert ou entrouvert, fond, etc.) ;
- le support : socle, sellette tournante, étagères (opaques ou translucides), …

Pour une *production plane*, c'est sur le rôle et la forme du cadre qu'il faut s'interroger. « Le cadre est ce qui ménage à l'art son insertion et son apparition dans ce qui n'est pas l'art » (Dominique Fourcade, *Cahiers du musée national d'art moderne*). Le cadre est un objet qui, pour la présenter (la mettre en valeur) enferme l'œuvre et ménage une distanciation entre elle et le mur. De façon très schématique, l'on peut noter dans l'histoire la variabilité de cette relation œuvre/mur :
– À l'époque médiévale, dès que la peinture cesse d'être murale pour se glisser dans les retables, ceux-ci prennent la forme de véritables architectures, églises dans l'église, monde du divin dans l'espace de la foi, séparation épiphanie/réalité terrestre.
– La Renaissance, pour des raisons tout aussi philosophiques et religieuses (le monde est création divine), fera du tableau un trompe-l'œil, fenêtre ouverte sur un double de la réalité. La cadre devient en quelque sorte la matérialisation de la fenêtre, passage entre deux plans différents d'un même monde.
– Quand l'œuvre n'est plus « scène » déroulée à l'intérieur d'un espace fictif total et homogène, mais fragment du monde même, le cadre devient gênant : les impressionnistes n'ont pas manqué de se heurter au problème. Seurat n'a trouvé d'autre solution que de le peindre. Van Gogh écrit à son frère qu'il se fait faire deux cadres en chêne pour sa tête de paysan et son poète, que pour sa chambre il sera blanc « comme il n'y a pas de blanc dans le tableau »… Amalgame, simplicité, contraste, le problème se résout pourtant mal.

– La difficulté se fait plus grande encore pour l'art moderne. Plus simples et plus variés (*cf.* les ovales cubistes), les cadres subsistent... jusqu'à ce qu'une partie de la peinture abstraite en transforme le sens : le mur n'y est plus vu comme relais d'une spatialité, mais comme surface avec laquelle s'établissent des relations mutuelles, et le cadre disparaît en tant que tel pour n'être plus qu'une simple marge de l'une à l'autre. Ainsi Mondrian, en 1948, expliquait que l'encadrement, engendrant une impression de profondeur, nuisait à sa peinture : « aussi ai-je pris un simple cadre de bois et j'ai monté mon tableau par-dessus ».

Sujet qui, donc, demande réflexion sur le *quoi* et le *comment*. Véritable problème artistique, l'encadrement doit susciter chez les élèves interrogation et recherche. Il sera partie intégrante de leur travail, décidé et réalisé par leurs soins.

Gestion du temps

À l'école maternelle, le temps réservé aux arts plastiques est important (mais attention : l'effet pervers d'une grande section mise à cheval sur deux cycles conduit bien trop souvent les enseignants à privilégier à outrance le lire-écrire, ce qui est, nous ne saurions trop le répéter, dommageable pour l'avenir tout autant des élèves que de l'école maternelle !). Il est aussi régulièrement rythmé de façon à permettre à l'enfant d'y retrouver ses repères. À l'école élémentaire, logiquement, la souplesse autorisée par les horaires permet que se déborde l'heure traditionnellement impartie (aucun texte officiel ne s'y réfère), d'autant que l'on peut considérer que toute communication verbale (explicitation, compte rendu de démarche, etc.) fait partie du domaine de la langue, que tout temps passé à un encadrement, à un positionnement, etc., est mathématique, que la référence à l'œuvre d'art est aussi historique... En bref, la polyvalence est aussi cela : considérer, en fonction des besoins des enfants, qu'il n'est jamais de temps perdu pour les acquisitions fondamentales, et que d'ailleurs très souvent celles-ci se font bien mieux par une pédagogie du détour. Combien d'enfants avons-nous vus, peu motivés par les activités scolaires, s'éveiller tout à coup et se passionner pour des choses pourtant difficiles, mais dans lesquelles pouvaient s'exprimer d'autres compétences !

L'enseignant a donc la liberté d'ajustement en fonction des activités, des opportunités qui se présentent dans sa pratique de classe. La variété sera autant que possible la règle, pour profiter des sollicitations des intérêts momentanés, et parce que la diversité permet d'éviter la lassitude, de surprendre, d'éveiller ou maintenir l'attention. Il serait aberrant et dommageable que les arts plastiques se réduisent à des actions isolées, de courte durée, extraites du contexte général de la classe. Envisageons quelques possibilités.

Séances courtes

• *Rapides et ponctuelles, elles proposent des exercices spécifiques* à objectif restreint. Ce sont des gammes, pointues, simples entraînements à la maîtrise gestuelle (d'un graphisme, d'une « écriture », d'une technique), des exercices de style, recherche rapide d'une réponse à un problème posé : par exemple, remplir une feuille de lignes courbes, découper et réorganiser ; faire un personnage de pâte à modeler dans une position particulière, rechercher le plus de gris possible avec un seul crayon noir, trouver en quinze minutes quelles utilisations l'on peut faire d'un papier froissé, en dix minutes récolter les pages d'un magazine qui donnent une impression particulière (chaleur, fraîcheur, mouvement, lointains, etc.), remplir une feuille de carnet de personnages sans y laisser de vides, faire un personnage en mouvement d'un seul trait de crayon puis l'associer à celui de son voisin, etc. La plage horaire en sera déterminée par le rythme biologique des élèves. On les introduira aux moments de lassitude, entre deux activités contraignantes, en fin de journée pour « décompresser », dans les moments de creux (une activité s'étant achevée plus tôt que prévu), pour ramener le calme… Il faudra surtout, pour ne pas en faire de simples jeux gratuits, que soient réinvestis les résultats (dans un travail à plus long terme, ou par une simple présentation, immédiate ou différée).

• *Intégrées à un projet plastique.* Comme les précédentes, elles seront fondées sur la recherche d'une solution à un problème particulier (sous forme de *brainstorming*) ou sur l'entraînement technique. Mais leur rôle étant sous-tendu par une finalité, elles devront correspondre aux besoins momentanés du projet tant dans leur contenu que dans leur place.

Séances à temps variable

• *Faisant partie d'un projet plastique.* Celui-ci met en cohérence les séances successives, qui peuvent alors (pourquoi pas ?) être fixées à l'emploi du temps à raison d'une heure par semaine. Cependant la réalisation peut exiger des temps plus longs (problème technique particulier, par exemple), présenter des moments forts (recherche intensive) où le travail ne puisse s'interrompre. Combien de fois voit-on les élèves se priver de récréation pour mener à bien leur production ! Que l'on sache alors ne pas briser l'élan, rompre avec les habitudes, s'adapter à la situation.

• *Participant de l'interdisciplinarité.* Soit que là encore elles fassent partie d'un projet d'ensemble, soit qu'elles s'intègrent tout naturellement dans le cadre général (par exemple, un travail en histoire concrétisé par l'analyse de portraits pourra conduire à la prise de conscience de la prise de vue en contre-plongée qui magnifie les personnages officiels, ou à la comparaison de tissus et de matières riches et nobles, frustes et pauvres, partant à l'approche symbolique). Découverte et connaissance sont ainsi enrichies, ponctuées, renvoyées à d'autres domaines, d'autres apprentissages, et donc consolidées. Le temps n'a pas ici à être comptabilisé.

Temps bloqué

Il ne faudra pas craindre d'étaler si besoin est sur des demi-journées, voire sur plusieurs jours, la réalisation d'une recherche, d'un projet. Il est parfois nécessaire de mener une activité en continu, afin que les élèves s'y investissent pleinement. On aura ainsi installé, à l'intérieur du système scolaire avec ses contraintes, un moment privilégié, façon atelier, où la création s'enchaînera sans rupture, dans une liberté qui n'est pas pour autant synonyme de récréation.

Outils et matériaux

Nous prenons la peine de les lister, tout en nous demandant si cela est bien utile, d'abord parce que dans l'ensemble ils sont bien connus, ensuite parce que nous ne pouvons prétendre à l'exhaustivité, d'autant que l'invention au jour le jour est sans doute le meilleur moyen d'avoir les ressources nécessaires. Les artistes en sont témoins, pour ne citer que Pollock et ses boîtes percées, Soulages et ses racloirs, Breleur qui utilise « des bâtons, des truelles à ciment, des brosses à carrelage, des spatules, des brosses à cheveux : on peut tout employer, et même se fabriquer ses propres instruments » (catalogue *L'Artôt*, FRAC Martinique / musée des enfants, Centre Beaubourg). Donc, énumérons brièvement :

Les outils à peindre

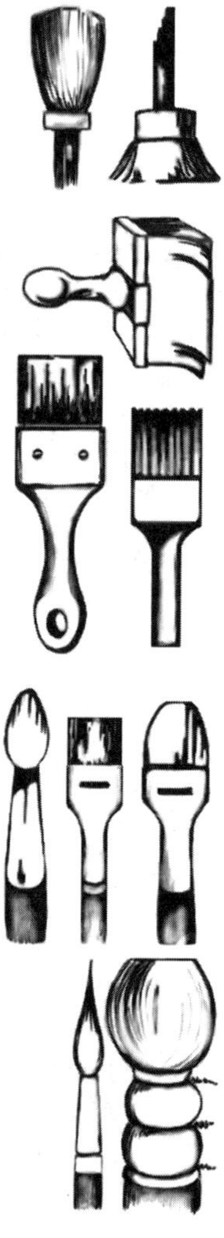

Puisque l'on vient de citer Breleur, et parce que ce sont les moins usités, nous commencerons par les outils du bâtiment.

Les outils du bâtiment : les brosses, très variées, rondes (à lessiver, à blanchir, à chaux, à colle, à badigeon), plates (queues de morue, spalters...), rectangulaires (à papier peint), à décor (queues de morue à lisser, à battre, spalters à dents, à peigne...), pochons... Les rouleaux qui, selon la texture du manchon (caoutchouc, feutre, peau de mouton, laine, mousse plus ou moins serrée, voire alvéolée) et le médium utilisé (liquide, pâteux, granuleux), permettent d'étaler, imprimer, pocher, lisser, grainer... Les couteaux à reboucher, à enduire, à broyer, à colle (lame dentelée), les raclettes à enduire, à papier peint, en plastique ou caoutchouc... qui permettent non seulement de poser la couleur en méplats d'importance variable, mais aussi de la tirer, lisser, racler, et qui, utilisés avec une matière épaisse et grasse, induisent le maniement sensoriel de pâtes gustatives.

Pinceaux et brosses : les premiers, à poils doux, permettent souplesse du tracé et variations de l'épaisseur du trait, mais en contrepartie réclament précautions d'emploi et d'entretien. Les secondes, à poils durs, rondes ou aplaties, plus rigides et donc plus solides, autorisent une tenue moins en souplesse et plus diversifiée. C'est la raison pour laquelle l'usage s'en est généralisé en maternelle, notamment pour les petites sections... Notons qu'une mode récente de la calligraphie, sorte de retour aux sources, a suscité l'apparition dans le commerce de pinceaux chinois, et même de stylos-pinceaux à cartouches.

Ajoutons ce que nous fournit aisément l'*environnement quotidien* : les instruments ménagers, des lavettes aux brosses à nettoyer en soie, coco, nylon, chiendent, métal (balai, balai-brosse, brosse à épousseter, brosse à parquets, goupillon, etc.), ceux de salle de bains (brosse à cheveux, à dents, éponges diverses...) et tous outils fabriqués à partir de matériaux de récupération (morceaux de carton fort, de formica, de bois...)

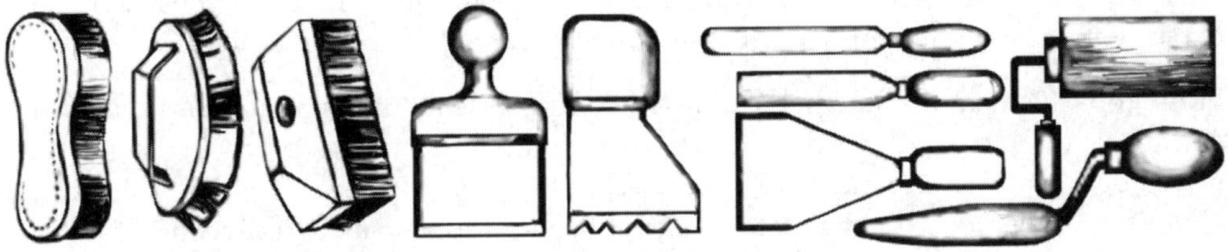

Les outils à dessiner

Qui pense dessin a immédiatement à l'idée *crayon, stylo-feutre,* c'est-à-dire ce que tout enfant a facilement à disposition, mais imagine mal grand-chose d'autre. Or l'histoire s'est montrée en ce domaine très inventive, peut-être même plus que pour la peinture.

Dès l'Antiquité, et très avant dans le XVIe siècle, la *pointe de métal* est d'usage courant (or, cuivre, argent ou plomb surtout), remplacée peu à peu par la pierre, d'un usage plus aisé : pierre noire dite « d'Italie » (schiste argileux) taillée en bâtonnets, pierre blanche (craie), sanguine (argile ferrugineuse présentée en plaques, bâtonnets, poudre diluable à l'eau).

D'une utilisation tout aussi ancienne, le *fusain* est un charbon de bois, en principe de l'arbre du même nom, mais Cennini (*Traité de la peinture,* 1437) parle de saule, en Grèce on utilisait myrthe et noyer, en Italie prunier, tilleul, bouleau et romarin. Adhérant mal au subjectile, il ne servit que pour des esquisses éphémères jusqu'à ce que l'on apprît à le fixer (XVIe siècle). Commode car justement facilement effaçable (à la simple mie de pain, au chiffon), il est présenté dans le commerce sous forme de bâtonnets de taille variable (de 3 mm à 20 mm de diamètre) et de duretés différentes (H, HB, B).

Le *graphite,* découpé à la scie, est utilisé tel quel jusqu'à ce qu'en 1794 Conté ait l'idée de mêler à du graphite en poudre de l'argile : c'est le crayon, plus ou moins gras selon la proportion d'argile et la température de cuisson. La gamme des duretés est aujourd'hui très étendue et l'on ne négligera pas de les multiplier, chacune s'adaptant à tel ou tel type de dessin, et surtout chacun ayant ses préférences. Le graphite se trouve également sous forme pure, « crayons sans bois », mines pour critérium de diamètres variables, grosses pierres à sections carrée, rectangulaire ou hexagonale, en poudre… Profitons-en pour rêver et faire rêver les enfants !

Le terme de *crayon* est devenu générique pour toute matière enchâssée dans du bois : aussi en trouve-t-on de toutes sortes, des simples crayons de couleur aux crayons sanguine, sépia, carbone, pierre noire, fusain…

Les *pastels,* dans leur forme classique (colorants en poudre agglomérés avec colle, plomb, talc, gomme arabique, parfois miel ou lait) sont trop onéreux pour que l'on s'y arrête. Mais ils trouvent leurs ersatz, dits « pastels secs », chez les fabricants de matériel scolaire.

Les *craies* revêtent des formes nombreuses, dans leur nature (sèche ou grasse) et leur forme (ronde ou carrée, à section franche, pointue, biseautée) qui induisent le type de travail.

Nombre de ces outils sont en outre aquarellables, de même que certains crayons de couleur, et par définition estompables, ce qui augmente l'éventail de leurs possibilités.

Enfin appartiennent au domaine du dessin toutes sortes d'outils requérant un médium extérieur : le pinceau d'abord, et les stylos-pinceau japonais, les plumes (d'oiseau, de métal, de formes et largeurs multiples), les stylos-plume, pointes à billes, bois taillés, bambous, tire-lignes… Et bien entendu les stylos-feutres, eux aussi à diversifier.

Les supports

L'on ne fera pas de différence entre peinture et dessin. L'usager adaptera de lui-même en fonction des outils, des besoins, des circonstances. Les écoles n'étant généralement équipées que de papier de moindre qualité, nous en donnons une idée assez large bien que non exhaustive, tout pouvant, en fait, servir de support. Sa nature et sa qualité induiront d'elles-mêmes tel ou tel type de travail, par suite de médium et d'outil.

Supports lourds et fixes : pierre, brique, béton, ciment, plâtre… (murs, sols, cloisons, plaques de plâtre, etc.).
Supports transportables rigides : bois (contre-plaqués, lattés, agglomérés), verre, plastiques, métaux (aluminium, cuivre, fer, plaques d'impression offset…), plaques d'ardoise ou de pierre, plaques de terre crue (molle ou sèche) ou cuite, cailloux, etc.
Supports souples : métal en feuilles, bois en feuilles pour placage ou maquette, plastiques, caoutchouc, toile cirée. Cuir, film, feuilles cellulosiques (Celluloïd, Rhodoïd, Cellophane).
Tissus : toiles de peintre, soie, gaze, velours, taffetas, calicot, toile de jute, toile à sac, tissus de coton à trames différentes, tissus synthétiques, tissus imprimés, brochés, brodés ; tricots, tapis, moquettes (laine, sisal, poil de vache), tulle, tarlatane.
Cartons et papiers particuliers : papiers métalliques, papiers torchon, de soie, pelure, cristal, buvard, baryté, papyrus, abrasifs en feuilles, cartons d'emballage, carton ondulé, carton gris, contrecollés, carton-plume, carte à grattage, papier kraft (blanc, beige, coloré), papier calque, papiers d'emballage (imprimés ou non), papier journal, magazines… Papiers de couleur : affiche, pantone (couché, adhésif ou non), normacolor (satiné), chromolux (brillant).
Papiers à dessin : les plus courants sont les papiers Ingres et Canson, blancs ou colorés. S'y ajoutent des qualités spéciales adaptées à différents usages : croquis, aquarelle, pastel, toute la gamme des recyclés, les papiers chinois ou japonais, et les bristol, couché, bulle…

Tous ces supports peuvent en outre faire l'objet de préparations ou de manipulations qui leur confèrent d'autres qualités. Le tissu peut être enduit (de plâtre, d'enduit de peintre, celui-ci vendu en tube), plié mouillé, trempé, imprégné de cire, d'huile, de paraffine, etc. Le papier se mouille, se froisse, s'enduit (comme le tissu, de matières diverses), se colle et s'encolle, peut être huilé, plié, superposé, décollé, arraché, etc.

Les médiums

De façon orthodoxe, le terme désigne le liant de la peinture (huile, caséine…). Nous l'employons ici de la façon plus large qu'utilise le peintre Soulages, pour l'ensemble des matières colorantes, intermédiaires entre outil et support.

Les peintures : les peintures à la détrempe sont celles où l'eau est le milieu de dispersion (aquarelle, gouache, badigeon, à la colle, à la chaux…). Les qualités en sont diverses, de même que la présentation (godets, tubes, poudre, pots…) et les prix ! S'y ajoute la peinture à l'huile, d'un maniement sophistiqué, et les acryliques, vinyliques ou acrylo-vinyliques, très pratiques d'utilisation car diluables à l'eau.

Les liquides : encre de chine (présentée en flacon, bâton, tube), encres bistre, sépia, blanche, de couleur… Acajoutine, brou de noix, teintes diverses pour ébénisterie (peu chères).

Autres produits : émail vitrail, encres d'imprimerie (les choisir de préférence diluables à l'eau), teintures pour tissus, barbotine (terre réduite en poudre étendue d'eau), etc. Tous produits plus ou moins mixibles entre eux, diluables à l'eau ou avec solvant approprié, épaississables au moyen, par exemple, de matériaux naturels (terre, sable), de produits alimentaires (farine, sel, sucre) ou de nettoyage (la lessive en poudre, notamment, est très efficace ; si elle est javellisée, elle décolore, ce qui peut créer un effet inattendu)

Un mot encore sur tous ces matériaux : ont été à dessein cités les très ordinaires au même plan que ceux, plus spécialisés, utilisés par les professionnels. Nous pensons en effet, d'une part que c'est de la profusion que naît l'invention, d'autre part qu'il ne faut pas cantonner les enfants dans le domaine de la médiocrité. Certes l'école a peu de moyens, mais il est possible, en s'organisant, de donner à utiliser de temps en temps de belles matières, de vrais outils, quitte à le faire rarement, avec parcimonie, comme une sorte de privilège. Qu'importe qu'il n'y ait pas pour chacun des élèves tel ou tel type de matériel au même moment, l'essentiel est que tous puissent en user quand le besoin s'en fait sentir et que tous aient eu l'occasion de goûter au plaisir que procure le grain d'un papier de qualité, le glissement d'un pinceau lavis, le moelleux d'une bonne gouache, la douceur du graphite ! Nous ne saurions trop inciter les enseignants à fouiner dans les magasins pour artistes, pour qu'eux-mêmes y trouvent plaisir et désir.

Le comment de la préparation

À vrai dire, nous avons quelque hésitation à donner des conseils précis en ce domaine. La préparation en arts plastiques ne peut se comparer à aucune autre, et plus qu'ailleurs elle est dépendante de la personnalité de l'enseignant et de ses qualités propres. De son désir d'abord, de sa foi, de son vouloir ensuite. Et ne nous leurrons pas : les choses ne sont pas aisées, puisqu'il faut tout à la fois transformer les modes de pensée, les modes d'action, les habitudes, et ce dans une pratique lourde, difficile à mettre en place, salissante, etc.

Mais il y a, en contrepartie, le plaisir : celui de n'avoir pas à rendre compte puisque, on l'a dit, pas de résultats obligés ni même attendus ; celui d'être libre (de son programme, de ses choix, de ses propositions) ; celui d'avoir des moments de relation privilégiée avec les élèves, de voir surgir de leurs mains des créations inattendues et surprenantes, de susciter leurs émotions, celui enfin d'avoir à fonder sa recherche sur une culture que l'on s'est choisie.

Organisation séquentielle

Issue de cette culture, la conception se situe en principe à trois niveaux. À long terme, inscription approximative (organigramme) des prévisions de contenus sur l'année, le semestre, le trimestre. À moyen terme, organisation d'une séquence incluant tous les objectifs généraux, avec le nombre de séances supposé s'y inclure. À court terme, la séance dans sa mise en œuvre pratique à tous égards.

La séquence

Elle s'appuie sur les performances espérées face aux objectifs qui détermineront le choix des contenus (acquisitions cognitives, notionnelles, conduite artistique, apprentissages, attendus comportementaux) :

– Faire les recherches adéquates : approfondissement de connaissances, investigations, documentation, vocabulaire (on ne saurait trop conseiller l'usage fréquent de dictionnaires, en particulier le *Robert* et ses *Usuels*, qui aident à préciser et enrichir les notions).

– Envisager les différentes possibilités de travail face aux objectifs : productions, démarches, nombre de séances requis en principe.

– Définir les objectifs opérationnels qui présideront aux séances, décider de l'enchaînement de ces dernières en fonction d'une progression.

– Par rapport aux troisième et quatrième points, choisir les variables de mise en situation.

– Prévoir éventuellement le bilan terminal de la séquence, et ses prolongements possibles.

Une séquence se boucle sur elle-même, mais laisse en suspens un fil qui ouvrira une autre (d'autres) problématique(s) susceptible(s) d'être développée(s) dans les séquences suivantes : ainsi s'enchaînent les activités dans une cohérence globale. Cependant, ces prévisions ne sauraient être que suppositions, hypothèses en éclatement, l'évolution ultérieure ne pouvant se faire qu'à partir des propositions et des productions des élèves.

La séance

D'ordre plus immédiat et plus pratique, elle doit tout d'abord définir le public (ses possibilités du moment), ses besoins, ses intérêts, et conséquemment :

– Avoir un double objectif : celui du maître (inscrit dans la progression séquentielle), celui donné aux enfants, qui n'est pas obligatoirement le même : pour eux, l'objectif est souvent confondu avec la tâche ou le produit (c'est particulièrement le cas pour l'école maternelle, où l'enseignant travaille sur des notions fondamentales alors que l'approche des enfants ne peut être que très concrète).

– Prévoir la mise en œuvre (situations).

– Rechercher les actions, les opérations, les problématiques, que l'on veut susciter.

– Préparer le matériel.

– Décider des consignes et du temps consacré à chacun des moments (selon le nombre et l'enchaînement des consignes, la variabilité des situations, le fait qu'il y ait ou non un bilan évaluatif).

– Procéder à un bilan sur deux registres :

Avec la classe, évaluation des travaux en fonction de l'objectif donné. Chaque séance peut être ponctuée par une discussion/analyse. Mais il ne faut pas en faire une règle absolue, se croire obligé d'instaurer une sorte de poncif de l'évaluation. On s'interrogera sur la pertinence du bilan, qui peut selon les cas être jugé nécessaire, inutile, ou différé (pour relancer ultérieurement le travail, pour être mis en relation avec d'autres recherches qui l'enrichiront, pour mettre en évidence une progression, etc.). De façon générale, l'objectif du bilan, plus que d'évaluation proprement dite, est de : faire verbaliser (expliciter) à partir des réalisations pour que les élèves prennent conscience aussi clairement que possible de leurs démarches ; susciter des interrogations ; donner lieu à une suite par saisie des réponses opportunes…

Pour le maître, le bilan est une obligation. Il lui permet d'analyser sa propre attitude, de juger de la pertinence de sa démarche et de l'efficacité de son organisation, de la cohérence de ses consignes, de tirer des conclusions provisoires des attitudes (comportements) des élèves et de leur progression, de décider enfin de la suite à donner (en transformant si besoin est l'objectif séquentiel).

Les situations

Sont à envisager sur les deux plans du théorique et du concret.

Concrètement

Il s'agit de définir si le travail est proposé :

– Individuellement.

– En groupe, les élèves étant réunis en fonction d'un objectif commun (avec leader confirmé qui guide, aide… ou non). La recherche s'y enrichit de l'apport de chacun et de la réflexion commune, mais il n'y a pas possibilité de réponse individuelle, sauf à s'exclure du groupe. Cela suppose aussi que l'on prévoie, en fonction de l'âge des enfants et de la tâche à accomplir, le nombre des participants.

– En atelier, organisation qui permet, avec ou sans répartition des responsabilités, les réalisations individuelles ou collectives. Règle presque immuable en maternelle, elle est peu usitée à l'école élémentaire.

La théorie

Elle concerne le contenu envisagé (la manière d'aboutir). Quatre grandes situations se présentent :

– Celle d'exploration : (explorer = parcourir en étudiant avec soin, en observant, en cherchant). L'objectif visé est la recherche d'un maximum de solutions (pertinentes ou non) face à une situation donnée. La prospection se fait en constellation, les résultats sont supposés inconnus.

– Celle de recherche (effort pour trouver, de façon consciente, méthodique ou insistante). Elle est investigation approfondie dans un but précis, face à un problème. L'attitude du maître est incitatrice au début, provocatrice ensuite éventuellement (« cherche encore », « il n'y a pas d'autre possibilité ? »). Il peut aussi participer (« je ne sais pas, je cherche aussi »).
– Celle d'acquisition (savoirs ou savoir-faire) : par apprentissage autonome (« fais et déduis »), guidé (on aide à faire), ordonné (on apporte les contenus).
– Celle de réinvestissement : renforcement des acquis, et surtout possibilité offerte de puiser dans ces acquis pour les dépasser. Chacune de ces situations appelle des types de consignes différents.

Les consignes

Elles seront déterminantes de la nature des réalisations, comme des attitudes. Contraignantes, précises, floues, voire absentes, elles prendront ici selon leur nature des appellations différentes.

• La consigne est une instruction stricte donnée : elle indique une tâche nette, le résultat est plus ou moins attendu. Disons tout de suite qu'elle est rare en arts plastiques, sauf cas particuliers d'apprentissage.
• La proposition (plus ouverte) est le fait d'offrir, suggérer quelque chose à quelqu'un : la tâche est imprécise, l'on espère une multiplicité de réponses.
• La sollicitation est invite, tentation insistante, susceptible d'entraîner. Pas de tâche.
• L'incitation consiste à pousser quelqu'un à faire, encourager, inviter, conduire à un comportement.

Les différences ne sont que de nuances. Nous les avons rangées selon un ordre qui n'est qu'indicatif, qui suggère des situations de plus en plus ouvertes. Il est bien évident que selon l'âge des enfants et les objectifs poursuivis, il peut être nécessaire de leur confier des tâches très précisément définies, pour éviter que, faute de cadre, ils ne se perdent dans une production sans objet, voire ne se résignent à pas de production du tout.

L'évaluation

Problème aigu ! Le débat est ancien et pourtant toujours ouvert : les arts plastiques peuvent-ils donner lieu à évaluation ?
Considérée classiquement selon des normes strictes, celle-ci est évidemment impossible. Pourtant tout enseignement doit donner lieu, à un moment quelconque, à une estimation de ses effets, y compris dans les domaines artistiques.
Elle est en tout cas incluse, on l'a vu, dans les objectifs généraux où elle s'énonce en termes d'attitudes, de distanciation, d'avis justifiés.
Dans les *Compléments 1985*, elle était évoquée sous une forme simple et essentielle :

> « L'évaluation concerne le résultat et la démarche suivie. Le résultat des opérations plastiques constitue un repère pour mesurer le champ de l'acquisition et l'authenticité de l'expression. Le jugement esthétique porte sur les significations (ce qui est communiqué) et sur les qualités plastiques. Il porte aussi sur

> l'expression (son intensité, sa sincérité et son originalité) Au lieu de porter un jugement de valeur, on préférera attirer l'attention des élèves sur leur démarche, ce qui leur fournira l'occasion de s'évaluer. L'évaluation n'est donc pas fondée sur une préférence personnelle ou sur une appréciation subjective du maître. En ce qui concerne les opérations plastiques, elle se fait par l'intermédiaire d'une interrogation de l'ordre du pourquoi ? et du comment ? en relation avec les résultats et les intentions. »

Avant tout, on évitera de bloquer toute invention, ou plus simplement toute possibilité d'expression en émettant des jugements négatifs et péremptoires (même seulement sous-entendus). On veillera à n'être pas trop prédéterminé quant au résultat visé, tout autant qu'à ne pas décourager. L'évaluation, sauf cas exceptionnels, portera donc davantage sur les procédures que sur le produit fini. Elle tiendra de l'intuition et du constat, non du jugement. L'on peut répertorier cependant quelques critères indicatifs, variables selon l'objectif poursuivi (d'ailleurs pas forcément le même pour l'élève et l'enseignant), gradués en fonction de la possibilité de rigueur qu'ils présentent.

Évaluation du produit (ce qui est donné à voir, « apprécié » par les autres)

– Réponse à la norme : quand la consigne est claire, contraignante, et répond à des objectifs pointus de performance nécessaire.
– Pertinence et expression du sens : ce que l'on a voulu dire (exprimer), ce que les autres en comprennent (ressentent).
– Originalité de la production : intérêt particulier de la réponse, déviation, transgressions éventuelles, etc.
– Degré de plasticité : plus difficilement appréciable, il est de l'ordre de l'instinctif, d'une réception souvent individualisée. On pourra repérer cependant en fonction d'un consensus dans le groupe une certaine « qualité esthétique », et, de façon plus précise, la maîtrise technique. Si cette dernière n'est pas essentielle, elle est cependant l'un des pôles de la discipline. On se gardera bien de ne lui accorder qu'un intérêt mineur : pourquoi pénaliser celui qui la possède ?

Évaluation de la démarche (ce que l'on a vécu, ce que l'on explicite)

– Degré de compréhension (du problème posé, de ses données), niveau (sans norme ni valeur précise) de la réponse apportée : les choix effectués (du matériau, de la technique, des opérations), leur raison, leur pertinence.
– Cohérence de la méthode : la procédure, sa constance ou sa transformation au cours du travail. Comment ? Pourquoi ? Ces deux types d'évaluation se feront par discussion commune dans et avec le groupe concerné, éventuellement avec d'autres groupes extérieurs à l'action (auxquels on la présente).

Évaluation de l'actant

Degré d'investissement : l'effort particulier, la manifestation de progrès, la sincérité, l'authenticité de l'expression, la persistance dans la recherche, l'affirmation d'autonomie, l'engagement… Cette évaluation-ci, plus subtile, est celle qui se fait de façon subjective par l'élève et de manière objective par le maître. Elle permet de repérer les comportements et de mesurer les acquis (gestuels, techniques, organisationnels…).

Une remarque : l'évaluation, dans tous les cas, n'est pas univoque et surtout n'est pas menée par le seul enseignant. Certes, celui-ci a à faire la sienne. Mais l'essentiel réside dans l'appréciation par les enfants de leur propre travail, de leurs avancées.

L'on trouvera ci-après des pistes de travail et de réflexion rangées, comme les *IO* le font apparaître, en trois grands chapitres : le domaine de l'action, celui des opérations, le champ culturel comme source d'imaginaire. Les idées que l'on y trouvera sont à adapter par chaque enseignant au niveau de sa classe et à investir de sa propre personnalité. La différence entre les cycles n'est pas, en général, mentionnée (hormis dans certains exemples) car elle ne nous paraît pas toujours pertinente et que c'est la manière de présenter plus que l'activité proprement dite qui fait la différence. Nous avons surtout cherché à montrer comment chaque fois la recherche théorique (culturelle et notionnelle) nourrit la démarche.

Et à ce propos, une dernière remarque : nous pensons pour notre part, l'ayant maintes fois constaté, que les élèves se sentent valorisés quand on les « porte haut ». Les plus en difficulté sont peut-être ceux qui ont besoin de la demande la plus exigeante de la part du maître. Pas de démagogie donc, pas de facilité excessive dans les propositions qui leur sont faites, pas d'élimination non plus d'un champ culturel supposé trop loin d'eux et trop ardu. S'appuyer sur leurs connaissances propres (beaucoup plus vastes qu'on ne le croit), sur leur vécu, sur leurs habitudes, ne suppose en aucun cas que l'on en reste là. Considérer, par exemple, que dans une banlieue difficile l'accès à la *Joconde* est impossible est une erreur fondamentale : c'est justement généralement le contraire qui se produit. Textes complexes, confusément ressentis avant que d'être, si besoin est, explicités, films du patrimoine autres que ceux habituellement diffusés, images fortes et porteuses, œuvres d'art de toutes natures sans discrimination, devront faire partie de leur propre culture, devenir leur apanage : « L'art ne doit plus être l'apanage d'une élite, il est le bien de tous. » (R. Rolland.)

La technicité

1. Peindre

Du verbe peindre, le *Petit Robert* donne trois définitions : couvrir, colorer avec de la peinture ; figurer, représenter au moyen de peinture ; représenter par le discours. « Peindre n'est pas dépeindre », disait Braque. On laissera donc de côté pour l'instant l'idée de figurer pour se poser une première question : couvrir et colorer recouvrent-ils des actions analogues ? Dans le premier verbe il y a l'idée de quantité, de recouvrement (couvrir pour cacher), le second suppose plutôt donner une teinte, et renvoie par extension au coloriage. Cela n'a pas le même sens de recouvrir ou de colorer, si même l'on peut recouvrir en colorant.

Deux textes d'artistes soulignent le problème, l'un de Rainer qui fait disparaître des travaux antérieurs sous du noir, l'autre de Dubuffet qui ajoute à certaines de ses œuvres des couches de teintes pour les enrichir : « [...] la monochromie m'est apparue comme une voie royale vers l'immobilisation et la mortification... Contrairement au recouvrement dynamique, le recouvrement monochrome progresse lentement... Le peintre doit attendre avec patience que l'endroit suivant à recouvrir se fasse remarquer de manière désagréable [...]. Ces tableaux, je continue à les corriger aujourd'hui encore, toujours plus loin jusqu'à l'obscurcissement total, alors que j'ai complètement oublié ce qui se trouvait en dessous [...] » (Rainer, *Catalogue d'exposition*, Bruxelles). « [...] La technique consistait à caresser légèrement le tableau, après qu'il était sec, d'un large pinceau plat, avec des tons (dorés, bistre, etc.) qui liaient le tout, baignaient l'ensemble d'un scintillement doré monochrome. Le pinceau ainsi frotté légèrement n'accroche que les reliefs, tout en laissant un peu fuser, de manière éparpillée et diffuse, les couleurs de la peinture antérieure. L'opération n'était d'ailleurs pas si simple ni si facile à réussir. Ce n'est pas une seule fois que j'avais à promener mon pinceau sur le tableau, mais plusieurs, d'abord avec une teinte bistre ou grise très rompue puis avec une teinte très claire, puis derechef avec un brun très foncé, et en variant chaque fois la pression du pinceau jusqu'à ce que j'obtienne l'effet désiré [...]. De tout cela résultait un fin poudroiement coloré, comme ombreux, alimenté à l'intérieur d'une bizarre lumière tamisée et fusante. Un double effet à la vérité, pouvant être à la fois de doter les objets de textures riches et vivantes, de les vêtir de lichens et de moisissures, et aussi de les plonger dans le jeu subtil d'ombres transparentes [...] » (Dubuffet, *Prospectus et tous écrits suivants*, Gallimard).

Ainsi le couvrement (ou plutôt recouvrement, puisqu'il s'agit dans les deux cas d'action sur des œuvres antérieures) n'a pas le même sens : chez l'un il est néantisation, pour l'autre régénération, réémergence. Il est clair en tout cas qu'il y a pour eux besoin de recourir à un procédé qui prend son sens dans cette nécessité (de faire disparaître ou apparaître), qui s'appuie sur une technique en apparence élémentaire mais difficile, et s'élabore dans une forte concentration (sur le travail, sur les effets).

Les synonymes n'éclairent guère la notion, puisque les deux verbes se recoupent encore et que *peindre* renvoie à brosser, barbouiller (barioler), badigeonner (graniter, laquer), par extension faire apparaître (montrer), et *colorer* à barioler, peindre, rehausser, teinter... Cependant l'on peut y relever les idées très générales d'actes qui d'un côté se réfèrent à une action qui suppose la mise en relation d'un outil, d'un matériau et d'un support par l'intermédiaire d'un geste, de l'autre renvoient à l'utilisation plus précise d'une matière colorante.

Bien qu'il y ait quelque artifice à détacher des éléments toujours étroitement liés dans les actes plastiques, c'est d'abord à la rencontre outil/matière/support/geste que l'on va s'intéresser, considérant que chez l'enfant le geste est premier, et qu'il s'agit par ailleurs des fondements nécessaires des arts plastiques.

Brosser

Le geste

Les développements de la peinture abstraite se sont nourris de recherches diverses, classées par les critiques et les historiens en différents courants dont les appellations ne valent que pour ce qu'elles sont. Disons pour simplifier que le terme d'art informel (apparu en 1951) suffira ici à désigner des réalités multiples qui ont en commun de privilégier le geste ou la matière.

L'outil et son action (quelques exemples)

Mathieu a exploré diverses possibilités avant d'exprimer une esthétique qui est celle de la vitesse : l'essentiel de son action réside dans la rapidité de l'écriture, sur formats variables, gigantesques d'abord puis diversifiés.

On notera :

- le refus de la forme préétablie comme du geste prémédité ;
- que l'expression se doit d'être instinctive, brute, éventuellement violente, la toile s'écrivant dans l'instant ;
- que les outils sont en adéquation (pinceaux divers, tube pressé directement).

Le résultat est multiplication, dans un savant dosage des pleins et des vides, de signes contrastés : éclaboussures et lignes pures, épaisseurs et aplats, lignes anguleuses et courbes, zigzags et serpentins, toujours en tension. « Dans la nouvelle phénoménologie de l'acte de peindre, l'introduction de la vitesse dans l'exécution provoque l'émergence de la notion d'acte ou d'événement recouvrant la notion d'objet. L'œuvre d'art se situe d'autre part au carrefour d'une autre notion, celle de comportement, à l'origine de laquelle on trouve la démarche de Duchamp. À une esthétique conscience de l'art se substitue une esthétique art de la conscience. » (*Au-delà du tachisme*, Julliard)

Hartung cherche comme lui son expression dans la dynamique du geste. Mais alors que l'espace de Mathieu est purement celui de son déplacement (latéral), celui d'Hartung évoque une troisième dimension, souvent lisible dans les différences de valeur, peut-être due à son attachement au réel… Où Mathieu complique, Hartung simplifie : économie de la matière, économie du geste, signe tendant à l'unicité. Ni éclaboussures, ni coulées, ni empâtements. La rapidité n'est pas automatisme, mais résultat d'une concentration préalable, d'une intériorisation, d'une ascèse. L'outil, généralement un pinceau, joue de pleins et de déliés fondés sur la souplesse de la main. « […] je tâche de fixer le dynamisme et la croissance des forces qui créent la matière, la lumière, l'esprit. »

Messagier entend « capter partout les preuves de vie quelles qu'elles soient pour les restituer […]. Ainsi j'arrive à une réalité sans penser à elle, en la découvrant à travers une prolifération de formes. » Formes fluides, tracés tourbillonnants, passés en *jus*, en transparences que soulignent les passages visibles du pinceau.

Riopelle reste, lui aussi, attaché à la réalité : elle lui fournit des impressions (référence explicite à Monet) à partir desquelles s'élabore non pas son rapport à l'outil (son geste) mais sa relation à la surface peinte (le trajet de son geste). Son outil est le couteau, qui écrase dans une longue touche la couleur pure posée directement sur la toile avec le tube. Des formes, ou tout au moins des suggestions formelles ou linéaires, naissent peu à peu de la juxtaposition, de l'imbrication, de la superposition des applications.

Soulages : Ses titres sont toujours *Peinture*, avec addition de la date et de la taille de la toile, voire même du châssis. C'est dire que la préoccupation n'y est rien moins que figurative ! La réflexion du peintre est entièrement centrée sur les données élémentaires de la création, à savoir le support et son format, la technique, le geste, l'outil.
– Les formats sont bien définis.
– Les outils adaptés, souvent inventés (brosses très larges, racloirs de cuir ou caoutchouc, gouttières pour répandre…).
– Même chose pour le médium, qui guide l'action : « S'il est pâteux, visqueux, liquide, il faut selon les cas tel ou tel type d'outil. Je tiens compte des matériaux ».
– La caractéristique première du travail est la lenteur. Des recouvrements successifs élaborent peu à peu, comme en révision permanente, formes et effets de matière : chaque couche se manie ou remanie, en épaisseurs lisses, en regrattages, en opposition de plages unies (pâte posée, appliquée, doucement tirée) ou striées (trajets successifs des poils du pinceau). Depuis la fin des années 70, il peint d'immenses formats, en noirs que les trajets très étudiés de l'outil transforment en surfaces lisses ou rugueuses accrochant la lumière : « Ce sont des différences de textures, lisses, fibreuses, calmes, tendues ou agitées, qui, captant ou refusant la lumière, font naître les noirs gris ou les noirs profonds… Mes peintures ne sont pas noires, mais fondées sur la lumière. »

L'outil, l'action, la surface

En 1947, le peintre américain Jackson **Pollock** généralise l'emploi du *dripping* (égouttement) dans ses célèbres toiles *all over*. C'est l'invention d'un nouvel espace pictural, où l'œil ne se trouve plus sollicité par aucune notion de profondeur, mais pris dans un continuum, lacis de lignes entremêlées sans commencement ni fin, tandis que la surface s'accroît considérablement, englobant le peintre et, partant, le spectateur. On parlera aux États-Unis d'*Action painting*, désignant par là un travail où « l'agir » est premier et la toile une « arène » pour le faire. Pollock travaille au sol, tournant autour d'une toile non préparée (donc absorbante) sur laquelle il dépose une couleur fluide, usant de trois types d'action :
- il fait couler (directement du contenant : seau, boîtes percées) ;
- il égoutte (un outil trempé dans la couleur, bâton ou pinceau) ;
- il asperge au moyen d'une brosse à badigeon.

Quatre éléments importent, deux concernant le support : sa taille, son orientation (tous deux transforment le rapport physique de l'artiste à son œuvre) ; deux regardant l'action : l'égouttage, le remplissage. « Quand je suis dans mon tableau, je ne suis pas conscient de ce que je fais... parce qu'un tableau a sa vie propre. J'essaie de la laisser émerger. »

L'outil, l'action, la surface, le champ

Avec **Sam Francis**, qui profite des apports fondamentaux de la première abstraction américaine, apparaît une notion nouvelle, celle des limites d'un champ pictural en relation instable avec le support, chacun garanti de son autonomie : la tache se dispose au centre, sur les marges, s'évacue jusqu'à presque disparaître d'une surface en décalage, à peine bordée de couleurs. L'introduction de plus en plus importante du blanc mis en réserve (préservé) pose de façon très aiguë le problème du rapport couleur/non couleur, couleur/lumière, puisque la recherche de Francis est centrée sur la représentation de cette dernière, « pas seulement le jeu de la lumière, mais la substance dont elle est faite ». Empruntant à Pollock la technique du dripping, il en tire des conclusions nouvelles :
- par des expériences sur l'orientation du support (par exemple, mis à plat pour un travail au sol, il est ensuite redressé, provoquant un écoulement vertical, donc une structure en grille) ;
- par l'opposition de la tache aux larges plages de toile vierge. Au *all over* succède « l'activation » du vide.

Champ de réflexion

Plus ou moins, de manières différentes, ces artistes proposent à l'analyse :
- le geste (sa rapidité, sa force, sa qualité, ses déplacements) ;
- l'outil et ses variables ;
- la qualité du médium (liquide, fluide, visqueux...) ;
- la trace (différentes écritures – courbes, zigzags –, différences de matière – épaisseurs, transparences –, différences de textures – striées...) ;

– le support (orientation, manipulation, taille, remplissage total ou partiel, et dans ce cas le comment de la réserve, laissée simplement ou ordonnée par un cache).

Tout cela d'ordre uniquement matériel et concret. À quoi il convient d'ajouter tout ce qui définit le champ artistique, à savoir la démarche instauratrice de chacun.

Le geste chez l'enfant

Trois fonctions président à l'évolution de l'acte graphique, d'ailleurs imbriquées et impossibles à dissocier, chacune conséquence et condition de l'autre : fonction motrice, fonction perceptive, fonction symbolique. Première, la fonction motrice est aussi essentielle, puisque c'est elle qui, donnant à l'expression ses moyens, va permettre la constitution du langage graphique et plastique. Fondamentale au cycle 1 où se développent toutes les potentialités gestuelles, elle est loin d'y être totalement acquise et les deux cycles ultérieurs auront également à s'en préoccuper.

Pratiquement, elle dépend de trois types de rapports : rapport au plan de travail, rapport à l'outil, rapport au support.

Le plan de travail

Selon son orientation, selon la position qu'adoptera l'enfant par rapport à lui, il y aura transformation du geste.

L'orientation

La plus commode est *l'inclinaison*, qui a l'avantage de limiter les coulures et de placer les enfants dans une position relativement peu fatigante tout en préservant les possibilités motrices globales (station debout, donc mobilisation du corps tout entier et libération du geste) et une perception différenciée du fait des facilités de déplacement.

Le plan vertical introduit obligatoirement un rapport près/loin et une action impliquant assez vite le corps dans son ensemble. La position en sera conditionnée, comme elle-même déterminera le geste (selon que l'on est assis ou debout, immobile ou en déplacement…).

Le plan horizontal est celui, classique, de l'écriture. Mais il contient bien d'autres potentialités : le support peut se trouver devant soi (table), au-dessous (sol). Il permet dans tous les cas que l'on tourne autour. Selon que l'on sera assis ou debout (même devant une table), le geste sera menu ou ample, l'œil aura plus ou moins de recul.

Sans doute est-ce une évidence, mais peut-être n'est-il pas inutile de rappeler que toute position où l'avant-bras peut se poser est plus aisée, mais qu'elle induit immédiatement une geste rétréci. Le choix du plan de travail ne peut donc pas être simplement déterminé par l'organisation matérielle de la classe. Générateur des types d'action, donc du style des traces, il est obligatoirement à varier au maximum.

La position de l'enfant

Assis devant une table, il posera l'avant-bras dessus. Seront alors sollicités : déplacements bras/avant-bras par glissement, torsion du poignet, fonction de préhension des doigts et action du fléchisseur du pouce sur l'outil. Nous sommes dans le cadre de la motricité fine, généralement confirmé par l'usage de scripteurs fins (crayons, feutres et pinceaux, ces derniers introduisant une contrainte supplémentaire par nécessaire dosage de la pression). Mettons, devant cette même table, l'enfant debout. S'ensuit l'impossibilité (ou du moins l'illogisme) de la pose de l'avant-bras. Le geste concernera plus largement le corps, le support pourra être plus vaste, l'outil moins fin...

Chaque position entraînera ainsi un certain nombre de conséquences qu'il faudra mesurer, puisque en seront déterminés les efforts demandés, les acquis attendus. Généralement debout ou assis, l'élève peut encore être agenouillé, baissé, penché, accroupi, allongé, se déplacer ou rester immobile. S'ajoute à son mouvement la manipulation éventuelle du support, car si l'on peut tourner autour de la feuille, celle-ci peut être également tournée, retournée devant lui.

Le support

Il conviendra de varier au maximum formats, formes et qualités (matière et texture).

Le format

Une première remarque est que, sans doute grâce à l'influence de l'art contemporain, l'école subit aujourd'hui une inflation de grands formats au point que le « petit » (il est vrai trop longtemps privilégié) semble souffrir d'un complexe. Si certes il y a un effet libératoire dans l'amplitude du geste, l'expression, elle, a surtout besoin de variété pour trouver son champ d'action privilégié. Il n'est que de comparer, au musée du Louvre, le caractère figé et contraint de l'immense tableau de Fragonard *Corésus et Callirhoé* (il est vrai à destination officielle) et la liberté de style, la spontanéité de ses petites *Figures de fantaisie*, que de remarquer que Paul Klee a rarement travaillé en grand, et que, somme toute, la plupart des artistes ont utilisé des formats divers – autant sans doute pour des raisons conjoncturelles que par choix délibéré.

L'essentiel est de bien savoir que l'élève n'aura pas, ne pourra pas avoir le même comportement, la même approche, ni en conséquence la même expression, selon que le champ qui lui est proposé est de deux mètres ou de deux centimètres. Pour le maître, les objectifs doivent être bien clairs. L'enfant, lui aussi, doit être capable de choix pertinents par rapport à son propre projet, latent ou formulé.

« La composition, qui doit viser à l'expression, se modifie avec la surface à couvrir. Si je prends une feuille de papier d'une dimension donnée, j'y tracerai un dessin qui aura un rapport nécessaire avec ce format. Je ne répéterai pas le même dessin sur une autre feuille dont les proportions seraient différentes, qui par exemple serait rectangulaire au lieu d'être carrée. Mais je ne me contenterais pas de l'agrandir si je devais le reporter sur une autre feuille de forme semblable, mais dix fois plus grande. » (Matisse.)

La forme

Le cadre rectangulaire est le plus courant et le plus usité, tant dans la pédagogie que d'ailleurs dans l'histoire de la peinture occidentale.

La raison de ce choix reste obscure. La préhistoire avait choisi la paroi des cavernes, mais il semble que dès que le support s'est fabriqué, le cadre rectangulaire ait eu droit presque exclusif de cité. La Renaissance a certes utilisé le *tondo* (cercle). Puis les impressionnistes, et surtout les nabis, ont fait quelques timides incursions dans des cadres nouveaux sous l'influence des estampes japonaises. On connaît les ovales cubistes (choisis, selon Braque, pour opposer des courbes aux orthogonales dominantes de la composition picturale) issus, d'ailleurs, des portraits du XVIIIe siècle perpétués par les photographes de nos grands-pères. De nos jours s'en inventent bien d'autres.

D'évidence le support n'appellera pas la même trace selon qu'il sera circulaire ou carré. Si même la trace est semblable, l'effet produit sera différent. En conséquence, il est important que, comme les formats, les formes en soient variées au maximum.

Le support peut, sur le plan de travail, être positionné de manière autre que systématiquement horizontale, ce qui change sa forme (un carré devient losange, un rectangle un quadrilatère quelconque), et surtout le rapport établi avec la verticale du corps.

Dans le support plat prédécoupé (ou déchiré : la bordure en sera différente, peut-être plus intéressante) peuvent se proposer toutes les formes géométriques (cercle, ovale, triangle, carré, trapèze...) ou non (formes inventées, ou fabriquées au pochoir avec des éléments divers : objets, végétaux, lettres, silhouettes humaines, animales...). Il peut faire l'objet d'un découpage ultérieur, qui oblige à une reconsidération de son propre travail (il faut faire des choix, abstraire, recomposer).

Supports plats de l'environnement : inusités, par exemple végétaux, entiers ou fragmentaires (les feuilles ramassées traditionnellement par les enfants en automne peuvent servir, à l'occasion, de support à peindre), ou relativement classiques : sols, murs, vitrages, portes, meubles, fenêtres de récupération (souvent, mais pas toujours rectangulaires).

Supports tridimensionnels : objets, volumes divers, membres architectoniques (colonnes, moulures, piliers...).

Le mode d'investissement de chacune de ces surfaces sera différent, la logique voulant que le cadre dicte plus ou moins naturellement les lois de sa propre ordonnance (en 1909, Matisse disait à ses étudiants : « pensez aux lignes dures du châssis et du cadre, elles ont de l'influence sur les lignes de votre motif »). Choisis librement, imposés par un projet, décidés par le maître, ces différents cadres seront proposés à l'initiative de chacun ou utilisés avec des consignes de remplissage : tourner autour, suivre les bords, superposer les traces...

L'investissement du support

Généralement, la surface à peindre est considérée comme une sorte de plan mort, anonyme, sur lequel va se placer une forme qui seule mérite attention. Or, le support n'est pas neutre, qui a sa matière, sa couleur, sa configuration. Aussitôt qu'une tache s'y pose s'établit un rapport de convivialité qui peut devenir connivence ou désaccord, mais qui fait qu'en aucun cas il ne peut être question de neutralité du fond. Et le choix de l'emplacement de cette tache peut être essentiel :

– Il peut être *significatif*, et l'utilisation par l'enfant de l'espace graphique (position et taille du dessin dans la page, symbolique des zones, etc.) a fait l'objet de nombreuses études psychologiques.

– Il peut être *signifiant* : une tache, sur un fond, va suggérer différemment selon qu'elle se situe au centre (stabilité, immobilité), à droite (elle sort), à gauche (elle rentre), etc. *Petit Bleu Petit Jaune*, de Leo Lionni (École des loisirs) inventorie ainsi toute une série de positions expressives dans la page.

– Il peut avoir un rôle *esthétique*.

– *Obligé et volontaire*, il procède de la maîtrise gestuelle, et est preuve de la non-gratuité de l'acte comme du résultat, puisque en effet il témoigne d'une anticipation de l'œuvre achevée.

Il n'est donc nullement indifférent que la surface soit à peine, partiellement ou totalement couverte (qu'alors elle-même soit beaucoup, peu ou pas du tout visible), non plus que de savoir par où et comment l'on distribuera la couleur. Poliakoff disait qu'il lui fallait : « [...] toujours peindre les formes au coin de la toile. Les quatre coins... Alors la forme va vers l'infini et peut devenir une fresque monumentale. Au contraire, si je commence par le centre, le tableau, même de grande dimension, devient très petit ». Par les angles, Poliakoff entre véritablement, littéralement, dans son tableau, y poussant devant lui les formes qui viennent se heurter – et s'achever les unes contre les autres. En ce sens il devient évident que partir du centre c'est sortir de la toile, dans un système centrifuge qui implique un au-dehors, donc une impression de petitesse du support.

Considérer la surface comme un élément vivant participant à la fois de l'acte et à l'effet conduit à une autre série de réflexions :

– Où commence-t-on le travail ? Au centre, autour, en haut, en bas, sur un bord, sur plusieurs, à partir d'un angle, de plusieurs.

– Par quoi commence-t-on le travail ? Une tache (grande, petite...), plusieurs, une série de mêmes dimensions, une série de tailles différentes, d'une seule couleur, de plusieurs.

– Comment organisera-t-on le trajet (de la trace) ou la succession (des taches) ? Du haut en bas (ou réciproquement), latéralement (de gauche à droite, de droite à gauche), en diagonale, en rayonnement, etc.

– Remplira-t-on la surface totalement ou non ? Sinon, de quelle façon ? Par arrêt de la trace ou réserve ? En quel endroit de la feuille ? etc.

– Quel outil utilisera-t-on en relation avec la surface ? En principe, chaque type de support appelle un outil approprié, à sa matière comme à sa taille. Encre et bâtonnet par exemple ne sont pas particulièrement adaptés à une grande surface. Mais ils peuvent justement induire, dans le mode d'investissement, une recherche, elle-même génératrice de résultats particuliers (répétition de graphismes : travail du champ en réseaux variables), de choix (utilisation partielle de l'étendue). Ils peuvent aussi induire certains comportements : positifs (recherche d'outils mieux adaptés, de supports plus réduits) ou négatifs (découragement, voire abandon du travail).

Exemples d'actions avec investissement total de la surface

Concernant le « où ? »
- À deux, par exemple, commencer chacun d'un côté de la feuille et s'arrêter quand on rencontre l'autre – ou ne pas s'arrêter, ce qui engendrera des superpositions. Selon les outils et le médium choisis (chaque enfant peut avoir les siens propres, ou tous deux s'être mis d'accord pour le même), le résultat sera différent.
- Partir du bas de la feuille avec un médium épais (gouache posée en tas tout au long du bord) ; pousser la couleur vers le haut avec un carton fort ; s'arrêter quand on n'a plus de médium. Repartir d'en haut pour remplir (avec le même outil ou un autre). Noter qu'immédiatement l'on rencontre le « quoi ? » et le « comment ? » (avec quoi : médium épais, carton ; comment : en poussant l'outil).

Concernant le « quoi ? » qui implique le « où ? » et engendre le « comment ? »
- Poser au milieu de la feuille une petite tache de rouge. Continuer avec du rouge et du bleu, de cette tache vers les bords. La consigne est restrictive quant à la couleur (limitation du nombre, obligation de qualité) et inductrice, sur le plan formel, d'une organisation centrifuge (du centre vers les côtés) rayonnante. Mais bien d'autres solutions sont envisageables : succession de taches mosaïquées, d'orthogonales… De même la couleur peut être rangée (juxtaposée, alternée), en désordre, mêlée plus ou moins, mélangée…
- Peindre, en haut et à gauche, un grand carré rouge (collé à l'angle, avec marge, etc.).
- Faire courir sur toute la surface l'outil chargé de médium (éventuellement définis l'un et l'autre), en tournant (en quadrillant, en arabesque…). Puis remplir.

Exemples d'actions avec investissement partiel

- Avec arrêt : descendre presque jusqu'en bas, aller jusqu'au milieu, partir du milieu en laissant le centre vide, etc.
- Avec réserve : par pliage de la feuille ou par cache superposé. Par le moyen du *dripping* (cf. plus haut) : la surface, vue en surplomb et travaillée d'assez loin, ne peut être investie que peu à peu. Peu visible dans son ensemble, elle possède plus qu'on ne la possède. L'aspersion lancée l'investit en la dépassant, puisque le point d'impact est relativement difficile à contrôler. Le geste est essentiel, le résultat indifférent. Une variante peut être apportée par le positionnement d'un cache : alors intervient la réserve qui laisse le blanc de la feuille jouer avec les giclures colorées et devenir finalement essentiel. Le cache sera réutilisé comme autre support (proposant son propre investissement comme fond), considéré comme œuvre autonome (et valorisé par une mise en cadre et en exposition qui lui confère ce statut), ou comme partie de la précédente à laquelle il peut être adjoint, soit accolé, soit partiellement superposé (réintroduisant alors un nouvel effet avec la réserve blanche).

L'outil

Résultats de l'action conjointe des outils et des médiums qui, du sec au liquide, couvrent toute la gamme des consistances (compact, épais, pâteux, visqueux, crémeux, fluide), les procédés d'application sont de quatre sortes :
– couchage manuel : la couleur est « couchée » sur la feuille, en nappes plus ou moins couvrantes (pinceaux, rouleaux, éponges, main…) ;

– pulvérisations (pistolets, bombes, bruine…) ;
– arrosage (boîtes perforées, projections à la main, à la brosse) ;
– immersion : le support, vierge ou préparé, plié, froissé, est trempé, plongé, posé sur la matière colorée.

L'utilisation de l'outil, quant à elle, donne lieu à trois types de gestes simultanés :
– un geste de préhension (tenue de l'outil) ;
– un geste qui produit la trace, directement tributaire de l'outil et du médium (par exemple, le rouleau est poussé ou tiré, le pinceau pose ou étale la couleur, le tube la dépose, etc.) ;
– le geste qui conduit la trace et en construit le trajet ou la forme (horizontales, verticales, ondulations, torsions, spirales, courbes…).

Les deux premiers sont obligés et dans une large mesure conditionnés par le matériel. Le troisième est volontaire, lié à la décision de l'action, à l'œil qui suit la trace, au projet qui la prévoit.

Toute proposition en tiendra compte, et l'on se demandera quels segments du corps sont mis en cause dans le geste nécessaire, quel espace l'enfant est invité à occuper, quel type de trace, quel trajet, peuvent en découler. Dans une section de petits par exemple, il importe de savoir que les outils proposés, des consignes concernant le geste, conduiront à mettre en cause de façons particulières les articulations bras/avant-bras/poignet/main.

Ainsi, sur supports verticaux et grands formats, « frotter en tournant » met en rotation l'épaule et le coude, tremper et tracer verticalement avec des balais à long manche nécessite blocage des poignets et rotation de l'épaule autour de l'axe horizontal, déplacer le pinceau horizontalement puis verticalement en croisant les traces conduit à faire tourner l'épaule autour des deux axes et le poignet aux changements d'orientation.

L'on pourra, au fur et à mesure de l'usage d'outils diversifiés, les mettre en regard (dans un tableau à double entrée par exemple) des qualités de médiums (sec, épais, visqueux, fluide, liquide) en les croisant avec les actions menées : appliquer, appuyer, asperger, arroser, faire couler, dégoutter, égoutter, déposer, écraser, effleurer, étaler, frotter, glisser, gratter, griffer, juxtaposer, lancer, pointiller, poser, pousser, presser, racler, saupoudrer, tamponner, taper, tapoter, tirer, verser, etc. Le couteau utilisé avec médium épais permet de poser la couleur et de l'écraser en juxtaposition ou superposition ; avec médium semi-visqueux, de l'écraser et l'étaler du plat de la lame, de racler ou gratter avec la tranche pour retirer la couleur… La queue de morue pose ou étale un médium visqueux, asperge ou dégoutte un liquide. Le rouleau frotte et trace avec médium sec, dépose et écrase une matière épaisse, étale et lisse le visqueux, presse et fait couler s'il est gorgé de liquide, effleure avec médium semi-liquide s'il s'agit de travailler des transparences.

Sachant que si ces explorations raisonnées sont valables à tous les niveaux de l'école primaire, elles ne pourront donner lieu aux mêmes types de recherches, non plus qu'aux mêmes consignes :

Au cycle 1. L'enfant a tout à explorer dans le domaine gestuel. Il lui faudra d'abord acquérir la conscience de son corps et une aisance motrice à travers le plaisir du « faire », avant que de découvrir les techniques et de passer à des apprentissages. L'enseignant aura donc recours à l'instauration de relations multipliées du corps à l'espace (positionnements, déplacements), du corps à l'outil (modes de préhension), du corps à la matière (modes de saisie, d'application...), dans un ensemble aussi large que possible d'actions (sur la matière, le support, dans l'espace) qui amènent l'enfant à peu à peu découvrir les ressources d'un matériau et son propre pouvoir manipulatoire.

Au cycle 2. L'élève sera capable de procéder à une expérimentation raisonnée sur les matériaux, de rechercher et utiliser les gestes adéquats en fonction du support, de l'outil, de la matière, et de repérer les relations entre les effets produits et la technique employée, partant d'adapter la technique en fonction de l'effet désiré. L'enseignant s'attachera à ménager des champs d'exploration multiples pour stimuler le désir de recherche, tout en sollicitant les capacités de distanciation.

Au cycle 3. Les élèves ont besoin d'une maîtrise de moyens précis en vue de fins déterminées. Ils ne peuvent plus se satisfaire d'expérimentations gratuites même s'ils peuvent y trouver quelque plaisir, et doivent trouver la justification de leurs recherches dans la poursuite d'un projet, fonder l'usage de techniques sur l'intention préalable, la réalisation sur la mise en œuvre d'une idée.

Colorer

Couleurs et matières

La couleur

Le problème de la couleur est, on l'a vu, d'une extrême complexité, si fortement individualisé d'ailleurs qu'il est impossible de le caractériser. Un certain nombre d'éléments sont en jeu : un phénomène culturel, sa symbolique, un phénomène biologique, sa perception, un phénomène physique, sa « réalité », elle-même variable selon la qualité ou l'intensité de la source lumineuse.

À titre purement indicatif et très schématique, mentionnons les valeurs symboliques que recouvrent les principales couleurs :
– le *blanc*, non couleur, valeur limite, a sens de passage (mort/naissance). Il sera donc teinte initiatrice (rites africains) et marque d'exclusive (exclusion du corps social, par exemple des veuves en Afrique et en Nouvelle-Guinée) ;
– le *bleu*, profond et immatériel, signifie l'infini, le rêve, le passage vers l'imaginaire ;
– le *brun*, excrémentiel (*cf.* Freud), ton de la terre, est parfois symbole de pauvreté, d'humilité (la bure des moines), parfois substitut du noir infernal ;
– le *jaune*, c'est la jeunesse, la force, l'énergie divine (solaire), mais rattaché aussi à l'élément terre, il représente, avec l'automne, le déclin. Ambivalence que l'on trouve marquée

dans le théâtre de Pékin où il désigne les princes dans leur costume, mais, dans le maquillage, la cruauté et la dissimulation ; de même dans la mythologie grecque avec la pomme d'or de la discorde et les pommes d'or du jardin des Hespérides ;
– le *noir*, non couleur comme le blanc auquel il est associé dans un couple ombre/lumière, jour/nuit, désigne passivité et mort, obscurité des origines, néant, chaos, mais aussi fécondité (couleur de la terre fertile et des nuages apportant la pluie), et est en tant que tel le ton des grandes déesses mères d'origine chtonienne ;
– le *rouge*, du feu et du sang, est pour beaucoup de peuples la première des couleurs car liée directement au principe de vie ;
– le *vert*, entre bleu céleste et rouge infernal, froid et chaud, valeur moyenne et rassurante, s'oppose au rouge comme la verte nature s'oppose aux flammes de l'enfer dans le mythe de Coré-Perséphone ;
– le *violet* enfin est symbole de tempérance, d'équilibre, entre le rouge et le bleu, la terre et le ciel, les sens et l'esprit.

À cette valeur symbolique, mythique, essentiellement culturelle, s'ajoute l'expressivité de la couleur qui rejoint la précédente car fondée partiellement, comme elle, sur l'expérience que nous avons de la réalité. Ainsi, si l'on dit que le vert exprime la fraîcheur, c'est évidemment parce que notre vécu nous parle d'ombrages, au moins autant que par reprise de poncifs littéraires ou grâce à une quelconque réalité physique.

« La couleur est un poids dans la balance des émotions », disait Jacques Villon. C'est qu'entre aussi en jeu la réaction individuelle, ce que chacun ressent par elle ou entend pouvoir lui faire dire. À cet égard sont significatifs les propos de Gauguin : « Il me faut expliquer cet effroi [...]. Alors je fais ceci : harmonie générale sombre, triste, effrayante sonnant dans l'œil comme un glas funèbre. Le violet, le bleu sombre et le jaune orangé [...] » ; et de Van Gogh : « Je voudrais faire le portrait d'un ami [...]. Je voudrais mettre dans ce tableau mon appréciation, l'amour que j'ai pour lui. Je le peindrai donc tel quel aussi fidèlement que je pourrai pour commencer. Mais pour le finir je vais être coloriste arbitraire. J'exagère le blond de la chevelure, j'arrive aux tons orangés, aux chromes, aux citrons pâles. Derrière la tête, au lieu de peindre le mur banal du mesquin appartement, je peins l'infini, je fais un fond simple du bleu le plus riche, le plus intense, et par cette simple combinaison, la tête blonde éclairée par ce fond bleu riche obtient un effet mystérieux comme l'étoile dans l'azur profond. »

De fait la teinte en soi n'a pas tant d'importance : le problème réside dans la place qui lui est donnée : « J'ai à peindre un intérieur, explique Matisse. J'ai devant moi une armoire. Elle me donne une sensation de rouge bien vivant, et je pose un rouge qui me satisfait. Que je pose à côté un vert, que je rende le parquet par un jaune, il y aura entre ce vert et ce jaune et le blanc de la toile des rapports qui me satisferont. Mais ces différents tons se diminuent mutuellement. Il faut que les signes divers que j'emploie soient équilibrés de telle sorte qu'ils ne se détruisent pas les uns les autres. »

Pour certains, la couleur n'est donc qu'un moyen, pour d'autres elle est investie d'un pouvoir quasi mystique. C'est le cas, par exemple, des monochromes d'**Yves Klein**, essayés d'abord en diverses teintes jusqu'à l'adoption du BK (Bleu Klein), qui rend compte de la préoccupation essentielle de l'artiste, le vide, et est censé exprimer « l'expansion infinie de l'univers ».

Monochrome également, mais cette fois dans le blanc, le travail de l'Américain **Robert Ryman** pour lequel cependant cette couleur n'est là que pour rendre compte d'un métier : « Je ne me considère pas comme faisant des tableaux blancs. Je suis un peintre, je fais des tableaux. Le blanc est mon médium. » Sur des supports qui n'ont de forme que carrée, une étonnante variété gère ces blancs, due à une volonté d'exploration de toutes les possibilités des matériaux : de la matière picturale d'abord dont il travaille les propriétés (consistance, transparence, tonalité, luminosité, brillance, opacité, travaillée en glacis ou pleine pâte, rapidement ou non, en une ou plusieurs couches...), des supports ensuite dont il explore la nature (coton, lin, carton, papier, cuivre, acier, bois, plexiglas...). L'un de ses objectifs étant que se décèle le travail pictural, dont il laisse des traces visibles, du début à l'achèvement de la surface.

À cette recherche d'une rigueur un peu austère peuvent être opposées celles de deux autres américains, **Philip Guston** et **Joan Mitchell**, qui, inspirés par les données impressionnistes, les continuent en modulant la couleur dans la lumière. Modulation qui se traduit chez le premier par des harmonies d'un grand raffinement, toutes constituées de mélanges (teintes rompues, rabattues, dégradés, nuances), pastels froids qui se disposent en quadrillages irréguliers que le blanc de la toile, laissé partiellement vierge, enserre et par endroits pénètre.

Le gestualisme concentré de Guston trouve presque en celui de Mitchell son antonyme. Une touche vigoureuse, zébrante, hache les surfaces, y multipliant les teintes pures et fortes même quand elles se veulent froides et sombres. S'y ajoute l'intérêt du travail en triptyques et polyptyques où se suivent en se juxtaposant des toiles qui enchaînent, de l'une à l'autre, le geste, la couleur, l'occupation de la surface.

Matisse pose ses teintes en aplats, et « employées à l'état pur quand leur éclat et leur pureté ne sont pas altérés ».

Poliakoff, sur un support de toile fine et souple très absorbante, ou de toile à sac, ou de contre-plaqué (donc de duretés très diverses), superpose des couches. Et la qualité de la surface est déterminée par la totalité des sous-couches. Sous la surface d'une pâte très complexe (lisse, grasse, onctueuse, granuleuse) se perçoit, de façons variables (par grattages et fluidités différenciés), la couleur immédiatement sous-jacente (elle-même dépendante de sa ou ses sous-couches), mise en opposition : clair/sombre, chaud/froid, complémentaires.

Villon travaille ses mélanges complexes, pour les avoir toujours dans leur pureté, sur une palette de papier huilé qu'il jette après usage...

Champ de réflexion

Uniformité, juxtaposition, superposition, mélange : quatre cas de figure qui font référence à quatre procédés de mise en couleur, d'où peuvent dériver toutes les variantes. L'uniformité renvoie au couvrement/recouvrement. La juxtaposition conserve à chaque teinte sa qualité, tandis que dans les rapports de voisinage elle s'exacerbe ou s'affadit. Le mélange amène la couleur à perdre sa qualité propre au profit d'une nouvelle qualité, commune, qui n'est en rien comparable à l'une quelconque de ses composantes. La superposition, variante du mélange, réagit de façon différente selon que les teintes sont transparentes, le médium fluide (le résultat est celui du mélange, avec toutefois une luminosité particulière), ou selon qu'elles sont opaques et peuvent, après séchage, se recouvrir totalement : alors on peut jouer sur le grattage, qui permet toutes sortes de nuances (par enlevage partiel ou total de la couche supérieure, encore humide, au couteau ; par ponçage au papier de verre fin sur couleur sèche ; en griffant à la pointe, sur fond humide ou sec...).

Car chaque couleur prête à l'infini des recherches, comme en témoigne ce texte du japonais Hokusai : « Il y a le noir antique et le noir frais, le noir brillant et le noir mat, le noir à la lumière et le noir dans l'ombre. Pour le noir antique, il faut y mêler du rouge ; pour le noir frais, c'est du bleu ; pour le noir brillant, c'est une adjonction de colle ; pour le noir dans la lumière, il faut le refléter de gris. En suivant ces préceptes, les enfants seront en état de rendre la violence des océans, la fuite des rapides, la tranquillité des étangs, et, chez les vivants de la terre, leur état de faiblesse ou de force. »

La matière

Couleur et matière sont indissolublement liées, comme on vient de le voir à travers les exemples cités. Cependant, l'on a pu parler pour certaines œuvres de « peinture de matière » dans la mesure où celle-ci est première et tout le travail de l'artiste fondé sur son rapport à elle. Recherche à tous égards sensorielle, c'est une expression où s'unissent l'appréhension sensible du monde et l'angoisse métaphysique du peintre, sa difficulté d'être. La couleur, épaisse, est manipulée de toutes les façons, et s'adjoint d'autres matériaux, des objets, etc.

Jean Fautrier inaugure en 1940 un procédé selon lequel le papier remplace la toile et se recouvre d'un enduit fait de couches successives de peinture à la colle. Il obtient ainsi une pâte épaisse (genre pâte à papier) dans laquelle il modèle des formes qu'il soulignera ensuite de couleurs fluides ou en poudre.

Antoni Tàpies montre dès 1945 une prédilection pour une matière de la consistance de la boue, à laquelle vont peu à peu s'ajouter des matériaux de plus en plus concrets : amalgame de fragments de journaux, chiffons, terre, carton, ficelle... Puis il découvre la peinture au latex qui lui inspire un nouveau procédé, celui de l'arrachement, qui consiste à imprimer dans la pâte des matériaux (surtout textiles) pour les décoller aussitôt, après en avoir relevé la texture en négatif. De plus en plus il utilise de la matière, des débris (fibres, grain...). Dans un choix délibéré, dicté par les significations qu'ils véhiculent, les connotations qu'ils introduisent. Ses matériaux de prédilection sont généralement souples : la paille sous toutes ses formes vient poser ses entrelacs, ses enchevêtrements à l'intérieur du cadre rigide du tableau. Elle s'y installe, s'y déploie, en déborde (*Paille et bois*, 1969). Elle s'y love dans du papier blanc (*Grand paquet de paille*, 1970). Des bandes de tissu se plissent et se collent (*Chiffons et ficelles sur bois*, 1967). De fines lanières de tulle s'appliquent sur la forme comme, sur une blessure, des bandelettes chirurgicales (*Matière-coude*, 1973). Un rideau de tulle se tend sur fond de papiers collés (*Décor de théâtre*, 1974). Un sac de jute enferme une toile bleue (*Bleu et sac*, 1970). Etc.

Alberto Burri explore aussi toutes les possibilités offertes par la matière à l'état brut, avec des matériaux choisis parmi les plus frustes, mêlés, juxtaposés, à des surfaces peintes, par collage ou cloutage. Mais l'organisation des surfaces est toujours très étudiée, cérébrale, d'un grand raffinement, sensible sans être aussi charnelle que chez Tàpies. Le tableau est abstrait et l'affirme, dont les titres sont toujours fondés sur la dominante technique (*Composition*, *Blanc*, *Goudron*...)

L'inventaire des matières est vaste, et l'énumération de quelques toiles en donnera une idée. *Composition* (1948) : huile (s'entend chaque fois : peinture à l'huile), émail, toile de sac, support de toile. *Blanc* (1949) : huile, corde, fil, sable, sur support de toile doublée de papier journal. *Blanc* (1949) : huile, blanc de zinc, émail, poudre de pierre ponce. *Goudron noir* (1951) : émail, acrylique, goudron sur toile. *Noir* (1951) : huile, carton, goudron sur toile.

Puis les matières se multiplient sur une même surface. Mais à partir de 1952 il épure. Un seul matériau s'étudie à la fois. Et d'abord la toile de sac, sur laquelle il va agir : lacérations, accrocs, déchirures, coutures, rapiéçages... En 1954, il peint d'un gris de plomb uniforme des toiles d'abord collées, cousues, organisées sur la surface.
Ressurgissent alors, appelées sans doute par l'unité de la teinte, les variables de la matière : *Tutto Nero* réutilise la poudre de pierre, le vinyle, et des tissus froissés et plissés sous la couleur noire et grise de l'acrylique. Le travail du « sac » se continue jusqu'en 1956, exploré de toutes les manières imaginables. Plié, froissé. Déchiré, découpé. Troué, perforé, fendu, arraché. Découpé et accroché, semi-déchiré et laissé pendant. Cousu de diverses manières aussi, à gros points, bord à bord ou en boudins, à petits points, à la machine, au fil fin, épais, à la ficelle. Couleur unique ou multiple, mise dessus dessous, cellophane voilant partiellement la surface, se plissant sous la teinte, etc.

L'œuvre de **Jean Dubuffet** est une mine d'inventions, car il pratique une véritable « cuisine » expérimentale, considérant qu'en art il n'est qu'« un seul climat salubre, celui de la révolution permanente ».

• 1950-1952 : série *Paysages du mental* : « Je me suis servi longtemps d'une pâte faite par moi-même au moment de l'emploi ; c'est un mélange d'oxyde de zinc et d'un vernis maigre très épais, très chargé de résine. Cette pâte, quand elle est fraîche, refuse l'huile, et les glacis gras dont on veut la couvrir constituent de ce fait d'énigmatiques ramages [...]. Un autre matériau (un épais enduit constitué seulement de blanc de zinc et de carbonate de chaux avec huile polymérisée) m'a aussi dans le même temps vivement intéressé. Cet enduit permet de gros empâtements. Si on y mêle du sable pour en faire un mortier, il se prête à des reliefs imprévus [...]. Lancé à coup de grosses spatules, il me procurait de doter de reliefs des objets où les reliefs sont les moins attendus. »

• 1952 : *Terres radieuses*, est une série de dessins à l'encre de chine avec la plume ou le calame (roseau taillé) où Dubuffet s'efforce de rendre par le seul tracé les reliefs de ses œuvres précédentes. Les plissements des matières des *Paysages du mental* sont interprétés en lacis de lignes, écheveaux de filaments, graphismes menus multipliés autour de quelques taches blanches ou noires d'importance diverse.

• 1952-1953 : *Lieux momentanés* : après avoir longtemps insisté sur la peinture en gros reliefs, il exclut tout recours aux épaisseurs. Il utilise des tons « noyés de térébenthine, jetés sur des matières huileuses fraîches, d'où résulte tout un jeu de taches et de méandres » et revient avec le couteau après quelques jours pour arracher par endroits cette couche, d'où des effets de « peau écorchée ».

• 1954 : peinture plastique (pâte épaisse un peu visqueuse) mêlée de débris d'éponges et de chiffons.

• 1954 : *Peintures laquées* : peinture laquée à séchage rapide, dont il utilise les « fins craquelages qu'elle forme lorsqu'elle est posée sur un fond à demi-sec », lui associant de la peinture à l'huile. De leur totale incompatibilité naissent des taches inattendues.

• 1955 : *Jardins* impriment dans la pâte fraîche des empreintes d'objets divers manufacturés, (moules à gâteaux, appareils de ménage ou de cuisine, paniers à salade, porte-savon, tapis de caoutchouc strié de raies creuses, serpillières à grosses mailles, etc.).

• 1955 : *Personnages monolithes* utilisent l'application de papier journal : il superpose à la spatule des couches de couleur et applique sans laisser sécher des journaux entiers, marqués de plis perpendiculaires ou froissés. Une grande partie des teintes est ainsi enlevée et n'en subsistent que quelques taches (où interviennent les marques du papier appliqué). « Pour finir, à l'aide d'un large pinceau doux, je passais sur le fond du noir tout en m'arrangeant pour réserver les silhouettes d'un personnage. »

• 1956 : *Tableaux d'assemblages* : « J'envisageais de faire sur des toiles toutes sortes d'expériences de textures diverses, taches, maculations, etc. dans lesquelles je pourrais ensuite découper les parties qui me plaisaient et les assembler à ma guise. »

Dubuffet utilisera encore, dans ses *Matériologies* de 1960, des éléments botaniques : végétaux séchés et utilisés comme du papier, découpés et assemblés pour constituer des paysages ; du papier d'argent : les éléments en sont traités séparément, bosselés avec les doigts, puis colmatés au dos avec une colle vinylique qui plastifie les boursouflures et les empreintes. Le tout est ensuite assemblé, collé sur panneau d'isorel, patiné à la peinture à l'huile noire. Une troisième série utilisera du papier mâché, appliqué en épaisses couches colorées dans la masse sur plaque d'Isorel.

Champ de réflexion

C'est dans la tension de l'après-guerre que Burri, fait prisonnier en 1943, choisit le collage de matériaux bruts et essentiellement pauvres que son action marque de blessures et déchirures symboliques. C'est des séquelles de la guerre civile espagnole que parle l'œuvre de Tàpies (« les murs portent le témoignage du martyre de notre peuple »). Quant à Dubuffet, c'est le refus délibéré d'une tradition « asphyxiante » qui le conduit, à travers la théorie, à adopter « l'art brut », délibérément involontaire.

Il ne s'agit donc pas de pratiquer dans les classes un collage/bricolage, mais de s'interroger sur la nature des éléments mis en jeu (qu'est-ce qu'un matériau pauvre, riche ? noble, fruste ?) ; de décliner les qualités respectives que recouvrent les notions ; de repérer le sens (à ressentir, à faire sentir) de leur usage dans un contexte précis.

Couleurs et matières dans la classe

La couleur

Les activités proposées ci-dessous adopteront une gradation de l'action simple aux opérations à mener, puis à une manière plus subtile d'aborder les notions, qui renvoient tout naturellement aux trois cycles successifs sans pour autant qu'il y ait cloisonnement ni exclusive.

Les procédés de mise en couleur

La juxtaposition est le procédé le plus naturel pour l'enfant, d'autant qu'il est le mieux adapté à la fonction de représentation habituellement recherchée. Les consignes peuvent :
• concerner la technique d'application de la couleur. Juxtaposer les touches sans que jamais elles se rencontrent (un pinceau par couleur, de même taille : effet de réseau uniforme, mosaïqué ; une brosse par couleur de tailles différentes : carrelage irrégulier, effet rythmé). Couvrir, à deux, une surface : s'arrêter chaque fois que l'on rencontre l'autre.
• se compléter de propositions d'organisation :
– de la place à donner aux taches (consignes orales : serrer les touches, les parsemer, les mettre côte à côte ; ou visuelles : schéma linéaire tracé à l'avance, forme déjà placée à entourer, à suivre, travail antérieur à compléter, etc.).
– du nombre de couleurs et de leurs positions réciproques (aligner, alterner...).
– des limites : cerne noir ultérieur, réserve blanche. Constituer par exemple un lacis de scotch qui, par arrachage (y compris s'il abîme la surface) constituera des effets surprise. Jouer à travers un grillage de plastique, à déposer de la couleur « sans déborder » dans les mailles : le grillage retiré, apparaît un réseau régulier de couleurs chatoyantes qui pourra être réutilisé (comme fond pour un dessin figuratif plus ou moins ancré sur le réseau, comme support à entrelacer avec un autre, comme partie d'un ensemble figuratif ou abstrait).
• être d'ordre gestuel, appliquées à la qualité de la trace et à son trajet :
– Faire voyager l'outil sans que jamais les couleurs se recouvrent ni se rencontrent.
– Juxtaposer les traces de deux outils différents, avec une, deux, *x* couleurs.
– Faire cheminer une trace noire sur la totalité de la feuille, remplir ensuite les vides de couleur, etc.

La superposition provoquera naturellement la découverte du mélange, outre ses effets propres, que l'on pose l'une sur l'autre deux teintes transparentes, ou une transparente sur une opaque, ou deux couleurs opaques.

• Travail simple avec l'outil : pour que deux teintes superposées réagissent en transparence, il faut tout d'abord que la couche inférieure ne se dissolve pas sous l'action de la seconde. Utiliser donc des couleurs tenaces et surtout laisser suffisamment sécher. Ne pas détremper, non plus, la sur-couche. À partir de là, tout est permis, tout est possible, et particulièrement avec le rouleau qui peut être plus ou moins imbibé, appuyé fortement ou non, courir sur une surface déjà peinte, sur ses propres traces :
– peu imprégné, d'une matière liquide, et pressé, il laisse visibles en totalité les parties sous-jacentes ;

– porteur d'une matière épaisse mais inégale, il couvre de façon irrégulière, juxtapose donc, cache, laisse transparaître en même temps ;
– à peine appuyé, il dépose un pointillé, une matière grenue qui ne masque qu'à demi la sous-couche ;
– enfin, il peut aussi lui-même se charger de plusieurs teintes à la fois qui, déposées ensemble, se juxtaposeront d'abord pour se mêler ensuite.
• La découverte peut s'enrichir de grattages ou arrachages (de matériaux collés sur la sous-couche ; de couches successives de papier journal, chaque fois imprégnées de couleur et qui seront après séchage « épluchées », délitées pour faire réapparaître telle ou telle teinte. *NB* : dans ce cas, la superposition ne donne pas mélange mais juxtaposition).
• Travail du cache : utilisé avec le rouleau, ou plus efficacement encore par pulvérisation (bombes, pulvérisateur à bouche ou à eau, bruine), le cache permet, par simple déplacement de la forme sur le fond, de la mettre en réserve et donc, par glissements successifs, d'obtenir toutes les nuances.

Le mélange : puisque l'enfant au cycle 1 doit apprendre à reconnaître, donc à différencier les teintes, et que par ailleurs la notion de couleur se fondera peu à peu sur des habitudes perceptives de discrimination, c'est sans doute par la fabrication de mélanges qu'il y parviendra le mieux. Il suffira de lui proposer les trois couleurs primaires et d'en suggérer le mélange (deux par deux, avec du blanc, du noir), puis de chercher « le plus de mélanges possible ». Lesquels pourront être échantillonnés avec conservation et transmission de la « recette », ce qui introduit des notions d'ordre mathématique (plus, moins, un peu, beaucoup, etc.), ce qui s'écrit, se lit... Peu à peu il sera capable de confectionner une gamme étendue de nuances, de les reconnaître, de les nommer, d'en savoir la composition. Maîtrisant alors un certain « langage », il pourra l'utiliser de façon consciente et réfléchie pour, par exemple, exprimer (une réalité, un sentiment), représenter, dire, suggérer : et la fabrication ne sera plus vide de sens, mais concertée et adaptée. C'est alors que le texte d'Hokusai prendra toute sa signification...

Les opérations

Elles amèneront, de manière consciente et raisonnée, à observer en comparant, analysant, reproduisant, à associer, à transformer, et donc à engranger et préciser les notions.

• Observer la réalité
– Nommer les couleurs et leurs diverses nuances et tonalités (des vêtements, de la classe, des matériaux).
– Rechercher dans la classe, dans la documentation, dans la cour, l'école, la rue, chez soi, des exemples les plus nombreux possible d'une ou plusieurs couleurs données. Citer ces exemples, rapporter des éléments (fragments de papiers, de tissus, végétaux, aliments, objets, etc.)
– Chercher des aliments de même couleur et composer un repas (blanc, rouge...).
– Compter les couleurs d'une image.
– Choisir des images où une teinte est dominante.

• Observer sa transformation
– En regardant à travers des lunettes colorées.

– En éclairant la classe avec des spots de couleur.
– En posant un transparent de couleur sur une image.

• Reproduire
– Les transformations observées.
– Les couleurs d'éléments divers le plus exactement possible (magazines, végétaux, couleur trouvée par un camarade, fragment d'œuvre d'art…).
– Une teinte complexe, par superposition de papiers colorés transparents, par mélange.
– Une couleur montrée puis cachée : la restituer de mémoire (en peinture, ou par recherche dans un fonds de papiers divers).
– Une image projetée sur sa feuille, sur le mur.
– Reconstituer une image, un travail antérieur, avec d'autres matériaux.
– Fabriquer des « trompe-l'œil » en terre ou pâte à papier, puis les peindre le plus fidèlement possible.
– Se maquiller aux couleurs d'une image (paysage, œuvre d'art).

• Comparer
– Et trier les matériaux rapportés (en mettant ensemble par exemple tous les verts : feuillages, fragments de papier, bouts de tissus, cailloux, herbes, reproductions, photographies…).
– Et ranger selon des critères variables, imposés ou découverts : de taille, de nuance (du plus au moins vert), de valeur (du plus au moins foncé), etc.
– Et placer sur une surface en ordres différents : positions (dessus/dessous, à côté, autour, devant/derrière) ; rythmes (alternances, inversions) ; trajets (horizontalement, verticalement, autour, en ordre rayonnant, concentrique, spiralé).

• Séparer
– Les couleurs les unes des autres, en peignant par réserves ou cernant après coup.
– Les couleurs les unes des autres, en découpant à l'intérieur d'une image.
– Extraire une teinte particulière de son entourage, en découpant à l'intérieur d'un ensemble.

• Dépouiller
– En cadrant : utiliser un système de « fenêtres » pour isoler une teinte.
– En cachant : par-dessus une production antérieure, faire des caches de formes diverses (bandes de papier, fenêtres découpées ou déchirées en nombre variable). L'on obtient une image nouvelle, animée d'« apparitions » de l'œuvre ancienne, d'autant plus intéressante que les endroits ainsi privilégiés peuvent varier à l'infini par glissement et décalage des caches.
– En supprimant : une ou plusieurs teintes, retirées par découpage ou déchirage, d'une surface (image quelconque ou œuvre précédente). Suspendue dans l'espace, cette production nouvelle est confrontation avec le vide qui se crée dans ses ouvertures ; collée sur fond uni, elle inverse vide et plein : ce qui est vu derrière le trou prend en fait le rôle de forme ; collée sur une autre œuvre (image, photographie, travail antérieur), elle permet des perceptions très diversifiées : ainsi, la photo d'un paysage derrière une surface abstraite apparaît comme vue sur le réel, et donne à la surface en question un statut de véritable fenêtre, tandis que deux abstractions superposées vont jouer ensemble, à égalité, par association.

• Choisir

– Une couleur, en fonction de critères divers : de ressemblance (la couleur du toit de la maison, le vert de la feuille, etc.), symbolique (les couleurs de la joie…), d'expression.

– Une couleur, pour des raisons précises (sur demande du maître, par choix personnel, pour un jeu organisé dans la classe) : justifier son choix.

– Une œuvre (de soi, des autres, d'un artiste), là encore sur des critères définis ou non, qu'il conviendra d'expliciter.

– Une teinte et la montrer, ou la décrire, afin que les autres la reproduisent.

• Associer

– En rangeant, collectionnant, accumulant : des objets, matériaux, etc., d'une même couleur, dans une boîte ou tout autre contenant, pour son usage personnel, comme cadeau, à titre de documentation pour une autre classe…

– Des couleurs, sur consignes : les plus différentes, les plus proches…

– Superposer : des formes sur d'autres, figuratives ou non (coller les fenêtres et les portes sur la maison, juxtaposer les rectangles des immeubles, ou mettre les carrés les uns sur les autres tout simplement).

– Agglomérer : masser, grouper, par collage de papiers ou autres matériaux, le plus de couleurs possible.

– Ajouter bout à bout des fragments ou des touches, en ramifications, quinconce, alternance, sur trajets…

– Juxtaposer deux teintes en perforant ou déchirant une surface colorée, puis en la plaçant sur une autre; en posant sur support différent les chutes obtenues lors du déchirage…

– Déchirer ou découper deux feuilles à la fois et inverser les morceaux.

– Associer deux œuvres en les cousant (juxtaposées, superposées, décalées) ou les tissant ensemble (*cf.* le travail sur le support).

– Associer avec des mots : caractériser la teinte (bleu d'azur), rendre l'impression (froid, chaud).

– Avec des sons : donner une couleur à un bruit, chercher des mots qui évoquent des bruits : une teinte criarde, des tons discordants, un rouge strident…

– Avec des idées et expressions. Ces dernières sont nombreuses, certaines bien connues : un œil noir, broyer du noir, noir sur blanc, être blanc comme neige, faire chou blanc, cousu de fil blanc, une nuit blanche, voir la vie en rose, frais comme une rose, le pot aux roses, en être bleu, nager dans le bleu (vivre dans le rêve), passer au bleu (oublier), en voir de vertes et de pas mûres, se mettre au vert, se fâcher tout rouge, voir rouge, méchant comme un âne rouge, jaune comme un coing, rire jaune, etc. Ces expressions peuvent servir de base à des textes poétiques, être utilisées pour susciter l'imaginaire, pour fonder des mimiques ou amener à créer des images. Dans le même cadre et de la même façon, on cherchera des poèmes qui s'appuient sur la couleur ou qui l'évoquent.

• Transformer

– Une production antérieure en la reproduisant avec des couleurs différentes, ou en substituant d'autres teintes par endroits (par repeints ou collages).

– Poser un transparent de couleur pour transformer une image, par endroits, pour la faire apparaître presque uniforme (par exemple, avec de l'autocollant rouge, cacher tout ce qui n'est pas rouge dans la surface, d'où l'apparition d'un camaïeu).

– Superposer du papier calque, qui voile et crée une ambiance plus feutrée, des tons moins lisibles ; le supprimer par endroits ; en mettre plusieurs épaisseurs, déplacer, décaler, etc. Observer, décrire, définir les effets produits.

– Transformer une image en noir et blanc en la peignant (par exemple, chacun peint sa propre photographie de ses couleurs préférées, ou la photocopie d'un paysage en couleurs arbitraires génératrices d'ambiance...).

– À l'inverse, photocopier en noir une image colorée, ou la traduire en valeurs d'une seule couleur.

– Se transformer soi-même : se maquiller et/ou se déguiser avec toutes les nuances d'une seule couleur (je deviens le rouge), ou avec x couleurs données.

– Transformer par manipulation : par exemple, en froissant ou mouillant une surface peinte (couleur craquelée ou délavée) ; en plongeant un dessin au crayon, à la cire, dans la térébenthine qui le dilue ; en pressant sur ce même type de dessin une feuille imbibée de térébenthine qui en relèvera l'empreinte ; en le couvrant d'encre puis en le passant sous l'eau (il se modifiera par la tonalité de l'encre délavée sans pour autant disparaître) ; en superposant des couleurs et les faisant réapparaître par grattage...

– Transformer des couleurs par pochoirs successifs, superposés, déplacés : un simple rouleau de mousse imprégné de couleur passé sur le pochoir en reproduira la forme (vide) sur le support. L'utilisation de déplacements de la forme, de superposition d'autres pochoirs, crée d'autres surfaces, d'autres couleurs.

– Liste évidemment non exhaustive, car le travail de la couleur est inséparable de toutes les autres recherches sur la forme, la matière, le support...

Les significations

Les opérations menées seront purs exercices de style (certes utiles pour l'acquisition d'un « vocabulaire » et d'une gymnastique inventive de manipulation) et resteront stériles s'il ne leur est donné une raison d'être qui les charge de sens. Les propos des artistes cités plus haut montrent bien que pour eux le travail est fondé sur une recherche pour chacun différente car sous-tendue par une démarche individuelle ancrée dans leur personnalité propre, qui détermine une pensée et une manière de faire particulières. Quand Van Gogh dépeint un ami, il lui attribue des teintes qui prennent valeur mystique pour exprimer l'amour. Quand Matisse explique ses choix pour *La Danse de Moscou*, il se réfère à une réalité symbolisée : le bleu du ciel méditerranéen, le vert des pins, le vermillon des personnages « pour obtenir un accord lumineux », mais cherche aussi à rendre une émotion, « cet état d'âme créé par les objets qui m'entourent et réagissent en moi. »

On pourra, pour aller plus loin, s'aider de textes évocateurs, tel celui de Proust dans Du côté de chez Swann : « Ici, elle (la lumière) épaississait, comme des briques, et, comme une jaune maçonnerie persane à dessins bleus, cimentait grossièrement contre le ciel les feuilles de marronniers, là au contraire les détachait de lui, vers qui elles crispaient leurs doigts d'or. À mi-hauteur d'un arbre habillé de vigne vierge, elle greffait et faisait épanouir, impossible à discerner nettement dans l'éblouissement, un immense bouquet comme de fleurs rouges... » Et faire réfléchir les élèves sur les possibilités multiples qui se proposent dans le registre description/représentation/évocation/suggestion/symbolisation/etc.

La matière

Matisse : « J'ai vu que la matière avait sa nécessité et qu'elle ajoutait beaucoup à la richesse de la peinture par le jeu de brosse qui laisse transpercer la lumière de la toile blanche et fait de ces aplats des surfaces vivantes. » (À propos de *La Danse* de Moscou.)

Ainsi l'investigation concernant la matière commencera par le repérage des effets que peut donner la façon de poser le médium, en conséquence *a fortiori* les possibilités d'actions manipulatoires du médium avec outils divers (griffures, striures, gaufrages, pointillés...) déjà évoqués plus haut. Ces effets en l'occurrence sont davantage de texture.

Quant aux méthodes utilisées par les artistes ci-dessus, il suffira de lister leurs procédés pour y trouver prétexte à recherches, concernant pour résumer :

– Des matériaux étrangers à coller, encoller, superposer au support pour y fonder un discours tenant à leur nature même (Tàpies) ;

– Des matériaux à transformer par des opérations de destruction (déchirures, découpes...) pour élaborer une sens dépassant leur nature (Burri) ;

– Des matières à travailler par mélange, amalgame, trituration, etc. pour créer des effets inattendus, qui puissent donner lieu à interprétation (Dubuffet).

Ainsi entrera-t-on dans les opérations *d'adjonction* d'éléments à la surface peinte, *d'assemblage* de matériaux (naturels ou autres), *d'amalgame* jouant sur les épaisseurs, *de transformation* par action sur les choses (pliage, plissage, déchirage, perforation), *d'opposition* de matières qui se contrarient (gras et eau), *de retrait* de matière par tamponnage ou arrachage, *de reproduction* de textures par empreintes dans la pâte épaisse, par impressions sur médium fluide, par frottages, etc.

Chacune, selon le mode de travail, créera un effet particulier qui pourra être recommencé, reproduit, exploité dans un projet, choisi pour donner lieu à recomposition.

Par exemple, la découverte fortuite des transformations de la matière après séchage (une peinture épaisse craquelée) conduit, dans une grande section de maternelle, après confrontation avec des œuvres de Burri, à tout un travail de recherche de vocabulaire (craquelure, fissure, fente, lézarde, crevasse...) et d'images qui nourriront l'imaginaire.

Une exploration de textures par frottages qui met en évidence « la peau » des choses peut conduire à inventaire et qualification, que nous regroupons sous des termes généraux (pointillé, linéaire, réseau, tissage) qui désignent, eux, la structure, c'est-à-dire la base organisationnelle des éléments :

– textures « pointillées » : grenu, granité, granuleux, grumelé, perlé, pointillé, poudreux... ;

– textures « linéaires » : strié, rainé, rainuré, rayé, griffé, éraflé, bretté, hachuré, vermiculé, cannelé, crevassé, fibreux... ;

– textures « en réseau » : alvéolé, en nid d'abeilles, gaufré... ;

– textures « tissées » : tramé, croisé, tressé...

Puis l'on pourra trier, réorganiser, rechercher des images en concordance avec le vocabulaire répertorié, reconstituer par assemblage des productions diverses (avec juxtaposition, alternances, répétitions, chevauchements, superpositions, avec régularité ou non, recherche d'impressions d'ordre/désordre, dynamisme/statisme, équilibre/déséquilibre, symétrie, etc.).

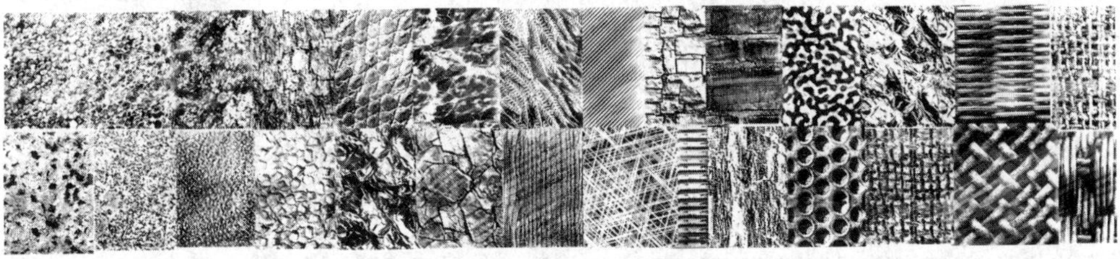

Au-delà, elle peut mener à l'invention d'images : inspirées du réel (paysage par exemple), ou purement imaginaires, voire fantasmatiques. Ainsi Léonard de Vinci propose-t-il aux artistes, comme « façon de stimuler et d'éveiller l'intellect pour des inventions diverses » : « Si tu regardes des murs barbouillés de taches ou faits de pierres d'espèces différentes, tu y verras des paysages variés, des montagnes, fleuves, rochers, arbres, plaines, grandes vallées et divers groupes de collines. Tu y découvriras aussi des combats et figures d'un mouvement rapide, d'étranges airs de visages, et des costumes exotiques, et une infinité de choses que tu pourras ramener à des formes distinctes et bien conçues. Il en est de ces murs et mélanges de pierres différentes comme du son des cloches, dont chaque coup t'évoque le nom ou le vocable que tu imagines. »

Sur l'imaginaire du mur, l'on pourra aussi se référer à ce beau texte de Tàpies : « Que de suggestions peuvent naître de l'image du mur et de toutes ses dérivations ! Séparation, claustration ; murs des lamentations, murs des prisons ; témoins de la marche du temps, surfaces lisses, sereines, blanches, surfaces torturées, vieillies, décrépites ; marques d'empreintes humaines, d'objets, d'éléments naturels ; sensation de lutte, d'effort, de destruction, de cataclysme, ou de construction, de création et d'équilibre ; débris d'amour, de douleur, de dégoût, de désordre ; prestige romantique des ruines ; apport de matières organiques, formes suggestives des rythmes naturels et du mouvement spontané de la matière ; sens du paysage, suggestion de l'unité fondamentale de toutes choses ; matière généralisée ; affirmation et valorisation de l'élément terre ; possibilité de distribution variée et de combinaison de grandes masses, sensation de chute, d'effondrement, d'expansion, de concentration ; rejet du monde, contemplation intérieure, anéantissement des passions, silence, mort ; déchirures, tortures, corps écartelés, débris humains ; équivalence de sons, balafres, raclements, explosions, décharges de feu, coups, martèlement, cris, échos résonnant à travers l'espace ; méditation d'un thème cosmique, réflexion grâce à la contemplation de la terre, du magma, de la lave, de la cendre ; champ de bataille, jardin, terrain de jeu, destin de l'éphémère [...]. Et tant et tant d'idées qui se présentèrent à moi, l'une après l'autre comme les cerises que l'on prend dans un panier. »

2. Dessiner

Les *IO* 1995 pour l'école maternelle rangent dans le chapitre « Des instruments pour apprendre », sous la rubrique *L'Activité graphique, Dessiner* et *Écrire*. Par ailleurs, l'on retrouve, dans les Arts plastiques, *Pratique du dessin*. Il y aurait donc une différence de nature entre dessiner et pratique du dessin, à laquelle il convient de réfléchir.

Dessiner, si l'on en croit le dictionnaire, c'est « représenter, reproduire, tracer, crayonner, croquer, ébaucher, esquisser, gribouiller, griffonner. » En ce qui concerne l'enfant, ces termes sont à décliner à l'inverse, puisqu'il va d'abord griffonner et gribouiller pour ensuite tracer, représenter et éventuellement reproduire. Les sens intermédiaires de croquer, ébaucher, esquisser, sont techniques et référés surtout au travail artistique.

Naturel à l'enfant (comme d'ailleurs à l'adulte qui crayonne en téléphonant ou en toute autre occasion), quelque peu délaissé dans les classes sinon sous la forme « libre » qui ne signifie pas grand-chose, le dessin, comme élément fondamental de la prise de possession du monde et de sa connaissance, comme élément de construction de soi, comme source de plaisir, est à réhabiliter. À la condition que l'on sache bien quel est son sens et où se situe sa place exacte au sein des activités scolaires et artistiques.

Revenons aux *IO* de l'école maternelle : y sont listés dans *Dessiner* des éléments d'ordre gestuel (précision des tracés), représentatif (objets et personnages), communicatif (codes spécifiques, simplification, schématisation), et de celui de la lecture (interprétation des différentes formes de dessin). Puis pour *Écrire* des spécificités d'organisation et de traçage. Par ailleurs dans les pratiques plastiques l'on trouve graphismes, traces, pratique du dessin…

De fait, les choses ne sont pas si tranchées, car pour nous l'écriture est un dessin et *vice versa*. Rappelons que les civilisations extrême-orientales ne font pas de différence et que dans le monde arabe l'une tient lieu de l'autre. Pour l'enfant, que signifie dessiner ? Sans doute d'abord plaisir gestuel, doublé de celui de laisser sa trace ; ensuite, prise de possession du monde en le marquant comme en le représentant, et ce faisant affirmation de soi ; puis bien entendu volonté de communiquer. L'écriture pourra avoir des raisons d'être analogues, pour autant que la notion de plaisir n'y soit pas oubliée.

Pour plus de clarté, pointons ce qui, en principe, les sépare ou les réunit :

Gestualité, attitude, organisation spatiale

• Pour l'écriture :

– attitude du corps : position assise, immobilité, dos et épaules droites, avant-bras posé ;

– tenue de l'outil près de la pointe marqueuse, relativement serré entre deux doigts (pouce/index) et maintenu par le majeur, poignet fixe ;

– orientation obligée du trajet de gauche à droite ;

– organisation nécessaire de l'espace feuille, de gauche à droite et de haut en bas, en structures linéaires droites et successives.

- Le dessin est le contraire, qui cherche à tous niveaux la mouvance :

– attitude du corps variable, essentiellement mobile (même si l'on est assis) ;
– tenue de l'outil diversifiée (en particulier selon l'effet recherché) et généralement loin de la pointe, en souplesse ; articulation du poignet très sollicitée ;
– orientation du geste indifférente, et surtout multiple ;
– organisation de l'espace pluriforme, choisie au moment, en fonction des circonstances, sans règles préétablies.

Le rôle même de l'œil est en opposition

Pour l'écriture il doit suivre le modèle dans une analyse successive et ponctuelle, il sera donc relativement fixe. Dans le dessin au contraire il voyage, sa mobilité maximale est requise dans une nécessaire conscience globale et synthétique de la forme (ce qui ne veut évidemment pas dire qu'il n'y ait jamais synthèse dans l'écriture ni analyse dans le dessin).

Codes graphiques

Dans quelque civilisation que ce soit, l'écriture utilise des codes de tracés stricts fondés sur une nécessaire lisibilité, dont l'apprentissage est indispensable. Ils ne participent pas d'un naturel gestuel mais d'un formalisme guidé par la nature même de l'écrit. Prenons l'exemple simple du cercle : son tracé se fait d'instinct, généralement, de droite à gauche ; mais l'écriture cursive occidentale en oblige le sens de gauche à droite et de haut en bas pour faciliter la formation des lettres et leurs enchaînements. Et notons que cette forme est totalement absente de l'écriture chinoise qui ne se fonde que sur le trait et le point, en unités détachées… Mais, cela étant dit, une fois maîtrisé le geste adéquat, chaque individu l'utilise d'une manière personnelle qui en fait un style individualisé.

Il en est à peu près de même du dessin, fondé lui aussi sur des unités minimales (point, ligne…) dont l'agencement autorise la reconnaissance des formes, généralement figuratives. En ce sens, l'on peut parler de codes, dont le propre est cependant d'être employés de façon extrêmement variable selon les époques, les civilisations, les artistes, et d'ailleurs d'être soumis aux besoins momentanés de la représentation.

Graphisme et écriture

Il n'est fait aucune allusion dans les *IO* aux jeux graphiques, activité de longue date pratiquée à l'envi (en excès ?) dans les écoles maternelles, et pour laquelle les enseignants déploient des trésors d'ingéniosité pour obtenir les recherches les plus variées… Activité qui désigne un système de remplissage automatique et organisé où l'enfant se plaît à répéter des formes devenues décoratives de par leur multiplication (*cf.* Gisèle Calmy, *Espace et graphisme*, Nathan). Confondu avec le dessin en raison de l'usage d'un vocabulaire figuratif, le graphisme est peu à peu canalisé vers l'écriture : il vise le geste fin, tend à l'automatisme, à la répétition du motif, à l'orientation du trajet. Cependant l'écriture ne peut se résumer en volutes et arabesques. Elle implique l'acte moteur d'alignement d'une graphie. Elle suppose l'intégration d'une forme bien précise, celle de la lettre, une lettre qui d'ailleurs varie dans son apparence parce qu'elle diffère dans son usage sinon dans sa lecture... Pourquoi ne pas habituer les enfants à la mieux connaître en l'impliquant dans l'acte plastique sous diverses formes (collée, pochoirisée, dessinée, peinte) et différents sens ? L'histoire de l'art ne manque pas d'exemples où l'écrit, sens précisé, ajouté, associé, perverti, s'introduit dans la surface peinte.

De l'écrit dans l'art

Sens littéral

Désignations

Les mots nomment choses ou personnages pour en préciser le statut ou la fonction. Ainsi au musée du Louvre la *Pieta d'Avignon*, qui affiche les noms ou qualités des personnages dans leurs auréoles (*Johannes Evangelista*, *Virgo Mater*, *Maria Magdalena*).

Discours

Paroles mises dans la bouche des personnages, incluses ou non dans des phylactères. Le donateur chartreux du *Retable de saint Georges* (Louvre, atelier dijonnais du XVe siècle) prononce, au pied de la croix, le classique « *miserere mei deus* ». Dans le *Retable de Boulbon* (Louvre, atelier avignonnais, XVe siècle), le donateur et son saint patron (désigné comme saint Agricol par une inscription) s'expriment tous deux (« *salvador mundi miserere mei* », « *hec est fides nostra* »).

Inscriptions explicatives ou moralisatrices, aux formes des plus variées

C'est par exemple la banderole que porte le donateur du *Sacerdoce de la vierge* (Louvre, atelier d'Amiens), qui, par les mots « *digne vesture au prestre souverain* », conduit à comprendre que le christ enfant reçoit des mains de sa mère le vêtement sacerdotal, triple symbole (vêtement, investiture, incarnation). Ce sont les imprimés en trompe-l'œil dans nombre de natures mortes où s'explicite ainsi le thème des vanités, ou le « *Et in Arcadia ego* » des *Bergers d'Arcadie* de Poussin.

Titres ou signatures

Cézanne inscrit en majuscules pochoirisées le nom/sujet de *Achille Empéraire*... Nombre d'inventions intègrent à l'œuvre les noms ou signatures des artistes : sur le *Portrait des époux Arnolfini* (Londres, National Gallery) se lit une note discrète mais bien placée : « Johannes fuit hic » (sous-entendu : Van Eyck, le peintre) ; Van Gogh place un peu partout, sur les meubles, les livres, dans les angles, son prénom seul ; etc.

Sens détourné, mots inventés

C'est, sous le dessin d'une pipe en forme d'abécédaire, le « ceci n'est pas une pipe » de Magritte qui dénonce l'illusoire de l'image... C'est l'*Udnie* (mot abstrait pour une toile abstraite) de Picabia, ou l'*Amro* de Villon : « Mot créé [...] parce que cette toile, partie d'un amas de papiers, est trop éloignée de son point de départ pour pouvoir porter un titre le rappelant. Elle est devenue une toile en soi [...] *Amro*, je l'ai choisi, l'arabesque de ce mot rappelant le rythme du tableau. » Ainsi le mot ici n'a de sens autre que l'arabesque, arabesque d'ailleurs moins formelle (le mot est sagement placé droit) qu'acoustique.

La lettre comme élément plastique

Dans tous les exemples ci-dessus, l'écriture s'intègre à la surface peinte, en se déguisant dans le trompe-l'œil, en s'affichant comme décor ou simplement en complétant la composition de par la place qui lui est attribuée. Mais elle conserve son rôle essentiellement signifiant.

D'autres œuvres lui confèrent en plus, à côté ou en dehors de celui-ci, une fonction première de plasticité. Considéré alors comme signe abstrait, le mot devient forme et en tant que tel participe de la composition, qu'il continue ou non à porter le sens.

Rôle compositionnel de la signature

Ryman, dont on a vu plus haut le travail, utilise son nom dans une série de 1961 où il commence une recherche sur l'introduction d'unités régulières dans la surface, sous forme, en particulier, de succession de traces horizontales du pinceau échelonnées au centre de la toile. Une œuvre de 42 × 42 cm montre ainsi une superposition de onze barres alignées au-dessus de trois RRYMAN61.

La lettre comme structure première

Klee, dans certaines de ses aquarelles, écrit un texte sur la surface totale de la feuille, en majuscules d'imprimerie qui rythment le plan en structures horizontales plus ou moins régulières. Dans les découpes des lettres elles-mêmes, il dépose la couleur, noyant la lettre dans la forme et le sens dans la teinte. L'écriture, toujours perceptible, ne se laisse plus que difficilement lire, ce qui en renforce la charge poétique... Mirò, sur un carton de tapisserie de 1934, introduit une écriture cursive déployée en arabesques qui relient ses silhouettes en les « définissant » comme escargot, femme, fleur, étoile... L'Américain Jasper Johns travaille en deux temps une toile de 1959 intitulée *Jubilé* : d'abord il recouvre gestuellement son support de touches mêlées de différents tons de gris ; puis il confie à l'écriture le soin de confirmer le titre en superposant à l'ensemble, au pochoir, des noms de couleurs dans lesquels explose la teinte... En 1945-1946 Isou, fondateur du mouvement lettriste, propose à la peinture les lettres ou signes en lieu et place des éléments figuratifs ou abstraits qu'il juge épuisés... Ben se contente, en noir sur blanc ou blanc sur noir, dans une anglaise soignée, de proposer au public ses réflexions sur le monde, l'art, l'artiste, lui-même.

La lettre dans la peinture cubiste

L'on se contentera de l'évoquer à travers la recherche menée par Braque et Picasso dans les années 1912-1913 (cubisme dit synthétique). La lettre y a double finalité : un rôle de mise en évidence d'un nouvel espace pictural à une époque où la réflexion sur le statut de la représentation le rend nécessaire (selon Braque élément plat qui permet de sauvegarder les deux dimensions du tableau, le texte parfois réintroduit la perspective en se masquant dans les replis d'un journal ou d'une partition, en suivant la courbe d'une bouteille) ; une fonction de signification (sens voilé ou dévoilé) : dans le *Pigeon aux petits pois* (Picasso, Musée d'art moderne de la Ville de Paris), le mot CAFÉ situe le lieu de l'action, la *Femme à la guitare* de Braque (Musée national d'art moderne) propose, par masquage de la fin d'un titre de journal, une double interprétation rêve/réveil.

Lettres inventées, autres écritures.

Van Gogh s'est amusé à la reproduction d'estampes japonaises et de leurs textes. Klee s'invente des signes, Mirò également. L'Américain Tomlin enchevêtre des signes hiéroglyphiques sur fonds unis ou découpés en rectangles réguliers. Etc.

Utilisation plastique de l'écrit

Récupération d'écrits

– Collage de mots déchirés ou découpés dans des imprimés.

– Décalcomanies : transfert d'imprimés ou de lettres autoadhésives.

– Photocopie.

– Photogrammmes (de découpages, pochoirs…).

– Pochoirs : on trouve dans le commerce des guides-lettres de toutes formes et toutes tailles qui permettent de tracer fidèlement et proprement tout l'alphabet. On les utilisera en suivant la lettre avec un outil fin, un pochon, ou par pulvérisations.

– Décalque : du texte sur carbone ou sur papier autoimprimant, sur papier calque. Superposition de calques sur fond noir pour jouer plastiquement de l'apparition de nouvelles formes. Etc.

Fabrication d'écrit

La lettre

– La lettre peut être dessinée, peinte, faite au pochoir. Selon le projet pictural, on utilisera pour la tracer tel ou tel outil, tel ou tel médium, pour la fabriquer tel ou tel matériau (papier de couleur par exemple).

– Elle peut être reproduite sous ses formes traditionnelles (capitales et bas-de-casse, scripte, cursive) et leurs nombreuses variantes.

– Une lettre unique peut remplir toute la feuille (même la plus grande), avec couleur unique sur fond uni, couleur unique sur fond multicolore (ancienne peinture, papier ou tissu imprimé…), avec couleur unique sur fond à remplir de couleurs ou de formes (autour de la lettre) etc. ; se répéter sur la surface, juxtaposée ou superposée (à elle-même, au fond, aux deux).

– Plusieurs lettres peuvent être, de la même façon, répétées Elles le seront comme éléments isolés et formels, s'appelant les unes les autres pour le simple effet (visuel) ou par enchaînement de gestes.

Mots, phrases

– Placés après coup, ils joueront avec la surface peinte en s'y incorporant : couleurs et formes seront choisies en fonction du travail sous-jacent. Les mots participent de la composition d'ensemble, leur rôle est d'abord plastique. Ou bien ils joueront avec la surface en s'y opposant (contraste de formes et de couleurs soulignant le mot, le décrochant de la composition) : l'écrit alors s'ajoute à l'ensemble et prend une fonction d'abord signifiante.

– Placés avant, ils servent de point de départ à l'expression, soit que leur forme ou leur couleur induisent la composition, soit que leur place détermine la structure (peindre en suivant la forme, ajouter une forme à chaque lettre…), soit que leur tracé invite à la répétition ou au contraste graphique, soit que leur signification soit incitatrice à la représentation ou à l'évocation.

– Modelant seuls la surface en la couvrant, totalement ou non, régulièrement ou non, avec changements de sens (du tracé ou de la feuille), imbrications, superpositions, etc.

Le geste de l'écriture est loin d'être totalement acquis à l'école élémentaire. Il faudra donc s'attacher à ce que l'outil soit bien maîtrisé et continuer les jeux graphiques avec l'écrit en insistant sur le sens. En 1970, dans *La Lettre et l'image*, Massin répertoriait toutes les formes que l'une et l'autre peuvent prendre, et le vaste champ des relations qu'elles entretiennent, dans l'art comme dans l'environnement (de l'enseigne au graffiti), et bien entendu dans le livre (lettrines, abécédaires, calligrammes…), le journal, la publicité, le film, etc. Mots en forme d'image, images en forme de mot, mot et image se complétant, se renforçant, additionnant leurs sens. Nous n'évoquerons ci-dessous que quelques exemples succincts :

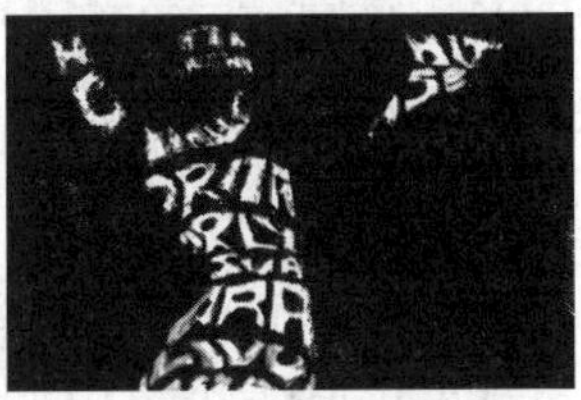

– Image dans le mot, mot dans l'image (ci-contre, générique de *Bons baisers de Russie* : les noms s'inscrivent sur un corps de danseuse).

– Mot dans la forme, forme du mot.
– Mot en forme d'image, images en forme de mots.

– Mot et image, mot comme image, et toutes les déformations expressives de la simple lettre.

La signature

L'on n'oubliera pas les qualités plastiques de la signature : marque personnelle, elle prendra place sur le travail en s'y insérant, en contraste, opposition, intégration (*cf.* les artistes cités plus haut).

Le titre

Le titre fera l'objet d'une réflexion, d'autant que lui aussi peut s'inscrire dans la production. Il est le langage qui formule, synthétise, aide au repérage des effets du travail s'il se donne après coup, suscite la recherche de ces effets en cohérence s'il est un préalable. Mot ou phrase, le titre dénomme, désigne, annonce, interpelle, canalise et guide le spectateur vers une interprétation : *La Joconde* nomme la chose représentée (réifie, pour reprendre l'expression de Souriau). Classiquement, titre = sujet. Il est donc bien normal que l'art contemporain ait vis-à-vis de lui une certaine méfiance. Les *Composition*, les *Sans-titre* affichent fréquemment la volonté de non-sujet (au sens de non-représentation). Cependant l'attitude des artistes est à cet égard très diverse. Pour Le Gac, signature, titre et date « estampillent l'œuvre ». Hadju le considère comme un guide pour le spectateur et la part poétique de l'œuvre : « C'est pourquoi il faut faire très attention au choix des mots. Car le langage verbal ne recouvre pas le langage des formes dans sa totalité. » Paul Jenkins l'estime nécessaire parce qu'au départ de sa création est toujours une « ardente quête d'un sens ultime », et cherche une référence poétique qui permette au spectateur « de rester libre dans l'investigation et la recollection du sens ». C'est de cette liberté que se réclament Hartung et Soulages pour, à l'inverse, refuser toute dénomination afin que seules les formes s'adressent à la sensibilité… De manière générale c'est après coup (parfois en cours de travail) que se donne le nom de l'œuvre, en relation avec elle ou avec le vécu de l'artiste. Ceux d'Arman sont par exemple conjoncturels (*Fétiche à clous* marque son intérêt pour l'art africain, *Concerto de Nice pour violoncelle* sera suivi de *Concerto de Lille*… et de *Concerto de San Francisco*…), affectifs (*Village de grand-mère*, parce que les moulins à café ont forme de maison et parfum d'ancienneté), culturels (les yeux fixes des poupées du *Village des damnés* évoquent les enfants du film de Peter Brook), réalistes (*Grand Déchet bourgeois*), allusifs (*Portrait d'Iris Clert*), dérisoires (*Le Talon d'Achille*).

Il conviendra enfin de donner aux élèves le goût des bons outils, du beau papier, du travail soigné et fini. La multiplicité des ouvrages sur la calligraphie, la réapparition des matériaux à l'ancienne (plumes, buvards, encres et papiers), l'introduction des outils propres à d'autres écritures (chinoise, arabe), ne sont pas que fait commercial : elles sont sans doute significatives d'un besoin, et il appartient à l'école de faire profiter les enfants de cette diversité.

Le dessin

Une légende grecque en situe l'origine à Sycione : la fille du potier Dibutades, voulant conserver l'image de son fiancé appelé à la guerre, aurait suivi d'un trait, pendant son sommeil, l'ombre que son profil projetait sur le mur… Ainsi, le dessin est bien considéré comme moyen de conservation d'une forme, d'une réalité certes illusoire et schématique, mais réalité tout de même. Et le *Robert* le définit comme « représentation ou suggestion des objets sur une surface à l'aide de moyens graphiques », le *Larousse*, plus précisément, comme « représentation au crayon, à la plume ou au pinceau d'objets, de figures, de paysages, etc. Contour, profil, ligne. » Si la peinture est d'abord une action, l'opération de couvrir une surface, le dessin apparaîtrait plutôt comme intellectuel, et somme toute paradoxalement plus abstrait, puisque toute représentation suppose l'acquisition d'un système de signes, d'un code, de conventions. « Je ne sais pas d'art qui puisse engager plus d'intelligence que le dessin, écrit Paul Valéry, qu'il s'agisse d'extraire du complexe de la vue la trouvaille du trait, de résumer une structure, de ne pas céder à la main, de lire et de prononcer en soi une forme avant de l'écrire ; ou bien que l'invention domine le moment, que l'idée se fasse obéir, se précise, et s'enrichisse de ce qu'elle devient sur le papier, sous le regard, tous les dons de l'esprit trouvent leur emploi dans ce travail, où paraissent non moins fortement tous les caractères de la personne. »
Si l'on cherche à rendre compte de façon claire de sa nature, force est d'en dire la complexité, puisqu'il est à la fois :
– au sens le plus large, tout tracé graphique (sous-entendu linéaire) avec un scripteur quelconque ;

– dans la confrontation avec le réel, contour (profil, silhouette). Mais l'habitude occidentale de traduction des volumes l'a amené à se constituer un code de représentation des valeurs (modelé par hachures, estompe, etc.);

– par là même, flirtant avec la peinture, le dessin lui fait souvent concurrence par adoption de rehauts (effets de peinture blanche rajoutée dans les parties lumineuses pour les mettre en relief). Du coup le lavis (encre mélangée d'eau) est rangé dans ses procédés alors qu'il se pratique au pinceau. Le glissement se fait tel que peu à peu sont intégrées dans les techniques du dessin des formules colorées : encres de couleur, aquarelle, pastel, technique dite aux trois crayons (pratiquée surtout au XVIe siècle, ressurgie au XVIIIe siècle, elle consiste à utiliser, avec le noir et le blanc, la sanguine qui donne l'illusion de la carnation).

Historiquement il est pour les artistes :

– préparatoire à une œuvre peinte, en étapes successives plus ou moins nombreuses : esquisses (notations rapides, recherches à petite échelle), études (recherches plus approfondies, analyses ponctuelles d'éléments séparés), carton (projet précis de mise en place des formes, contours et valeurs, qui sera recopié – avec éventuelle mise au carreau – sur le support définitif);

– instrument d'observation : ce sont les « carnets de voyage », carnets de croquis, feuilles volantes, voire nappes de bistrot, où se notent les choses que l'artiste a choisi d'observer, d'étudier, de conserver. Analyses de détails ou synthèses d'ensemble, ces dessins sont toujours libres, donc spontanés et naturels;

– autrefois rarement considéré comme œuvre autonome suffisamment noble pour concurrencer la peinture, il est aujourd'hui devenu l'essentiel, voire l'unique moyen d'expression de certains artistes (Velickovic, Sandorfi, Titus-Carmel, Pignon-Ernest...).

Dans tous les cas : « Le dessin est la façon la plus simple d'élaborer un vocabulaire de l'image parce que c'est une déclaration instantanée et personnelle de ce qui est important et de ce qui ne l'est pas. Le dessin est le médium le moins aliéné qui soit. Il est privé; il ne se préoccupe pour ainsi dire pas du public mais seulement de l'expression de l'artiste. » (Betty Goodwin).

Sujets de réflexion

« Mais où trouvent-ils donc des lignes dans la nature? Moi je n'y vois que des corps éclairés et des corps qui ne le sont pas, des plans qui avancent et des plans qui reculent [...]. Mon œil n'aperçoit jamais ni linéaments ni détails. » (Goya.) « Un simple trait exprime moins qu'un dessin qui rend les ombres et les lumières... Contour doit venir le dernier, au contraire de la coutume. Dessin, par le milieux et par le contour. » (Delacroix.) « Dessiner ne veut pas dire simplement reproduire les contours; le dessin ne consiste pas seulement dans le trait : le dessin c'est encore l'expression, la forme intérieure, le plan, le modelé. » (Ingres.)

« Le dessin, c'est l'expression de la possession des objets. Quand vous connaissez à fond un objet, vous pouvez le cerner par un trait extérieur qui le définira entièrement. » (Matisse.) Ces quelques propos d'artistes soulèvent, à travers le problème de la représentation, celui des moyens qui lui sont liés : ligne/trait/contour, plan/forme, modelé/ombres et lumières.

Le tracé : codes et formes

Kandinsky, Klee, Itten, enseignants au Bauhaus, explicitaient leur pratique par des écrits théoriques qui pourraient fonder les bases d'une sémiologie du tracé, en ce sens qu'ils ont tenté de définir des unités minimales et d'étudier leur fonctionnement. Chacun analyse à sa manière : le *point*, dans sa forme (cercle, tache…), sa taille, sa position (dans la feuille, par rapport à d'autres éléments – points, lignes ou formes), son déplacement qui engendre la ligne ; la *ligne*, dans sa constitution (épaisse, fine), son mouvement (sinueux, horizontal, vertical, brisé), son déplacement qui engendre le *plan* ou la *forme*… À la différence de Kandinsky qui accorde une valeur intrinsèque à la forme abstraite (et y cherche des signes susceptibles d'exprimer ce qu'il appelle la nécessité intérieure, à savoir le lyrisme personnel de l'artiste), Klee est fondamentalement orienté vers une recherche fondée sur le réel, un réel qui n'a d'ailleurs rien d'une réalité reproduite, mais qui découle d'une conception du monde philosophique et cosmologique. Itten, quant à lui, découvre dans les choses des structures fondamentales et met les éléments abstraits au service de l'analyse de la forme de l'objet.

Leur triple démarche nous met en présence, de façon plus claire, des éléments constitutifs du dessin :

– un système abstrait qui préside à la graphie de la forme et qui est dépendant du geste et de l'outil ;

– une perception concrète de la chose observée qui utilise les éléments précédents pour en définir les contours (ligne), les structures fondamentales (architecture, « ossature » de l'objet, volume), les matières (structure superficielle, « peau » de l'objet) ;

– un ancrage dans l'imaginaire et la sensibilité du dessinateur qui fondent sa vision particulière et lui permettent le choix d'une écriture qui lui est propre.

Mais bien d'autres paramètres sont à prendre en compte : la forme du tracé (inflexions de la ligne), sa place, le rapport plein/vide, la nature du support, celle de l'outil, la tenue de celui-ci, le geste qui trace et oriente.

En Chine, où le pinceau est le seul instrument de la calligraphie comme de la peinture, des traités, significatifs de la concentration nécessaire, indiquent la manière de le tenir : « L'essentiel est de ne pas mouvoir les doigts : le souffle doit être amené par le mouvement du poignet. » (Zheng Ji.) « Quand vous tenez le pinceau, n'ayez plus conscience de votre main que comme un instrument servant à tenir le pinceau, à l'exclusion de toute autre fonction ; ensuite faites mouvoir tout le bras pour commander le poignet, faites mouvoir le poignet pour commander la main. » (Hua Lin.) « Travailler avec un pinceau pointu manœuvré de biais, c'est ce qu'on appelle tracer des rides. Conduire le trait verticalement à la pointe du pinceau, cela s'appelle frapper. Tracer un trait de haut en bas avec la pointe du pinceau, cela s'appelle tirer. Appuyer le trait sur place avec la pointe du pinceau, c'est ce qu'on appelle tracer un point. Les points sont appliqués dans la peinture de figures ou dans celle des arbres et des feuilles. Tirer en long le pinceau sans interruption, c'est ce qu'on appelle tracer un trait de pinceau. Le trait intervient dans la peinture des pavillons, et aussi dans celle des aiguilles de pin. » (Houa Kiue.)

Tous ces préceptes seront repris par la peinture japonaise et donneront lieu à la méthode dite trait-point, qui jouira en Occident d'une immense faveur au point qu'y soit souvent traduite la *Méthode de peinture du jardin du grain de moutarde* de Wang Gai, étonnant dictionnaire de formes fondé sur la combinaison de structures graphiques identiques qui, du microcosme au macrocosme, constituent la totalité du motif (rocher/montagne, rivière/mer…).

Le dessin d'enfant

Il n'est pas inutile d'en rappeler les caractéristiques et l'évolution, depuis les premiers gribouillages jusqu'à la fin du cursus scolaire.

L'on trouvera chez Liliane Lurçat et Jacqueline Boesch la description d'étapes que nous schématisons largement.

- Après un stade de longueur variable de gribouillages en mouvements circulaires et balayages, l'enfant, à partir de 2 ans 3 mois, peut ramener sa main vers un tracé antérieur (ce que L. Lurçat appelle contrôle simple), freiner et arrêter son geste ; son vocabulaire peut alors intégrer une double direction des tracés, des tirets, le rayonnement, des boucles, cercles, cycloïdes.
- À 2 ans 7 mois il est capable de relier deux tracés (contrôle double), ce qui permet l'apparition des encadrements, figures closes, polygones, ébauche de carrés, triangles, cercles tangents, fractions d'épicycloïdes.
- Dès lors peut naître le fameux « bonhomme », aussitôt que dans le langage de l'enfant la reconnaissance du cercle en tant que rond fait place à son interprétation comme ballon, soleil, ventre, tête.
- Synthèse des deux formes issues des précédentes étapes, le rayonnement et les cercles tangents, la figure se constitue vers 3 ans sous des formes diverses, variantes des deux principales : un tracé circulaire agrémenté de segments en nombre variable (souvent de un à quatre) ; deux tracés circulaires et deux segments. Le « têtard » est né. Désormais les représentations en seront plus ou moins le reflet, dans la mesure où la mentalité enfantine est essentiellement animiste et son dessin projection de son propre schéma corporel. On est alors entré dans la longue phase de ce que Luquet appelait le « réalisme intellectuel ».

Luquet doit être cité. Tombée en désuétude puis redécouverte, son œuvre, qu'on la critique ou qu'on la loue, est évoquée par tous les auteurs. C'est que Luquet eut en son temps le mérite d'analyser attentivement les productions graphiques : en 1927, *Le Dessin enfantin* succédait à toute une série d'études commencées en 1912. Réédité par Delachaux et Niestlé en 1972, le livre demeure d'actualité, sinon dans ses conclusions, du moins par la somme d'observations qu'il représente. Observation de systèmes représentatifs typiques, que personne ne conteste ; observation de phases dans l'évolution que l'ensemble des auteurs confirme.

Délaissant superbement le gribouillage (ce dont on ne peut guère lui faire grief étant donné le contexte de son époque), il ne fait débuter son analyse qu'avec l'apparition du réalisme. Il y détaille quatre étapes.

- Le réalisme fortuit (vers 2 ans et demi). L'enfant ne dessine pas pour faire une image, et Luquet reconnaît à son tracé un caractère gratuit, moteur, ludique, éventuellement intentionnel. Mais un jour vient où il découvre une analogie formelle entre un objet et son tracé : il énonce alors son interprétation, il nomme ce qu'il a cru reconnaître.
- Réalisme manqué (entre 3 et 4 ans). L'enfant dessine dans une intention réaliste et cherche à reproduire, mais il se heurte à un double obstacle : immaturation de la motricité et incapacité synthétique.
- Réalisme intellectuel (début vers 4 ans). Dans son désir de faire « ressemblant », l'enfant dessine tous les éléments réels de l'objet, même invisibles, soit du point de vue d'où il est envisagé, soit de n'importe quel point de vue, et d'autre part donne à chacun de ces détails sa forme caractéristique, celle qu'exige l'exemplarité. D'où l'emploi de procédés variés : énumération, en les détachant les uns des autres, des détails ; transparences ; vues à vol d'oiseau ; rabattements ; changements de points de vue.
- Vers 8 à 9 ans, l'enfant accède au réalisme visuel, c'est-à-dire celui de l'adulte, qui voit disparaître graduellement tous les procédés antérieurs, sans d'ailleurs se fixer immédiatement.

Piaget note la coïncidence des observations de Luquet avec les siennes propres, particulièrement en ce qui concerne la représentation spatiale :

- « Le niveau de l'incapacité synthétique (réalisme manqué) présente le grand intérêt de constituer une représentation de l'espace qui néglige les rapports euclidiens (proportions et distances) et les rapports projectifs (perspectives avec projections et sections) et qui débute à peine dans la construction des rapports topologiques, sans réussir à les dominer lorsqu'il s'agit de figures complexes. » Ainsi : le voisinage, respecté dans les grandes lignes, ne l'est pas dans le détail (bras rattachés à la tête par exemple) ; même chose pour le rapport de séparation ; les relations d'ordre ne font que débuter et ne peuvent être conformes dans les ensembles à plusieurs termes, d'où les inversions gauche/droite, dessus/dessous, devant/derrière (queue du chien à côté de la tête, inversion yeux/bouche, etc.) ; des rapports d'entourage (yeux à côté de la tête, boutons en dehors du costume) ; des discontinuités : « l'un des caractères de l'incapacité synthétique est précisément la simple juxtaposition des éléments par opposition à leur liaison continue : un chapeau demeurera suspendu au-dessus d'une tête, etc. »
- Le réalisme intellectuel constitue « un mode de représentation spatiale dans lequel les rapports euclidiens et projectifs débutent à peine, et dans une forme incohérente encore en leurs connexions, tandis que les rapports topologiques esquissés au stade précédent trouvent leur application générale à toutes les figures » : voisinages corrects, séparations marquées au fur et à mesure de l'analyse, ordre de succession organisé selon une logique objective, importance accrue des relations d'entourage, enveloppement et intériorité.

• « Vers 8-9 ans enfin, une forme de dessin soucieuse simultanément des perspectives, des proportions et des mesures de distances. »

La pratique du dessin

Dessiner, comme peindre, signifie d'abord gestualité fondée sur un rapport main/outil/support, en vue de la production d'une trace qui est, on l'a déjà dit, marque de soi et prise de possession du monde. En ce sens, le dessin aura très vite comme objet privilégié la représentation du réel, en raison de cette sorte de magie qui préside au fait de saisir (s'approprier) les choses pour les reproduire (recréer).

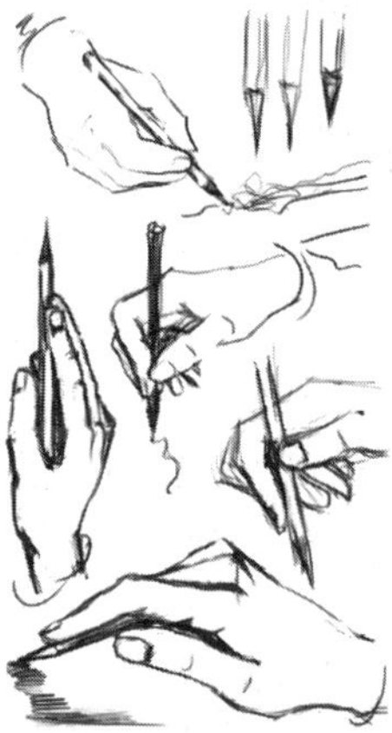

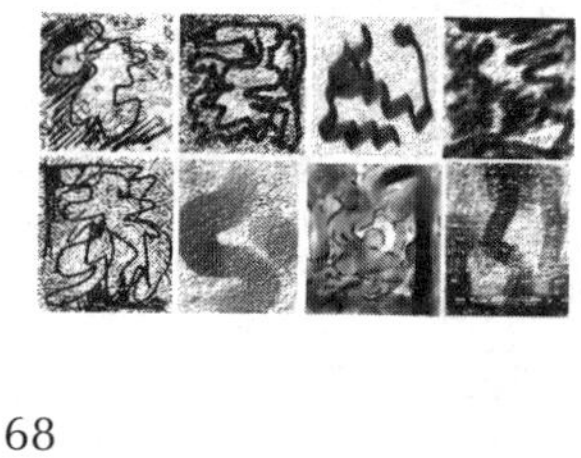

Le geste

L'outil

La simple tenue de l'outil crayon sera déjà déterminante de la gestualité comme du tracé. Rarement pris près de la mine sauf quand la précision du trait le réclame (le geste est alors celui de l'écriture), il sera manié de façon variable selon la qualité de ligne que l'on souhaite obtenir : en oblique la plupart du temps, quel que soit le type de dessin ou de griffonnages, pour l'obtention de modulations (gras/maigres, pleins/déliés) ; verticalement quand le tracé, à l'inverse, doit rester uniforme ; horizontalement pour travailler avec le plat de la mine (frottis d'ombres ou coloriage, ligne large...). La position des doigts, toujours diversifiée, permettra que s'acquièrent maîtrise (de la préhension, de la pression) et souplesse des articulations. Si l'écriture, on l'a vu, se fonde sur une incontournable précision du geste et du tracé, le dessin en requiert avant tout la plus grande liberté, génératrice d'une virtuosité particulière : les apprentissages en seront donc différents, voire contradictoires, mais complémentaires puisque chacune des pratiques viendra enrichir l'autre. À la condition expresse qu'il n'y ait jamais confusion entre l'une et l'autre, que les enfants comme le maître sachent bien toujours dans quel domaine ils se situent. Chaque outil, comme en peinture, offrira, grâce à sa forme et sa matière propres, des possibilités diverses de tenue et d'effets : une craie, par exemple, peut tracer (de la pointe) ou frotter (à plat) et donner lieu à ligne, ou clair-obscur (Seurat fait ainsi émerger les formes, sombre sur clair ou inversement)

Le support

Le plus usité parce que le plus adéquat est le papier, ce qui ne signifie en aucune façon qu'il soit le seul possible. Cependant, les qualités en sont si multiples que nous nous en contenterons ici, en les situant par rapport aux outils. Si le pinceau (avec encre ou aquarelle) peut être utilisé sur à peu près tous supports, le fusain nécessite un papier qui l'accroche (le papier Ingres par exemple), de même que le pastel (Ingres spéciaux, pastel, Canson, abrasifs). Les craies sèches ou grasses adhèrent à tous les types ; le crayon, qui nécessite un grain fin s'il est dur, s'accommode par ailleurs de toutes les qualités (Canson, carte, calque, bristol, papier lavis, Ingres, bulle, pop'set, affiche, aquarelle, chiffon) ; la plume, qui accroche et griffe, demande un support lisse (Canson, Bristol, calque…) etc. Les effets seront tout aussi variés puisque dépendants du grain, de l'outil, de la pression exercée.

La trace

Dépendante de tous les éléments précédents, elle entretient en outre des relations étroites avec l'espace qui lui est donné et/ou la place qu'elle se choisit (vide/plein), le trajet qui lui est imprimé, l'œil et la main se coordonnant pour en décider, organisant peu à peu, ensemble, la surface.

Du geste à la forme

Ici peuvent prendre place les jeux graphiques qui ne devront pas être systématisation de procédés de remplissage, mais usage du tracé dans sa forme et sa direction, amenant à la compréhension progressive du sens qu'il y a à remplir ou à laisser vide, à définir un trajet, à organiser une surface, à moduler un trait.

Activité jubilatoire de par la répétition sécurisante sur laquelle elle s'appuie, satisfaisante de par l'effet décoratif qu'elle produit, l'activité graphique perdra la richesse dont elle témoigne en maternelle pour ne donner plus lieu qu'à de stériles coloriages de carreaux et tracés à la règle. D'autant que cette richesse même est trompeuse et si l'adulte s'en satisfait de par son effet décoratif, il faut être bien conscient qu'elle n'est que découverte de formes (très vite stéréotypées) et organisations préalables aux nécessités de l'écrit, en aucun cas maîtrise gestuelle polyvalente, traces multiformes, saisie de l'environnement, que suppose une pratique réelle du dessin.

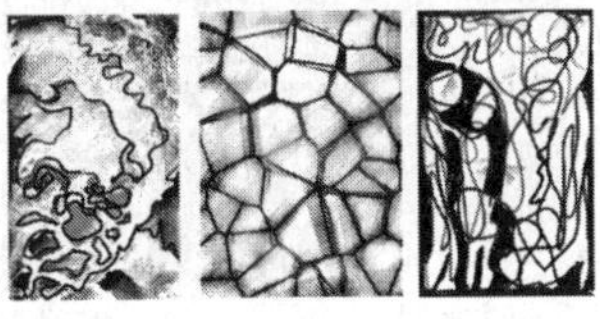

Il s'agira donc, avec des outils différents et sur des supports encore une fois variés dans leur forme, leur taille, leur texture (et positionnés, comme pour la peinture, verticalement, obliquement, au sol, etc.), de :

– répéter pour répéter (une forme, une ligne, un point) selon ou non une organisation (horizontale, verticale, concentrique, rayonnante…) ;

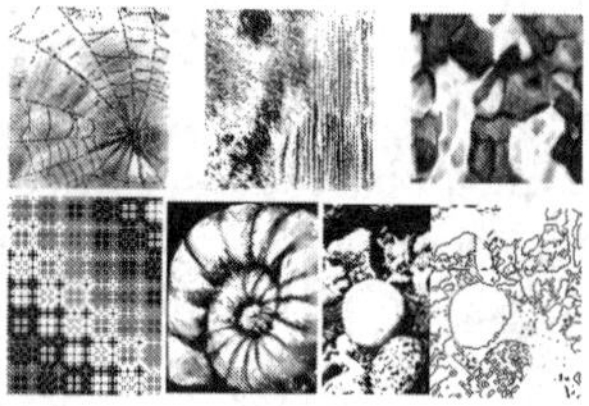

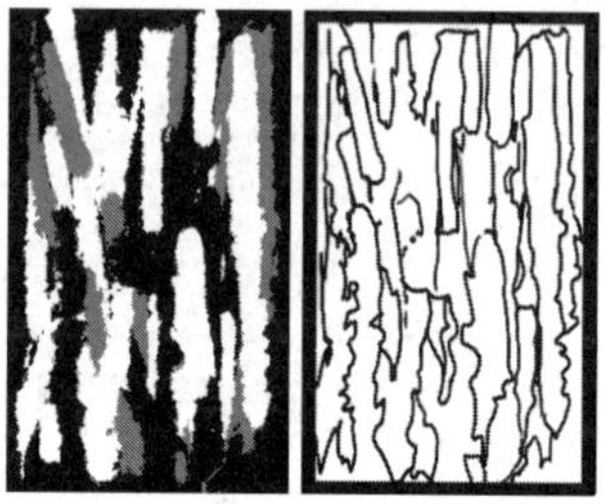

– découvrir le pouvoir d'expression de la ligne qui se module selon la lenteur ou la rapidité du geste, la force ou la légèreté de la pression, la souplesse ou la rigidité du tracé, le continu ou la rupture du trait ;

– suivre une ligne : souligner certains traits suggestifs, mettre en évidence ou en valeur une forme découverte, tracer les lignes d'un froissage, d'un pliage, longer des contours (d'un pochoir, d'un objet, d'une silhouette), décalquer, découper (Matisse « dessine avec ses ciseaux ») ;

– rechercher et relever des formes dans un gribouillis ;

– répéter des lignes en parallèle, les superposer, les croiser.

– enrichir son « vocabulaire » graphique par observation de la nature (toile d'araignée, écorces, nervures...), d'images (tissus, dentelles, textures diverses) ou d'œuvres d'art (graphismes décoratifs de Picasso, « écritures » de Klee, de Mirò, etc.) ;

– reproduire des détails de choses partiellement cachées (textures et structures d'éléments graphiquement animés : marbre, pierre, écorce, éponge, mousse, coquillage, stries d'un papier froissé...), dessiner les empreintes obtenues par impression, par frottage ;

– reproduire ses propres œuvres (celles des autres) entières ou par fragments choisis, en transposant la technique (de la peinture à l'expression graphique, de la matière à sa représentation interprétative par le dessin... *Cf.* plus haut Dubuffet).

De la forme à la représentation

Si l'on admet la pratique du dessin comme une attitude éminemment artistique, le maître devra inciter l'élève à se poser des questions sur elle, à expérimenter, à utiliser des outils d'une autre manière que celle qui lui est habituelle. Il conviendra aussi de l'aider à représenter, non en lui donnant des modèles, mais en l'incitant à observer. L'on déplore que l'élève des cycles 2 et 3 perde toute imagination. Le système scolaire, certes coupable, n'est pas seul en cause : est plus important sans doute le fait que l'élève alors se donne des freins par recours à des modèles adultes qu'il ne peut reproduire, et corollairement par un jugement de plus en plus critique sur lui-même. Il utilisera donc de façon permanente des systèmes qui le sécurisent : petitesse du dessin, formes apprises et maîtrisées, tout à la fois figées et efficaces. Stéréotypes dont on se gardera de le priver, mais que l'on peut faire évoluer par leur réutilisation dans un contexte différent, et par la multiplication conjointe d'observations du réel.

Gestuellement

La maîtrise de l'outil et de la forme se travaillera, par exemple, en dessinant sans regarder la feuille (ce qui supprime le sentiment de l'échec, puisque par définition ce ne peut être « ressemblant »), sans lever le crayon, de plus en plus vite la même forme (qui du coup se déforme et se transforme), tracer de la main gauche (droite pour les gauchers), etc.

Utilisation des stéréotypes

– Par travail de la forme et/ou du fond (souligner, ajouter des éléments, remplir autour, mettre en valeur par différents moyens...).

– Par répétition : un même sujet repris plusieurs fois évolue d'une part, prend du sens par ailleurs de par sa multiplication même. Multiplication qui amènera à se poser le problème de l'organisation dans la page et de l'effet produit (alignement, superposition, imbrication, inversion...).

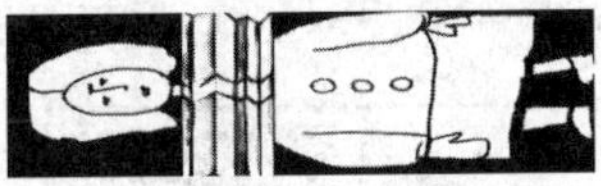

– Par déformation : du contour, de la forme, en se donnant des règles (tremblé, zigzagant, de plus en plus creux, de plus en plus bombé...), en utilisant des supports eux-mêmes déformés (pliés, froissés...).

– Par transformation : en ne répétant jamais la même taille, ou jamais la même forme... En pliant le sujet à des cadres différents : prenons par exemple le stéréotype de la maison, que l'élève a dessinée, petite, au milieu de sa feuille : lui demander de l'encadrer au plus près de la forme, puis de remplir le reste de la feuille de verticales et d'horizontales qui se font cases, cases qui seront chacune le cadre d'une même maison. Celle-ci se répète en se grandissant, en s'amenuisant, en s'allongeant, en se tassant... Se découvre le principe de soumission de la forme au cadre, se travaillent les opérations de transformation, naissent une impression accumulatoire, une image de ville ou de château qui pourront se compléter (en s'enrichissant de couleurs, de collages, de décors, d'autres éléments) ou se reproduire avec intention préalable. Sur les mêmes principes de répétition et de remplissage, une organisation préalable de la surface en lignes courbes conduira à ce que se dessine l'idée de fantastique....

Des personnages s'engendreront les uns les autres d'une ligne continue, sans que le crayon quitte la feuille...

Un cercle sera disposé de manières différentes dans x cases, puis deviendra tête d'un personnage qui devra se placer en fonction d'elle, en remplissant la case. Etc.

Les figures ainsi obtenues pourront en outre être redécoupées et réorganisées au gré de la fantaisie. Toute forme stéréotypée deviendra ainsi, par le jeu d'exercices de style, support d'inventions ultérieures et d'acquis notionnels et/ou opératoires.

L'observation

L'observation s'enrichira de l'analyse de la réalité, dans l'environnement ou par le biais d'images. L'arbre, par exemple, repéré dans sa taille, sa nature, sa forme, ses textures, sa place dans le paysage (regardé, touché, photographié), pourra devenir, au-delà du symbole pauvrement signifiant, support d'expression.

De la représentation au sens

Précisons une fois de plus, pour que les choses soient bien claires, que ce qui est détaillé ci-dessus n'est que jeu formel, qui, s'il n'est pas exempt de contenus (maîtrise gestuelle, notions concernant le tracé, la forme, sa place, ses transformations, les relations forme/fond, l'organisation, la présentation et la re-présentation, le cadrage, etc.), n'est guère que l'occasion pour l'élève de s'exercer, et devra pour prendre sens être intégré à un ensemble réflexif cohérent et fortement expressif. En étant repris dans une recherche approfondie (une file de bonshommes pourrait exprimer la foule, un autre ajouté plus loin la solitude, le brouillage des lignes suggérerait un mouvement, etc., dans un projet). Par simple titrage. En étant assorti d'un texte (récitatif, bulles…). En donnant lieu à interprétation (par soi-même, par d'autres) littéraire ou réinterprétation picturale. En s'adjoignant des images, d'autres productions… En replaçant donc, comme d'ailleurs pour tout travail, chacun des éléments ou exercices dans un ensemble de recherches foisonnantes qui peu à peu, tissant des relations, construisent une totalité. Il faudra de surcroît amener l'élève à concevoir la diversité des problèmes posés :

– Dessiner ne signifie pas toujours représentation, et lors même, il y a toujours interprétation.

– Les moyens du dessin peuvent intégrer supports et médiums différents : image (morcelée et complétée, reprise, redessinée, coloriée, assortie d'un environnement), médiums incompatibles, transferts, monotypes, empreintes, impression, pochoir….

– Le carnet de croquis. En munir les élèves est un moyen de les faire entrer dans un processus artistique. En leur en expliquant le sens, la forme et la raison d'être. Si nous choisissons le terme de carnet de croquis, c'est qu'il y a dans le mot carnet une consonance intime, et que même s'il est grand, il évoque toujours quelque chose de personnel et de plus ou moins secret. Quant au mot croquis, il se démarque de celui de dessin bien connu des élèves et donc entaché déjà d'idées préconçues (sur le fini, le ressemblant, etc.). C'est d'ailleurs le terme orthodoxe qui désigne cet outil constant et privilégié des artistes, qui y multiplient les notations (croquis, commentaires, projets), y analysent les formes, y gardent le souvenir de leurs travaux (*cf.* le

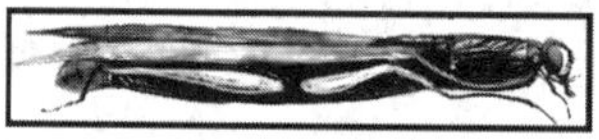

liber veritatis du Lorrain où sont dessinées toutes ses toiles vendues, mémoire, regard *a posteriori*, et d'ailleurs réinterprétation par transposition), y préparent leurs réalisations, voire en font leur œuvre même. Donner aux enfants un support de ce type, c'est les inciter à s'y faire plaisir, tout en en précisant l'usage. Ce n'est ni un cahier de brouillon, ni un cahier de dessin, non plus qu'un cahier d'essais, le terme scolaire de cahier renvoyant à tout ce que justement il ne doit pas être. Sa forme et sa taille devraient pouvoir être choisies par chacun, le commerce en proposant de multiples à des prix variables. Il peut aussi être fabriqué dans la classe, avec un assortiment de papiers différents (blanc ou de couleur, de magazine, etc.) et relié, agrafé ou cousu. On veillera cependant à ce qu'il ait en tous cas un caractère soigné, seul susceptible d'amener les élèves à le considérer comme un objet esthétique.

Les contenus en seront laissés libres et donc multiples, fondés cependant sur une réflexion préalable situant son rôle, appuyée sur l'exemple de quelques pages de carnets d'artistes que l'on peut trouver çà et là reproduites. Il en est d'exemplaires dans le *Delacroix* de Découvertes/Gallimard, en ce sens qu'elles évoquent toute la gamme possible, des griffonnages en marge de cahiers d'écolier de l'artiste à des dessins plus ou moins élaborés où se différencient les techniques (plume/encre, pinceau/lavis, aquarelle, crayon, fusain, pastel) et les sujets (personnages, animaux, paysages, scènes de rue ou d'intérieur, études de détails, études pour des tableaux, carnets de voyage au Maroc), où se varient les mises en page (un seul dessin ou plusieurs, croquis multiples en juxtaposition ou imbrication, étalement sur double page), où s'associent aux croquis des commentaires narratifs ou techniques... On pourra aussi consulter le *Journal d'une collection* (Christian Lacroix, éd. Patrick Mauriès) où jouent ensemble dans les pages écrits, photos, dessins, échantillons de tissus...

Pour les élèves, *le carnet de croquis aura fonction de* :
- recueil des essais effectués pour soi-même, pour un travail, lors d'une recherche... ;
- catalogue de modèles (effectués par soi-même ou empruntés à d'autres, images, morceaux de magazines, de papiers, tissus... proposant des textures, éléments naturels) ;
- mémoire de travaux antérieurs, soit qu'on les reproduise, soit qu'on les photographie, soit que l'on en conserve un ou plusieurs fragments... ;
- répertoire de formes utilisées ou utilisables, de textes que l'on apprécie, d'images que l'on aime, de matériaux qui plaisent... ;
- support d'entraînement au geste, à l'invention, à la reproduction, à l'imitation... ;
- lieu de plaisir, fondamentalement, où l'on peut travailler de manière gratuite, pour soi, conserver ce qui plaît, s'essayer sans qu'il puisse y avoir échec, écrire quand on en a envie, dessiner si l'on préfère et ce que l'on préfère, coller, etc.

Il devra être pris en compte par le maître :
- qui lui manifestera de l'intérêt et s'en fera montrer, au gré de l'élève, des pages ;
- qui veillera à la qualité de sa tenue, conseillant à l'occasion, renvoyant éventuellement à l'étude des artistes ;
- qui i ncitera à l'utiliser lors de promenades ou de visites de musées, pour des recherches, après, avant, pendant les séquences de travail ;
- qui proposera des expositions de pages choisies par les élèves, de carnets entiers ;
- qui incitera à en reproduire des éléments dans d'autres tailles, en d'autres techniques, afin qu'un simple jeu graphique devienne à l'occasion un travail qui prend son sens en s'aboutissant.

3. Sculpter

Stricto sensu, si l'on se réfère encore au *Petit Robert*, sculpter signifie : « produire une œuvre d'art en trois dimensions en taillant une matière dure » ; modeler : « façonner en donnant une forme déterminée à une substance molle, pétrir une substance plastique pour lui imposer une certaine forme. » Mais le terme de sculpture y est défini comme : « représentation, suggestion d'un objet dans l'espace, au moyen d'une matière à laquelle on impose une forme déterminée dans un but esthétique ; ensemble des techniques qui permettent cette représentation. » À l'évidence il y a différenciation entre la réalisation et le travail qui l'a produite. D'autant que le résultat d'une action de pétrissage n'est lisible pour le public que dans une substance non périssable, donc dans une traduction en matériau dur. D'autant qu'aujourd'hui le renouvellement des idées et des techniques fait qu'une sculpture se fonde sur les moyens les plus divers : assemblage, compression, expansion, etc.

Si l'on se réfère à la terminologie classique, l'action de sculpter se fonde sur deux types de matériaux, durs ou mous, que Leroi-Gourhan qualifie de solides stables (à travailler par percussion) et solides plastiques (qui se modèlent ou se moulent). L'on pense alors à deux exemples presque archétypaux : Michel-Ange et Rodin. Le premier travaille la pierre et le marbre les plus durs, les attaquant de l'outil dans une sorte de lutte furieuse, avec en tête l'idée que Dieu y a enfermé un corps qu'il a pour mission d'extraire, de faire émerger. Ce que mettent en évidence les esclaves inachevés du Musée de l'académie (Florence) où se saisissent tout à la fois, dans la puissance évocatrice de formes encore engluées dans une matière dont elles tentent de s'échapper, la trace des outils, le geste de l'artiste, la force créatrice de sa pensée.

Cet inachèvement frappera Rodin qui en fera l'un des éléments de sa recherche (*cf.* les visages noyés de *La Pensée* et de *L'Aurore*). Mais Rodin n'a jamais utilisé que la glaise (ses marbres sont exécutés sous sa direction par d'autres). Ce qui suppose une appréhension manuelle du matériau, un goût sensoriel du toucher (il s'est toujours déclaré obsédé par le modelé), une sorte de soumission à la matière qui le guide autant qu'il la manie, qui l'englue, le possède, et dont la plasticité autorise un travail en gestation continuelle, en élaboration permanente. Toutes ses œuvres sont créées en opérations successives au cours desquelles naissent plusieurs statues de même type. Révision constante, reprises, réactualisation, thèmes récurrents que masquent d'autres titres, et surtout mouvement, dans les va-et-vient et les résurgences formelles, mais aussi dans le dynamisme de la représentation.

Michel-Ange s'affronte à la matière, lutte avec elle, Rodin la serre et la ploie dans l'étreinte de sa main. Deux artistes, deux tempéraments, qui nous renvoient à la finesse des analyses de Bachelard sur « la volonté incisive et les matières dures, l'agressivité de l'outil » et « la pâte et les matières de la mollesse ».

Les solides plastiques

Les pâtes, plus aisées à utiliser à l'école, prennent des formes diverses (certaines commercialisées) dont nous donnons ci-après une liste indicative et incomplète : pâte à modeler, pâtes plastiques, plastiline, pâte à bois, cire à modeler, mastic de vitrier, mie de pain ; pâte à papier, pâte à sel, poudre de cellulose, poudre de pierre, plâtre (celles-ci à préparer par addition d'eau). Toutes offrent les mêmes possibilités de travail, avec des variantes qui tiennent à la nature de chacune, mais les produits manufacturés, quel que soit leur intérêt, n'ont pas le même pouvoir de provocation de l'imaginaire que les éléments naturels. Aussi est-il plus intéressant de travailler l'argile, matériau mythique par excellence, celui dans lequel les dieux toujours ont façonné l'homme. Cette pâte née de l'union de la terre et de l'eau dans laquelle le geste « trouve la forme par la déformation, par une végétation rêveuse de l'amorphe. Dans le pétrissage, plus de géométrie, plus d'arête, plus de coupure. C'est un rêve continu. C'est un travail où l'on peut fermer les yeux. C'est donc une rêverie intime. Et puis, il est rythmé, dans un rythme qui prend le corps tout entier. Il est donc vital. » (G. Bachelard.)

L'acte de saisir, pétrir, triturer, se double du plaisir pervers de la salissure. La pâte est aussi la boue, invite à se vautrer. Selon qu'elle est plus ou moins gorgée d'eau, la terre se fait vase ou limon. « Sans fin, on pourrait accumuler les textes où les valeurs viennent se contredire pour dire le bien et le mal de la fange, de la boue, d'une terre molle et noire [...] avec la terre molle on touche un point essentiel de l'imagination de la matière. » (*id.*) Ambivalence dont rend compte la symbolique de la terre, bénéfique et maléfique à la fois, tant en surface où l'humanité rassurante du sol cultivé s'oppose à l'angoisse mystérieuse des confins (îles, forêts, montagnes) que dans ses profondeurs, domaine infernal ou matrice, lieu de la naissance, de la mort et de la régénération (d'où les multiples trajets initiatiques des profondeurs, du mythe de Coré/Déméter au *Robinson* de Michel Tournier).

La boue

Suffisamment trempée d'eau, brassée, la terre se prête à tous les degrés de liquéfaction, et de la viscosité passe à la fluidité la plus grande. Comme l'on trouve des terres de tons différents (rouges, ocres, bruns, noirs et blancs) l'on peut même, luxe suprême, peindre avec, en badigeonner des murs et des surfaces, lancer des poignées de boue, arroser, faire couler, accrocher à des aspérités... Cela ne tiendra pas ? La terre en séchant se décolle et s'écaille ? Qu'importe ! Le plaisir a été là ; le geste a existé ; et l'on a appris quelque chose, l'on a fait connaissance avec le matériau dans toute sa complexité, toutes ses possibilités, dans ses transformations qui justement font son caractère et son intérêt.

L'on peut aussi plonger dedans :
- ses mains, ses bras, ses pieds, pour ensuite en garder l'empreinte ;
- des objets pour les transformer, leur conférer un nouveau statut d'objets archéologiques ;
- des matériaux naturels qui en deviendront fantastiques ou fantomatiques ;
- des tissus pour solidifier les drapés...

Le pétrissage

Puisque la « rêverie de la main active » est la première et la plus naturelle, c'est par elle, par l'action, par le geste que l'on va d'abord s'intéresser au travail de la terre, « dans l'exact équilibre de la détente et de la tension de la main incurvée, avec les doigts prêts à saisir, serrer, étreindre, pétrir... » Aucun des verbes qu'emploie ici Bachelard n'est neutre : chacun entraîne une chaîne associative infinie qui de *saisir* rapproche *prendre* ; à *serrer* ajoute *empoigner, pincer, broyer* ; d'*étreindre* va à *presser* ou à *comprimer*, et de là à *aplatir, écraser, tasser, pulvériser*, ou bien *agglomérer, entasser, empiler, concentrer, mouler...*

Toute une recherche peut être menée à partir de ce vocabulaire gestuel, qui n'aura guère qu'à se raffiner, à se préciser, à se sophistiquer au fur et à mesure de la maturation des enfants.

Prenons une motte

Empoignée, étreinte, pétrie, elle prend en elle et canalise la décharge d'agressivité, elle suscite l'émotion, se pénètre d'affectivité, répond aux simples besoins sensoriels et gestuels.

Saisie et roulée, dans les mains ou sur la table, elle devient selon sa taille bille ou boule et pourra, telle, se prêter à des opérations d'entassement, d'agglomérat, d'empilement.

Malaxée, pressée entre deux doigts, la bille s'aplatit en pastille ; et les pastilles se posent, se juxtaposent, se superposent, s'amassent.

Serrée et roulée dans les paumes, elle s'étire en boudin, serpentin, vermicelle, que l'on enroulera, entortillera, mettra en écheveaux ou en pelotes, que l'on amoncellera, tronçonnera...

Pincé fortement, le colombin se scinde. Légèrement comprimé il s'écrase ; si le geste se répète s'alternent creux et bosses, vides et pleins, et si la pression continue le colombin devient lanière qui peut se nouer et se dénouer, s'enrouler, se lover, etc.

Enfin la motte de terre aplatie, écrasée, tassée, donne la plaque sur laquelle, fond neutre, tout peut être posé, dans laquelle tout s'imprime, avec laquelle tout se construit.

De ces actions premières l'on pourra passer à des opérations plus complexes qui, aux éléments de base, donneront forme, puis sens.

L'accès a la forme

Les billes

Entassées, deviennent sculpture par le simple jeu de l'équilibre ; on les met l'une sur l'autre, on va de plus en plus haut, on entasse, pour le simple plaisir de l'accumulation.

Agglomérées, plus ou moins collées les unes aux autres (par pression qui les déforme, à la barbotine, par frappe de la masse à la main ou avec une planchette qui aplatit les sphères en pastilles régulières), elles sont partie d'un ensemble dont la forme globale va devoir être prise en compte, volume devenu autonome par disparition, ou tout au moins amalgame de ses composantes.

Empilées : par des accumulations organisées (dans une boîte, des boîtes juxtaposées, dans des sacs : transparents, translucides, opaques…) ; par des activités de rangement et d'ordonnancement (alignements, progressions, rythmes d'alternances, etc.) ; pour des compositions plastiques sur supports (plaques ou volumes) par remplissage de surfaces, création de rythmes, animations, etc. ; par une recherche décorative ; par des inventions figuratives (assemblages à finalités réalistes)

La boule

Forme pure et simple, elle peut :

– se fendre, s'entailler, partiellement ou totalement se déformer ;

– se découper en fractions égales ou irrégulières ;

– se décorer d'empreintes ;

– se transformer en d'autres volumes simples par seule percussion : tapée sur la table, frappée à l'aide d'une planchette, elle s'aplatit ; selon la force de la frappe et le point d'impact, selon aussi le degré de malléabilité de la terre, la forme se modèle en géométrie variable qui alterne les courbes et les plans, les angles et les arrondis ;

– devenir, comme la bille, telle ou travaillée, élément d'un ensemble (volume élevé dans l'espace, animation de mur, de sol…).

C'est au concept de l'infini que se réfèrent les boules éternellement multipliées du sculpteur Jean-Luc Parant : des boules brunes, beiges, noires, des petites et des grosses, d'énormes et de minuscules. Certaines se fendent comme si elles éclataient, comme un œil qui s'entrouvre ou une châtaigne qui sort de sa bogue. D'autres prennent la forme d'un couple enlacé où se redisent les mythes de la création. Elles s'entassent, se superposent en une masse solide et pourtant fragile, une masse vivante parce que parfois l'une d'elles s'en détache et roule, et d'autres, peut-être, avec... Elles répètent dans leur multitude la fuite des jours et le travail de l'homme.

Le colombin

Affiné au maximum, déroulé à l'infini, puis entortillé par un nœud de serpent, et comprimé, il devient une pseudo-plaque, dont la surface va diversement s'animer selon le moyen qui a servi à la tasser : un appui régulier (par exemple une pesée avec l'intermédiaire d'une surface lisse) la rend égale, tandis que les « vermicelles » collés, amalgamés, y dessinent des lacis et des trous. Un tassement inégal, au contraire, permettra de jouer sur le relief et le plat. De même, on peut réaccumuler les serpentins, les écraser à nouveau, etc., pour obtenir d'autres effets... Ainsi, par exemple, Omar Youssoufi fabrique, avec des terres noires et blanches, des plaques « d'écritures » constituées d'un agglomérat de vermiculures dont les formes entrelacées reproduisent plus ou moins des fragments de lettres ou de signes qui, « libérés de leurs codes, deviennent écriture plastique » (*Terres*, Centre Pompidou).

Soigneusement superposé, le colombin fabrique des murets, structures élevées dans l'espace, striées longitudinalement de façon régulière ou accidentée (par des perforations, par l'intercalation de matières étrangères, cailloux par exemple, qui font dévier la ligne...). Il peut venir décorer ou animer une surface, un volume, dessiner les détails d'une figuration. Épais, il peut s'animer de décors estampés (empreintes de doigts, d'objets, dessins à la pointe); il peut se tronçonner et s'empiler, se juxtaposer en animations simples longitudinales, en alternances rythmées.

Plus ou moins aplati, il se façonne par torsion, pliage, enroulement, et comme tel peut venir constituer un assemblage (avec d'autres colombins, d'autres formes, d'autres éléments), une structure spatiale, dont il serait la base ou le décor.

Enfin l'on sait qu'il permet de monter n'importe quelle forme, n'importe quel objet, par assemblage avec lui-même et collage à la barbotine.

La plaque

Ajustée à d'autres plaques, collée (barbotine), elle peut constituer tout volume, toute organisation spatiale : objets, maquettes, cités imaginaires, labyrinthes, cloisonnements, environnements.

En tant que surface plane, elle s'anime de décors divers : par adjonction de matière (boudins, pastilles, billes...) ou par estampage, celui-ci résultant :

- d'empreintes de mains, seules ou multiples (accolées, opposées, imbriquées) ;
- de traces de doigts qui, selon le sens de la poussée (verticale, en biais) et sa force, font naître des formes diverses qui peuvent être répétées en alignements identiques, alternées, opposées, etc., et variées dans leur forme comme dans leur profondeur ;

– d'objets divers eux aussi posés de différentes façons et plus ou moins pressés (appliqués ou appuyés, droit, en biais...).

La surface plane peut également être transformée par *pliage* ou *découpe*.

Pliages

Très fine, elle peut subir les mêmes types de transformation que le papier : pliée sur elle-même, repliée, drapée ; débitée en lanières qui se mettent en accordéon, en spirales, en torsades, sont enroulées, entortillées et aplaties, superposées et redécoupées, etc. ; découpée en formes semblables égales ou non, que l'on déplace par écartement, pour que s'anime l'ensemble par le jeu des espacements (ensemble qui peut se suspendre, devenir rideau ou traversable) ; découpée encore en formes au départ semblables, mais chacune ensuite déformée/reformée (soulevée, pliée, enroulée...) qui pourront être remises ensemble selon une gradation (de la plus à la moins pliée par exemple), une alternance des motifs, une logique des déformations...

Découpes

La plaque se déchire ou se fend, et ces déchirures donnent naissance à des langues de terre dont chacune peut différemment se déformer (étirement, soulèvement, torsion, enroulement...) ; elle se perfore et s'anime alors de trous de tailles et formes diverses ; elle se découpe d'ouvertures variables de taille ou de forme.

Chaque plaque ainsi travaillée prendra un autre sens si elle est réemployée dans un travail collectif de plus grande envergure. Ainsi, chacun apporte sa pierre à l'édifice et chaque recherche individuelle devient partie d'un ensemble animé d'une multitude de fragments : claustra, décor mural, sculpture, etc. Outre l'avantage d'être tous partie prenante, l'effort consenti est plus grand... et le ratage éventuel moins visible. C'est dans la multiplication que les formes prennent leur intérêt. Et s'ouvre le champ d'autres notions : spatiales (devant/derrière, autour, à travers), plastiques (équilibre, organisation, composition par juxtaposition, empilement, alternance... des différentes propositions), artistiques (mise en exposition, accumulation, plein/vide...) tandis que s'enrichit l'imaginaire.

Sculpter par modelage

Il n'a été jusqu'ici question que de travail par unités minimales soumises à des opérations plastiques dont les combinaisons conduisent à des productions pour l'essentiel abstraites. Mais il est bien évident que ne peut s'exclure la représentation, naturelle à l'enfant et d'ailleurs au sculpteur traditionnel, à laquelle le matériau se prête aisément.

L'enfant procédant normalement comme il dessine, par juxtaposition d'éléments (souvent d'ailleurs travaillés à plat), il faudra bien savoir que tout ce qui n'est pas collé à la barbotine a peu de chance de tenir après séchage. Qu'importe... Il y aura peut-être là matière à explorer les notions de morcellement, démembrement, segmentation. Ce sera l'occasion de se poser le problème du rôle de la suppression dans l'expression, de comprendre que tout l'élan dynamique de la *Victoire de Samothrace* tient en grande partie au fait qu'elle a perdu bras et tête, et que son mouvement s'amplifie sans entraves dans le simple rapport des ailes à la draperie… Leçon de l'Antiquité bien retenue par Rodin qui en fera l'un de ses leitmotive : au lieu que d'ajouter, il supprime. En particulier les têtes, puis les bras, laissant au mouvement des corps toute sa liberté. Après il assemble de manière hétérogène ce qui lui paraît susceptible de prendre ainsi un autre sens, aidé par une collection considérable de ce qu'il appelait des « abattis », fragments de corps de toutes tailles et positions retirés de ses ébauches ou travaillés indépendamment, réutilisables au fur et à mesure des besoins.

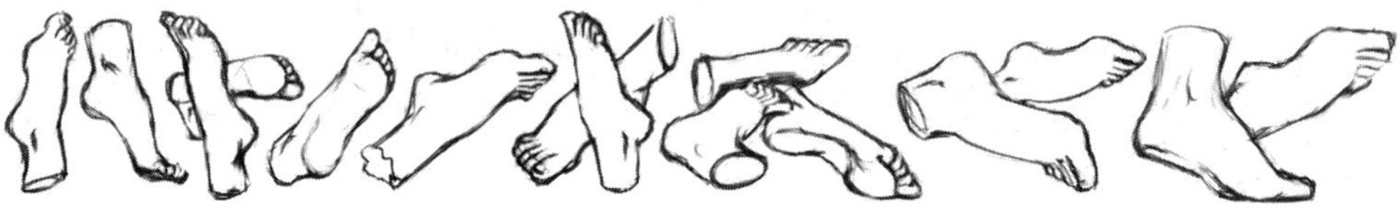

Les matières dures

Le travail du bloc, par retrait successif de la matière, exige une synthèse de la forme, une simplification du volume, une anticipation (il faut savoir avant que de retirer ce que l'on doit conserver) qui ne manquent pas de poser quelques difficultés. La technique y ajoute les siennes, dans la mesure où généralement elle fait appel à des outils pour entamer une matière dure, lesquels doivent être maniés d'un geste assez puissant pour entailler, pas trop pour ne pas risquer la cassure.

À peu près tous les matériaux se prêtent à la taille à la condition d'avoir un degré de résistance adéquat (plâtre, mortier, bois, savon, etc.).
Plâtre et ciment frais ne posent aucun problème, de même que la pierre calcaire, suffisamment tendre quand elle est fraîche. On peut y ajouter le béton cellulaire, matériau du bâtiment, facile à utiliser et doté des caractéristiques que Leroi-Gourhan attribue aux « solides stables » à savoir qu'il est une matière première « dont la constitution et les propriétés physiques ne varient pas avant, pendant et après le traitement. »

Les outils du sculpteur sont adaptés à chaque emploi :
- Pour débiter : scies.
- Pour dégrossir la forme : marteaux, pointes, ciseaux, gradines.
- Pour frapper, marquer, percer : masses, maillets, marteaux, perçoirs.
- Pour user (polir) : limes, râpes, rabotins et chemins de fer.

Dans les classes pourront faire l'affaire tous les outils fonctionnels, vrais ou inventés : ainsi couteaux, fourchettes, cuillères de table permettent l'entaille, la strie, le creux… Pourvu qu'un assez large éventail soit mis à leur disposition, les enfants, mis en face du matériau, trouvent vite l'outil adapté à ce qu'ils veulent obtenir. L'intérêt réside, là encore, dans la maîtrise nécessaire du geste (dans sa forme et dans sa force) qui cette fois n'est plus de saisie ou de pression mais d'attaque. S'y ajoute une obligatoire réflexion sur les tenue et maniement de l'outil avec lequel l'on va avoir à scier, casser, limer, etc.

L'exploration du matériau se fera librement, sans autres consignes que celles concernant l'utilisation des outils si nécessaire, de façon que les enfants puissent mesurer la résistance de la matière, donc les limites de leur action, ce qui pourra donner lieu ultérieurement à une recherche plus poussée, et un aboutissement rendu possible par la maîtrise du matériau comme de l'outillage. On réutilisera aussi dans des ensembles collectifs à destination ludique, fonctionnelle ou décorative : toute réalisation prendra ainsi un sens nouveau dans sa confrontation à d'autres, s'oubliera et se renforcera tout à la fois dans le processus accumulatoire, et les élèves auront à réfléchir sur les nombreux problèmes que pose une organisation commune.

Dans tous les cas, la sculpture trouvant son expression dans la place qu'elle occupe dans l'espace et les éclairages qui jouent avec elle, la caressent, glissent dessus, s'y accrochent en papillotant ou y creusent des rides profondes, on valorisera les productions par la présentation (mise sur sellettes ou caissettes), l'utilisation de la lumière (recherche de positionnements appropriés en lumière du jour, de variation d'éclairages avec lampes, spots, etc.), la photographie qui elle-même fait des choix de mise en page et en espace… Toutes actions réflexives qui déplacent les simples « faire » et « savoir-faire » vers le champ de « l'artistique ».

L'assemblage

Les assemblages de Rodin ouvraient un champ d'exploration que les artistes modernes n'ont pas manqué d'utiliser. À la fin des années 20, Picasso et Gonzalez créaient une sculpture d'assemblage à des fins d'ordre plastique et technique : ils conféraient un double rôle sémantique à des objets métamorphosés et rendus méconnaissables par leur nouveau statut dans une image globale : ainsi de la selle et du guidon de bicyclette dans la *Tête de taureau*, de la voiture miniature et du panier dans la *Guenon*, de Picasso. Quelque trente ans plus tard, les artistes, pour exprimer une société en décomposition, choisiront de laisser les objets inchangés, visibles et plus ou moins lisibles, dans des ensembles hétéroclites. Lors d'une exposition sur ce thème organisée en 1961 au Musée d'art moderne de New York, le terme prendra une acception à la fois plus large et plus précise. Le système va se répandre, sous des formes diverses :
- dans la recherche d'une poétique d'association (Joseph Cornell) ;
- dans le style expressionniste (Alfonso Ossorio) ;
- dans la provocation humoristique (Enrico Baj) ;
- dans le New Dada de Jasper Johns et Robert Rauschenberg.

Il essaimera encore, car dans son sens premier de « mettre ensemble », s'y rattachent peu ou prou les accumulations, et même les compressions.

Objets et matériaux surajoutés

Enrico Baj couvre son *Général* (1962) de tout l'arsenal des décorations, épaulettes, ceinture-cartouchière, qui sont le signifiant dérisoire de la puissance militaire.

Alfonso Ossorio associe à des reliefs peints de couleurs vives et fraîches quantité d'objets dont le nombre fait l'esthétique. D'autant que, si l'hétéroclite y est roi (cornes d'animaux, mâchoires, dents de poissons-scie, masques, coquillages, jouets, oiseaux de céramique, etc.), la couleur en est choisie, et le repeint, par endroits, vient assurer la cohérence visuelle. Ce qui ne laisse pas de provoquer un malaise tant est grande l'opposition entre la perception de l'ensemble comme doué d'un raffinement coloré, d'une expression un peu sauvage, certes, mais optimiste et séduisante, et la reconnaissance de détails pour la plupart morbides.

Dans les années 60, **Niki de Saint-Phalle** incorpore à ses sculptures des objets trouvés dérisoires, symboliques de la femme-objet et de la société qui l'asservit, et les repeint de couleurs tendres ; **Yves Klein** peint les siens de son fameux bleu…

Matériaux objets

Matériaux de récupération utilisés comme objets autonomes, conservant leur intégrité formelle dans la réalisation.

Jean Tinguely utilise des déchets d'usine pour en faire des machines (comme normalement il se doit) totalement inutiles (comme normalement il ne se doit pas) : ludiques, elles fonctionnent sans être fonctionnelles.

Gérard Deschamps s'approprie surtout des tissus, par recherche de matière d'abord dans des effets tachistes, puis pour leur pouvoir d'évocation anecdotique : il récupère et assemble des foulards imprimés (qu'il noue et étire en structures diagonales), des tissus divers (auxquels s'ajoutent éventuellement les attributs ménagers adéquats : plumeaux, balais…), enfin des tissus manufacturés (sous-vêtements féminins).

Objets seuls

Donnés à voir

C'est le cas des mises en scène de **Daniel Spoerri** : il fixe par le collage d'objets sur une surface un instant du réel (reliefs d'un repas par exemple) dans une interrogation sur la création et son contexte sociologique. Sont ainsi tour à tour interpellés la consommation (*Tables*), l'argent (*Le pourboire de Madeleine*), le culturel (*Les puces*).

Mis en boîte

La boîte, symbole féminin, figure du corps maternel, fut très liée aux recherches surréalistes. Mais elle n'a jamais cessé de fasciner. Boîte de Pandore et cassettes innombrables des contes et des légendes se font l'écho de l'ambiguïté du thème. La boîte contient toujours un secret, et celui-ci peut être merveilleux ou redoutable, elle va se faire réceptacle du bien comme du mal, elle protège mais aussi peut étouffer. Elle est l'ouvert et le fermé, le manifeste et le caché, le sein de la mère, le retour aux cachettes de l'enfance, l'habitacle, etc.

À tous ces symboles, **Joseph Cornell**, assemblant dans des boîtes peintes des objets qui composent des images narratives, ajoute d'autres dialectiques : celles de l'infiniment grand et de l'infiniment petit, du lourd et du léger, etc., dans une poétique du secret et du silence (*cf.* plus loin).

Hans Bellmer, pour *Souvenir de ma femme Marguerite*, rassemble dans des boîtes d'allumettes roses et bleues des objets évocateurs d'amour et de mort.

Louise Nevelson combine des boîtes de bois pour constituer l'analogue d'un mur, mur-réceptacle dans les compartiments duquel elle présente les éléments de son répertoire : morceaux de réalité récupérée, débris de bois, pieds de chaises, balustres d'escaliers, etc.

L'accumulation

Le plaisir d'accumuler est d'ordre psychologique, voire psychanalytique : répéter, entasser, collectionner, autant de phases d'un processus qui rassure d'abord pour devenir facilement obsessionnel. Prise au sens large, l'accumulation n'est donc pas circonscrite : elle peut être mélange (objets hétéroclites, amoncellement sans ordre) ou rangement (objets identiques ou non, rangés ou ordonnés selon une gradation, une analogie).

Arman commence par la répétition d'un geste : celui d'imprimer (des cachets de caoutchouc, des objets imprégnés d'encre ou de peinture, qui laissent sur la toile des traces sans cesse recommencées). Puis l'objet remplace l'empreinte de l'objet. Deux sortes de fondement à ces ensembles :
Le hasard pur, qui entasse n'importe quels éléments dans des vitrines qui en accusent l'insignifiance (*Poubelles*) ;
Le rapport connotatif à un personnage (*Portrait d'Iris Clert* : objets féminins symboles d'élégance ; *Portrait de Pierre Restany* qui évoque le critique d'art par des lettres, des pages d'articles de revues) ; un sentiment (série des *Colères* : objets éclatés) ; une culture (littéraire : flacons d'encre rouge renversés de *Macbeth*, sociologique : moulins à café du *Village de grand-mère*, cinématographique : le *Village des damnés*, déjà cité).

Vic Gentils accumule, mais en soigneux rangements, des objets quotidiens choisis, d'une saveur surannée et présentés en organisations rythmées, avec une recherche colorée et formelle qui les situe bien loin de l'apparent nihilisme d'Arman. Ce dernier avait fracassé un piano pour en étaler les morceaux sur une surface d'un rouge agressif qui en souligne la destruction ; le relief de Gentils en ordonne les pièces en tons de bois et de vert, répétant en juxtapositions linéaires des fragments de même forme qui ne laissent aucunement reconnaître le piano (*Sans titre*, 1955-1964).

John Latham utilise des livres détériorés pour des assemblages à valeur symbolique, d'autres massicotent des magazines pour les amasser…

Champ de réflexion

Au-delà de la simple utilisation d'objets, se pose bien entendu la question essentielle du *pourquoi* l'on assemble, qui engendrera le *quoi* ? et le *comment* ? Les actions n'ont déjà pas le même sens, qui ajoutent, incorporent, juxtaposent, agglomèrent, tandis que l'objet se détache ou s'oublie, voire disparaît (dans la compacité de l'ensemble, sous des repeints, par masquage sous bande plâtrée...). Les éléments adoptés portent eux aussi, on l'a vu, une signification qui justifiera la manière dont on les utilise. Enfin la façon même de mettre ensemble ne sera pas neutre, selon que l'on choisit l'hétéroclite, le désordre ou l'organisation, l'évidence ou la suggestion, etc.

De l'action aux opérations

1. Agir

SUR LE SUPPORT

Dans l'art

Pliages

À partir de 1960, **Simon Hantaï** utilise cette technique qui lui permet un autre rapport à son support et un renouvellement du geste. La toile n'est plus le lieu sur lequel on peint, elle n'est plus positionnée devant l'artiste. Celui-ci est dedans et la plie, la noue, la reconstitue totalement en surface/volume sur laquelle tombera la couleur. Dépliée, accrochée au mur, elle se propose en discontinuité de surfaces colorées organisées autour, avec, par, les réserves de blanc. L'œuvre d'Hantaï est faite de séries successives fondées sur les différentes façons de plier : en 1962, pour les *Mariales*, la pliure est régulière, la peinture déposée à la surface des plis. Dans les *Catamurons* (1963-1964), c'est sur la seule partie centrale qu'il agit et le rectangle déterminé au centre, souvent plié plusieurs fois, reçoit de nombreuses couches de couleur superposées. En 1964-1965, ce sont les *Saucisses*, pliage multiple d'une même forme ovoïde, couverte de couleurs jusqu'à masquage de tous les vides. En 1966-1968, les *Meuns* : la toile est pliée aux quatre coins et au centre, la teinte unique… « Le pliage ne procédait de rien. Il fallait simplement se mettre dans l'état de celui qui n'a encore rien vu ; se mettre dans la toile. On pouvait remplir la toile pliée sans savoir où était le bord. On ne sait plus alors où cela s'arrête. »

À l'inverse, **Michel Parmentier** n'utilise le pliage que régulier, pour couvrir sa surface de bandes identiques colorées par projection de peinture.

André-Pierre Arnal plie et fripe, pose la toile au sol, la parsème de sable qui fait réserve, peint à la bombe les émergences. Puis le pliage se fera systématiquement carré, avec imbibition colorée de chacun des stades du pliage : à la rigidité géométrique de la pliure s'opposent alors les effets aléatoires d'une couleur projetée, diffusée, etc.

Empreintes

Claude Viallat inaugure en 1966 le procédé de la répétition, sur toile souple, d'un motif identique d'une forme indéfinissable, proche de l'osselet : la technique de l'empreinte permet le recto verso, donc une présentation différente. La souplesse de la toile permet le pliage, donc la diffusion par superposition. Le support peut être très varié : drap, vêtement, patchwork de tissu imprimé, etc. La répétition à l'infini de la forme (suggérée dans le hors champ par inachèvement dans le support) affirme sa présence obsessionnelle autant que sa neutralité… Viallat a exploré tous les supports (toiles de bâche et coton, objets en tissus divers comme les parasols…), tous les formats du minuscule à l'immense, tous les matériaux (filets, cordes), toutes les techniques (trempages, empreintes, nœuds), tous les lieux d'exposition (musées, galeries, plein air) et systèmes de présentation (œuvres suspendues, pendues par l'angle, roulées, étendues, lovées, au sol…). « La peinture commence à la prise de conscience de son support et de son marquant. À l'origine la trace de la main sur la paroi de la grotte, mais avant cela la boue sur la main et la trace de la main dans la boue. »

Christian Jaccard travaille en deux temps : il fabrique des objets, généralement à base de ficelles tressées, nouées, enroulées, entortillées, constituants de formes étranges évoquant des outils primitifs, puis les imprime sur sa toile. Il raconte qu'enfant, il adorait ramasser des fossiles et était par ailleurs fasciné par les ficelles que le facteur laissait tomber sur son passage. « J'ai fait beaucoup de lithographies avec des empreintes d'insectes, d'herbes sèches et humides, d'arêtes de poisson et d'autres matériaux… puis des déchets, sacs de ciment, papiers mâchés, restes de cartons ondulés ou résidus de matières synthétiques, puis des canevas, des tarlatanes, des toiles à sac et goudronnées, des ficelles et des cordes effilochées. Employant la ficelle pour rendre certains effets – cordes et cordelettes tressées, nouées, liées et sur-liées. Ficelant des toiles à peindre, puis ficelant des cordes, des cordelettes et encore des ficelles, j'ai confectionné une sorte d'outillage pour regarder ailleurs et autrement. »

Découpe

Pierre Buraglio en 1965-1966 détruit sa toile pour la reconstruire, en recouvrant tout simplement une autre de nouvelles couches (recouvrements), ou la divisant en fragments qu'il réassemble de manière aléatoire (agrafages). « Découper pour assembler, démonter pour remonter, séparer pour réunir […]. Lancinant : le besoin d'occulter, de recouvrir, d'oblitérer. »

Tissages

François Rouan tisse des œuvres déjà peintes en quatre opérations successives :
– Immersion de la toile dans un bain de teinture (résultat aléatoire).
– Superposition à la teinte ainsi obtenue de graphismes dessinés multipliés en « bourrages ».
– Découpage en lanières de la surface.
– Entrelacement avec une autre toile traitée de la même façon.

En fait, à la différence des autres artistes, Rouan, loin de le réduire, vise à enrichir au maximum le support, devenu chatoiement de couleurs et même, parfois, de formes, car le tressage, trame architecturale, n'empêche pas la réapparition fragmentaire de thèmes symboliques. « Cette procédure fait apparaître un espace tramé de petits carreaux réguliers, le travail de peinture consistant alors à neutraliser cette trame irrégulière, à la fondre dans la peinture, mais aussi à la rendre plus complexe en l'insérant dans une ou plusieurs structures [...]. Lorsque le présent occupe l'espace de visualisation mentale et mêle le souvenir au fronton du futur, c'est alors que la traduction commence. »

Couture

Alan Shields travaille à la machine à coudre, d'abord en tirant de simples motifs de fils, puis alliant couleur et trames cousues : sa toile est parfois achetée teintée, parfois naturelle et absorbante, elle est investie de teintes diffuses aux bords flous que vont fixer et architecturer les lignes de couture. D'autres éléments s'y ajoutent parfois : jute, ficelle, bois… Selon les cas, les œuvres s'accrochent à la paroi ou se suspendent dans l'espace. Le papier va donner également lieu à une recherche intéressante, Shields soumettant ses œuvres anciennes (gravures ou dessins) à confrontation en les tissant ou en les cousant ensemble : regard neuf sur un travail passé, analyse *a posteriori*, jugement porté, dans la recherche positive d'une reconstruction où chaque dessin s'enrichit en disparaissant.

Marcel Alocco peint des images (souvent choisies parmi des œuvres connues) qui constituent son *Musée imaginaire*, puis les réduit en fragments qu'il récupère dans des patchwork soigneusement cousus.

Le châssis

Il fait l'objet de la recherche de **Daniel Dezeuze** : qu'est-ce qu'un châssis ? Un cadre de bois sur lequel sera tendue, traditionnellement, la toile. Mais privé de celle-ci, isolé, il devient pure forme rectangulaire, montants de bois, ouverture sur le vide… C'est cette ouverture, c'est ce cadre vide, que Dezeuze multiplie à l'infini sous forme d'assemblages orthogonaux : grille, échelles, barrières, colombages, quadrillages, etc., en matériaux rigides (bois), ligneux ou souples (lamelles de bois souple, de tarlatane) agrafés et teints, posés le long du mur, roulés au sol, suspendus dans l'espace… Variations sur les thèmes du vide et du plein, de la transparence et de la fragilité, du dehors et du dedans, de l'espace.

Buraglio, en 1974-1975, présente aussi le châssis comme « déchet pictural » de ses travaux, « parti pris de faire avec », ce qui le conduira à assimiler ces formes transparentes, « espaces inoccupés », aux châssis de fenêtres qui deviendront quelque temps l'objet de son travail, « ramassées sur les chantiers de démolition ; choisies ; sélectionnées (limitées à une partie d'elles-mêmes) ; exposées selon leur état, telles ou ragréées ».

Champ de réflexion

Ces artistes, pour la plupart d'entre eux réunis dans les années 60 au sein du groupe Support-Surface, posaient le problème de l'œuvre en tant que matérialité minimale, ce qui va conduire à une épellation de la peinture en ses éléments primitifs (châssis, toile, trame, ficelle, couleur, forme). Sorte de retour aux origines qui passe corollairement par une économie des moyens, une pratique élémentaire et méthodique d'exploration systématique des hasards et d'analyse des structures matérielles. Au-delà de cette simple matérialité et des actions sur le support qui le donnent comme nouvel objet, se posent çà et là des questions d'une autre nature, celles de :
- la place de la présentation ;
- la place de la représentation (infinitude) ;
- l'espace en général avec des composantes multiples (rapport de l'artiste à son support, dedans/dehors, en deçà/au-delà...) ;
- la temporalité (récupérations personnelles et patrimoniales, destructions/re-créations, révisions...).

Dans les classes

Le pliage

Il faut différencier d'abord pliage et nouement.

• Le pliage est l'action première qui consiste à « rabattre une chose sur elle-même une ou plusieurs fois ». En ce sens, deux possibilités : le pliage régulier (en accordéon, en carré, rectangle, triangle, etc.). Celui-ci marquera le support de traces ordonnées (verticales, horizontales, quadrillages, diagonales...) et si teinture il y a, organisera les réserves ou les diffusera de façons approximativement équivalentes. Le pliage irrégulier fera, lui, totalement confiance au hasard.
Ainsi replié sur lui-même, le support se prêtera à l'investissement de la couleur en s'y plongeant totalement ou partiellement, en la recevant discrètement sur ses tranches, ou en lui permettant, éclaboussée, jetée, posée, de pénétrer dans les couches par diffusion.

• Le pliage associé de nouement retient et resserre les plis, ce qui réserve à l'intérieur même de la partie teintée des portions de blanc.

Il est repris de techniques artisanales d'origines diverses, dont le *Shibori* (Japon) et le *Mahaju* (Afrique occidentale). Le *Shibori* utilise la ligature et consiste à placer sur un bâton le tissu en rabattant les plis à la manière d'un parapluie ; ficelé par intervalles, plongé dans la teinture, ce dernier ne se laissera que partiellement pénétrer. Le *Mahaju* regroupe plusieurs procédés :

– le nœud très serré qui ferme de place en place le tissu.
– la ligature : le tissu, roulé en boule ou pressé en boudin, est totalement ligaturé et plongé dans la teinture qui l'imprime de marbrures ;
– pliure et ligature : le support se plie légèrement en accordéon, se ligature par places, se plonge, s'imprègne en bandes ;
– la fronce : faufilé à gros points, resserré, le support ne sera pénétré par la couleur qu'en dehors de la pliure.

Il va de soi que le pliage peut intervenir sur tous supports souples avec médium adéquat, en tenant compte cependant de leurs capacités respectives (d'absorption, de résistance).

L'empreinte

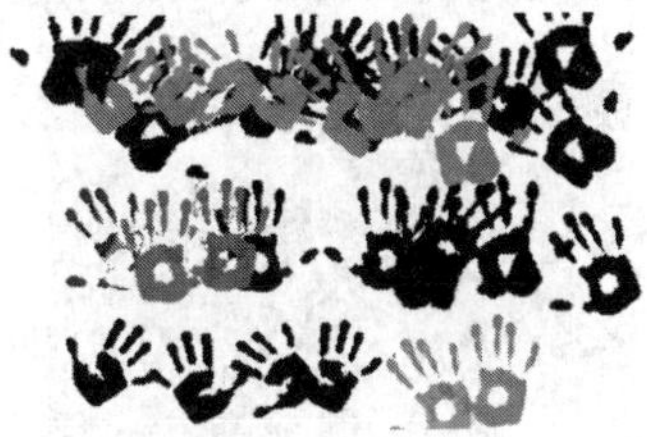

D'un objet, d'un outil, de déchets, de la main, etc., elle aura en l'occurrence le rôle d'animer la surface, en semis, en organisations régulières, etc.

La découpe

Elle peut se pratiquer sur toutes sortes de supports que l'on peut recouvrir et faire jouer avec d'autres. Elle pose nombre de problèmes : le plaisir du geste, et sa maîtrise (car il ne s'agit pas toujours de découper ou de déchirer entièrement : il faudra donc être capable de s'arrêter) ; le problème de l'assemblage ou du réassemblage ; le problème du détachement nécessaire de la production antérieure si c'est elle qui est réutilisée (l'on pourra ainsi, comme Buraglio, faire revivre une œuvre considérée comme « ratée »). Donc trois questions d'ordres moteur, intellectuel, affectif.

Comment découper ? La découpe peut être aléatoire (et dans ce cas elle se fera sur l'envers de manière à rendre l'image invisible), totalement livrée à l'instinct ou organisée (en bandes, carrés, etc.). Elle peut être l'objet de choix de fragments qu'il s'agira de privilégier lors du réassemblage.
Que découper ? Un travail ancien, une affiche, un journal, une seule surface ou plusieurs à la fois (qui proposeront les mêmes formes au réemploi).
Comment assembler ? Le découpage d'une surface est proposé à un élève qui ne la connaît pas et doit la reconstruire... Deux surfaces découpées ensemble sont systématiquement

reconstituées l'une avec l'autre… Le réassemblage est purement aléatoire, à partir de morceaux laissés à l'envers et mis ensemble comme ils se présentent… Les fragments mêlés à d'autres font l'objet d'un rangement (par exemple par couleurs, par types de formes…) qui les éloigne définitivement de l'œuvre originale… Les fragments réapparus de celle-ci, au contraire, guident l'organisation.

Les moyens techniques seront également prétexte à recherche : l'on peut procéder par agrafage, collage (total ou partiel), recours à des attaches parisiennes, couture, etc. et l'effet, analysé, permettra de découvrir les notions de juxtaposition, superposition, amalgame, accumulation, parcellisation/unification/réunification…

Le tissage

Il s'adresse à n'importe quel support souple, vierge ou déjà travaillé. Il lui faudra d'abord se tailler en lanières pour être entrelacé avec un autre préparé de la même façon. Le procédé est classique. L'intérêt est qu'il reprenne des travaux antérieurs revus à cette occasion et réinvestis (tissés ensemble, mêlés à d'autres types de supports : papiers ou tissus blancs, de couleur, imprimés… Travaillés à deux pour faire jouer ensemble les productions de chacun, etc.) et qu'il propose en définitive une trame qui sépare tout en unifiant. Une nouvelle surface est née que l'on peut laisser telle ou retravailler :

- En soulignant les réapparitions et s'appuyant sur elles pour réinventer et recréer.
- En les soulignant pour simplement les continuer.
- En noyant les réémergences de détails pour reconstituer une surface homogène.
- En réencadrant chaque élément de la trame pour en souligner le quadrillage.
- En redessinant des éléments (avec le même médium, un autre, des autres) à l'intérieur de chacun des carreaux proposés, éléments suggérés par les fragments visibles ou totalement extérieurs à la production initiale.

La couture

L'habitude est de toujours coller les papiers. Pourquoi ne pas les coudre ? La couture permet que le support soit et reste souple. Et là comme précédemment, l'intérêt réside dans la réutilisation : de matériaux de rebut, de travaux antérieurs, d'images diverses, plus ou moins ajustés, organisés ou non, mis en patchwork pour devenir une autre œuvre, autonome, animée, investie d'une vie nouvelle. L'on pourra :

- Mettre ensemble tous les dessins et peintures d'un même élève à la même époque ou à des époques différentes.
- Mettre ensemble tous les dessins de la classe concernant la même recherche, sur le même thème, de la même période, etc.

– Mettre ensemble tous les éléments d'une recherche (croquis, esquisses, tâtonnements, documents) et les confronter à la production terminale.
– Ajouter à un corpus de travaux des images (photographies, œuvres d'art, pages de magazines), éléments naturels, ou fragments s'y assortissant (par la couleur, la forme, la matière, le sujet).

Ainsi se donnera-t-on l'occasion de voir et de revoir sous forme de tenture des travaux habituellement entassés, en s'offrant le luxe de les réévaluer, et éventuellement de les retravailler… Mais bien entendu, cet assemblage peut aussi redevenir tout simplement un autre support sur lequel on va peindre à nouveau, pulvériser, projeter, etc.

Car toute ces manipulations du support le donnent comme œuvre aboutie ou œuvre potentielle. Si le pliage propose des chatoiements inattendus dont l'on peut se satisfaire, il est susceptible aussi de devenir dans d'autres contextes support à réinvestir, à interpréter, ouverture à l'imaginaire. Il peut également se morceler, se tresser, avec lui-même ou autre chose : chacune des actions menées peut ainsi s'adjoindre les autres pour enrichir encore le champ de la recherche.

SUR UN MATÉRIAU

Papier

Investi de symbolismes liés à l'écriture qu'il reçoit ou à sa fragilité, il est particulièrement respecté en Extrême-Orient où il s'utilise de manière rituelle (origami par exemple). Matériau aisé à se procurer (entre autres le journal), il pourra donner lieu à toutes sortes d'actions que l'on peut décliner et conjuguer en :
– Actions de destruction : mâcher (écraser, broyer, triturer, encoller), mouiller (humecter, humidifier, imbiber, tremper, détremper), brûler (fumer, roussir, consumer), découper (morceler, perforer, ajourer, denteler), déchirer (arracher, émietter, déchiqueter, lacérer), froisser (chiffonner, friper).
– Actions de construction : repasser (défroisser, déplier, lisser, étirer, détirer, détordre, déployer), plier (replier, plisser, froncer), enrouler (friser, tordre, entortiller, cordeler, cordonner, boudiner), tisser (entrelacer, tresser, natter, nouer, attacher), assembler (lier, relier, combiner, superposer, accumuler, agglomérer), estamper (graver, marquer, gaufrer, empreindre, imprimer).

Papier froissé

Faire des boules, assembler les boules, les coller, faire un volume, une sculpture, un mur animé, remplir les vides, une surface ; fabriquer des cordes en les attachant les unes aux autres…

Pulvériser de la couleur pour mettre en valeur les reliefs, défroisser, assembler à plat, dans l'espace, faire une grotte, un habitacle, un igloo...

Défroisser, suivre les lignes déterminées par les plis ; redessiner dessus en s'inspirant des traces ; faire couler de l'encre dans les plis, y découvrir des formes ; peindre, refroisser ; remplir les formes déterminées par les froissures de couleur ou de graphismes ; les découper...

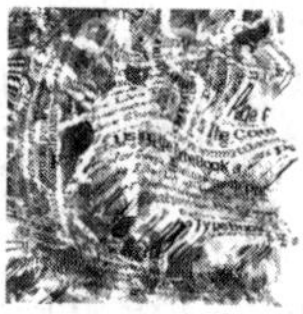

Froisser, serrer, imprimer, découvrir dans l'impression une autre forme, un autre sens, profiter des vides qu'elle laisse pour les mettre en valeur, les éliminer par découpage, remplissage...

Papier roulé

Faire des cylindres, les assembler au fil, en faire des volumes articulés, les poser à plat sur une surface, les empiler, juxtaposer des dimensions différentes, les classer, les ordonner ; les disposer verticalement, les éclairer, photographier les reliefs et les ombres portées, faire des stalagmites...

Faire des boucles, des frisures, les suspendre, les étirer, les allonger, les faire aller d'un mur à l'autre, en garnir un mannequin, s'en faire une chevelure...

Tordre, torsader, faire des cordes, des nattes, des tresses, tisser, nouer, faire des murs, des tentures, des ouvertures, des traversables, tendre pour fermer, défaire pour ouvrir, construire une tente, une maison, le palais de la reine de Saba, une toile d'araignée, un filet, un boudin...

S'enrouler dedans, s'entortiller, traîner derrière soi, faire onduler, tirer et déchirer, se déguiser en tuyau, en robot, faire une machine imaginaire, une fusée, un mannequin, un pantin.

Faire des pelotes, enrouler du papier de couleur autour d'un carton d'une autre couleur, assortir ou opposer les teintes, assembler les pelotes sur une surface en dégradant, amplifiant, contrastant... Faire de même avec du papier journal...

Papier tissé

Entrelacer deux surfaces :
–peindre la chaîne, la trame ;

– alterner les couleurs ; les plonger dans la peinture, la colle.
– détisser, laisser des trous ;
– alterner pleins et vides ;
– nouer des bandes en filets...

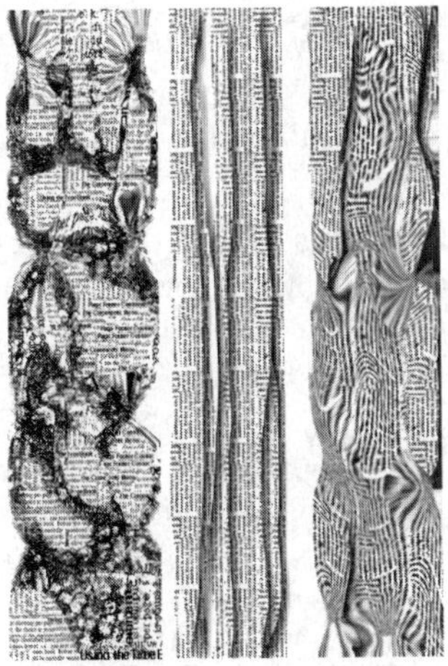

Papier plié

Assembler, faire un paravent, froncer, coudre, alterner papier plié et froissé pour faire un mur-rideau, laisser des fenêtres, serrer les plis dans des nœuds, desserrer entre les nœuds, faire une jupe, une collerette, une chevelure. Dessiner sur papier plié, déplier, continuer le dessin dans les plis, jouer au cadavre exquis...

Papier assemblé

Pour faire des images, pour combiner des formes, des couleurs, des textures, des déformations (froissé et lisse, plié et déplié). Accumuler en vrac.
Organiser selon des critères de rangement.
Coudre en livre, tenture, costume...
Découvrir des formes évocatrices du réel (objet, animal...), retrouver des lettres.
Chercher des images dans un tas pour des assemblages.

Papier déchiré ou découpé

Déchirer pour déchirer de gros, petits, tout petits morceaux ; coller en amas sur surface encollée.
Découper pour créer des formes.
Coller morceau après morceau :
– en juxtapositions ;
– au hasard ou après classement par couleurs, textures, ou graphismes ;
– respecter une gradation, une alternance ;
– respecter un ordre d'action (partir du centre, de l'angle, en organisation centripète ou centrifuge, tourner en spirale, suivre un tracé préalable obligatoire ou simplement inducteur)...

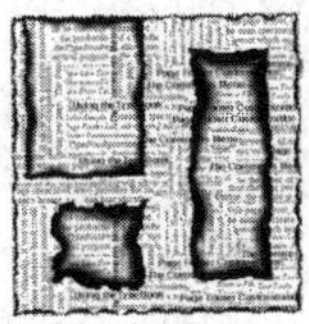

Papier déformé, transformé

Par mouillage, trempage, détrempage, par brûlure... et par toutes les actions précédentes.

Toutes ces actions débouchent très vite sur des « opérations » qui visent à transformer le support ou le matériau pour en faire autre chose ou lui faire exprimer quelque chose. Ainsi, tisser le papier est une action qui vise à relier, unir deux surfaces pour les confondre, déchirer et coller sont des actions qui ont pour effet d'assembler, etc.

2. Les opérations

Dans *L'homme du commun à l'ouvrage* (Idées/Gallimard), Dubuffet donne cette définition : « L'art est un jeu – le jeu de l'esprit. Le jeu majeur de l'homme. Un enfant regarde un instant une boule de chiffon-une pensée le traverse ; cet objet est un Peau-Rouge. Il décide de croire que cette poupée de chiffon est un Peau-Rouge. D'en avoir peur comme on a peur des Peaux-Rouges. Il en a peur en effet. »
Trois opérations fondées sur la faculté à imaginer sont ici décrites : *regarder* (un chiffon), associer (à un Peau-Rouge), *transformer* (en Peau-Rouge). Le jeu symbolique introduit ensuite le simulacre de la peur... L'important en est l'enchaînement, du regard à la pensée puis à la décision de faire du chiffon autre chose.

Si cette décision est suivie d'effet, l'enfant agira en transformant l'objet, entrant ainsi dans le champ d'opérations plastiques.

Les opérations plastiques

Elles sont des « actions de transformation qui modifient l'état d'une image, d'un objet, d'une matière » (*Accompagnement des programmes*, 1995), et supposent un préalable décisionnel, c'est-à-dire une raison d'agir fondée sur une anticipation des effets recherchés.

Elles seront donc mises en relation avec des opérations mentales plus générales, dont Dumazedier dans les années 40 avait établi la succession (décrire, énumérer, comparer, distinguer, définir, changer de point de vue, identifier les causes, identifier les conséquences, organiser, structurer, évaluer) et que Philippe Meirieu regroupe en quatre grands types : *déduction, induction, dialectique, divergence*. Si l'on se réfère à ses définitions, la première est l'opération mentale qui amène à se placer du point de vue des conséquences (d'un fait, d'un acte, d'un principe) pour stabiliser ou modifier une proposition initiale. L'induction va du particulier au général et confronte des éléments pour en faire émerger le point commun. La pensée dialectique, fondée sur la manipulation d'éléments contradictoires, met en interaction des lois, notions, concepts, pour accéder à la compréhension d'un système. La divergence enfin est l'opération par laquelle sont mis en relation des éléments appartenant à des domaine différents pour établir des associations nouvelles et des rapports originaux. Acte réflexif, les « opérations plastiques » ont ceci de particulier qu'elles présentent un caractère concret qui les relie à l'action.

Les *Compléments aux programmes* de 1985, toujours d'actualité, en énuméraient quelques unes, à comprendre « comme intervenant dans des activités de jeux avec les formes afin d'en créer d'autres, et non comme exercice stérile de décomposition systématique de formes existantes », que nous rappelons : *isoler* (priver du contexte, privilégier par rapport au contexte), *reproduire, transformer, associer*.

REGARDER

C'est la première action que mentionne le texte de Dubuffet, tant il est vrai que, si elle n'est pas à proprement parler une opération, elle est à la base de tout acte plastique. Or, fixer son attention, « prêter son regard au monde », selon l'expression de Merleau-Ponty, n'est ni très naturel ni très facile… Cela implique une attention, un choix, qui s'effectuera mieux si l'on amène l'élève à toute une série d'opérations qui l'y obligent.

Les *Compléments aux IO* de 1985 en faisaient à juste titre un préalable aux activités et pointaient, pour que l'élève entretienne un rapport esthétique avec les choses, la nécessité de :

– rompre avec le déterminisme des objets, des matériaux (la boule de chiffon peut être un Peau-Rouge) ;
– voir les objets pour eux-mêmes (couleur, texture…) ;
– s'identifier aux objets : « quand je peins la montagne, la montagne devient moi-même » (Zao Wou Ki) ;
– les découvrir comme singuliers, nouveaux, originaux, fantaisistes, poétiques, agréables ou non, jolis ou laids, chargés de propriétés inédites : « Vous vous promenez près d'une ligne de chemin de fer […]. Tout à coup vous recevez un énorme choc esthétique. Vous les trouvez extrêmement beaux. Or ces objets n'ont pas été faits pour être beaux. Eh bien, cela indique au sculpteur quel est le commencement de la sculpture » (Dewasne) ;
– voir les choses en relation avec ce qui les entoure ;
– éprouver un matériau par des approches sensorielles et motrices différentes et complémentaires, par le langage, par des actions ;
– modifier la perception qu'on a d'un objet ;
– collecter et collectionner des matériaux de toute nature avec ou sans intention d'utilisation directe ou immédiate.

Concrètement, cela suppose faire jouer le terme regarder dans toutes ses acceptions : admirer/contempler/dévorer des yeux, aviser/remarquer/considérer, examiner/fixer/scruter, parcourir/promener les yeux, observer/noter/étudier, et donc :

• Solliciter l'attention des enfants sur le quotidien (les fenêtres d'un immeuble) comme sur le conjoncturel (les effets du brouillard, l'irisation d'une goutte d'eau) ou l'insolite.

• Faire remarquer les qualités des choses (la forme particulière d'un arbre, le rythme de ses branches, l'organisation d'une architecture...).

• Appeler l'émotion ou susciter l'imagination par la lecture d'un texte qui fera voir autrement les objets : « La fenêtre s'ouvre comme une orange, le beau fruit de la lumière. » (Apollinaire.)

• Faire toujours appel au langage qui nomme, précise, décrit, compare, image, poétise ou métaphorise.

• Faire agir les différents sens : toucher et reconnaître (un objet, une forme) ; tâter et représenter ; voir et se rappeler (formes, couleurs, cachées et reproduites) ; toucher, sentir, imaginer (attribuer une couleur à une texture – douce, rugueuse – à une odeur) ; goûter et traduire (peindre un fruit que l'on a mangé), attribuer odeur, goût, couleur et forme à un fruit imaginaire.

• Faire changer le regard sur les choses :

– par sa propre orientation : se coucher, se baisser pour voir entre ses jambes, se pencher, tourner la tête, etc. ;

– par son trajet : suivre des yeux (et du geste) des rythmes (implantation des feuilles sur une tige), des structures (organisation des fenêtres d'un immeuble, d'un paysage), des lignes (tracé d'une lettre, fils électriques...) ;

– par son immobilisation : fixer une chose, fermer les yeux et la tracer dans l'espace, en rendre le souvenir par un dessin ;

– en utilisant une loupe, des verres déformants, des lunettes colorées ;

– en fixant sa perception et dessinant sans bouger le regard : « Moi, c'est terrible, dit Cézanne à Joachim Gasquet, mon œil se colle au tronc, à la motte. Je souffre à l'en arracher, tant quelque chose me retient. »

• Faire changer les choses sous le regard :

– en les observant dans un miroir sous divers angles ;

– en les reconnaissant dans des silhouettes (jeux d'ombres) ;

– en les transformant par des éclairages, les déformant en anamorphoses (ombres portées par exemple), les modifiant par des caches, les changeant de place, les repeignant ;

– en les montrant de façon privilégiée (le tableau chinois, qui se roule, est à cet égard exemplaire : son déroulement, quand on souhaite le voir, fait l'objet d'un rituel qui peut durer des heures. « Le dérouler, c'est créer chaque fois le miracle de dénouer le Temps, de revivre son rythme vécu et dominé. » François Cheng) ;

– en les séparant du contexte par cadrage : « Par la fenêtre j'ai regardé le paysage par le petit trou qu'on fait avec la main, une sorte de lunette, pour cerner le motif », dit quelque part Cueco. C'est que cadrer, recadrer, aide à mieux examiner : découper des « fenêtres » de formes et de tailles variables dans des feuilles de papier blanc et les placer et déplacer devant le paysage, une image, une réalisation antérieure, de telle sorte que s'y fasse un choix qui isole et privilégie ;

– en les séparant du contexte par découpage direct à l'intérieur d'un ensemble : d'une forme, d'une couleur, de textures, d'une image, d'un morceau plus/moins intéressant ;

– en inversant les habitudes : regarder le vide au lieu du plein. Matisse, dessinant un olivier, observe les vides qui sont entre les branches pour échapper à l'image habituelle de l'objet ;

– en utilisant ce vide : remplir entre, autour, des choses ; dessiner entre deux silhouettes, faire des pochoirs et les utiliser comme positifs ou négatifs, découper des images d'objets et conserver plus précisément ce qui était autour (les chutes) ;
– utiliser la réserve : cache posé sur fond à peindre, obligation de conserver du fond, quelle qu'en soit la formule, la réserve oblige à prendre conscience du non-peint. César dessine même avec, paradoxalement, dans toute une série de 1961 : il encre sa feuille, y applique des morceaux de papier collant qu'il retire aussitôt, recommence... Et la trace des arrachages, touche rectangulaire allongée, traduit peu à peu par ses superpositions successives les modulations spatiales.

Quels que soient le travail, le thème ou le sujet choisi, que le prétexte soit le matériau, la couleur, la forme ou l'objet, il s'agira toujours d'observer en comparant, en analysant, en reproduisant ; d'associer des formes, des matières, des couleurs, des idées ; de transformer. Trois niveaux successifs et/ou corollaires où se retrouvent les divers modes de pensée et qui, développés, engendreront des actions plastiques délibérées.

COMPARER
Signifie collationner, confronter, rapprocher, opposer, ce qui entraîne *associer*, et donc unir, réunir, joindre, adjoindre, intégrer, incorporer.

ANALYSER
Entend décomposer, disséquer, énumérer, dissocier, diviser, distinguer, extraire, faire apparaître, ce qui amène à *isoler*, donc désunir, disjoindre, écarter, espacer, séparer, éloigner, éliminer.

REPRODUIRE
C'est déjà une action, qui suppose imiter, mimer, copier, répéter, refaire, reformer, donc *transformer*, c'est-à-dire modifier (corriger, remanier, modifier, rectifier, refondre) ou métamorphoser (transposer, transmuer, transfigurer).

En se posant toujours la question du *pourquoi* ? avant celle du *comment* ? L'opération devant avoir pour les élèves une finalité, si même ils ne la ressentent que confusément. Ainsi, dans les *Compléments aux IO* de 1985 en était précisée la raison d'être :

> *Pourquoi isoler ?* La partie prélevée de son contexte acquiert une tout autre qualité... La partie extraite est dotée d'un nouveau statut :
> – sa présence est exacerbée (exaltation de l'unicité) ; l'isolement la distingue et met en évidence ses particularités. On la désigne en attirant l'attention ;
> – son insignifiance est au contraire mise en évidence : elle devient soit généralisatrice (la partie pour le tout), soit énigmatique (la partie isolée n'étant plus identifiable).
> *Pourquoi reproduire ?* L'image et l'objet reproduits exercent un pouvoir de fascination. C'est aussi un moyen d'appréhender le monde, de se l'approprier.
> *Transformer* modifie le mode de perception de la réalité objective et exerce l'élève à changer d'interprétation en variant les procédés de représentation.
> *Associer* permet de créer des combinaisons originales, selon des rapports plastiques et sémantiques (relations formelles, relation de sens).

Selon le projet de l'élève ou l'objectif du maître, seront alors utilisées des actions (ou techniques) opératoires dont nous dressons ci-dessous un tableau (évidemment non exhaustif).

Associer en	**Isoler en**	**Transformer en**	**Reproduire en**
ajoutant et juxtaposant, intercalant... ajustant et combinant, assemblant, conjuguant, imbriquant, superposant, agglomérant, intervertissant... et en reliant, unifiant... ou en opposant, contrastant...	cadrant et recadrant découpant et extrayant, supprimant, cachant, effaçant... montrant et détachant, soulignant, précisant, signalant, particularisant, accentuant, différenciant, contrastant...	modifiant et corrigeant, remaniant... déformant et agrandissant, rapetissant, étirant, rétrécissant, exagérant, changeant l'échelle... transposant et métamorphosant, transfigurant... ou en changant la technique.	dessinant, décalquant, pochoirisant, imprimant, photocopiant, photogrammant, phographiant... et en refaisant, reprenant, recommençant, répétant... et disposant en déplaçant, inversant, juxtaposant, opposant...

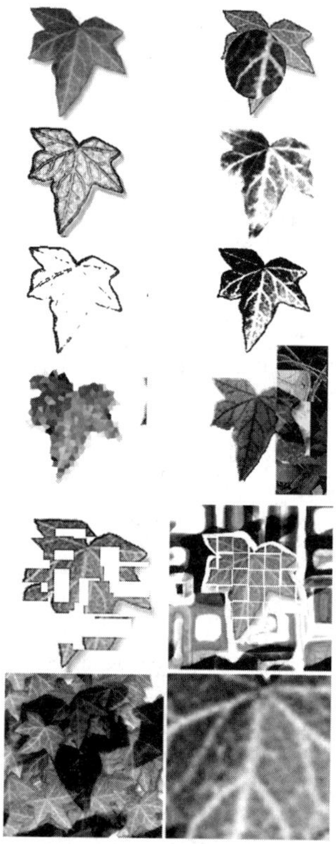

Prenons, pour concrétiser, un élément simple très courant, une feuille d'arbre par exemple, et appliquons-lui ces diverses opérations :

Reproduisons-la en la dessinant (contour, structure, forme) ; en la décalquant (contour) ; en la peignant (couleur) ; en cherchant à rendre sa matière avec divers outils (peigne pour strier, pinceau sec pour frotter) ; en l'examinant à la loupe pour en reproduire les graphismes ; en en relevant l'empreinte (au crayon, à la craie grasse, à l'encre, à la peinture) ; en la photocopiant, photogrammant, photographiant.

Comparons-la à d'autres éléments du même ordre (autres feuilles) ou de genres différents (tissus, papiers, dans lesquels l'on recherche des similitudes de couleur ou de texture).

Découpons-la, fragmentons-la, pour l'intégrer à une surface peinte.

Dépouillons-la de son limbe, morcelons-la pour l'utiliser autrement.

Cachons l'ensemble de la forme pour mettre en valeur (mieux voir) un détail particulièrement intéressant qui sera, ainsi isolé, montré et reproduit.

Rapprochons-la d'autres motifs semblables ou non qui seront, ensemble, manipulés, travaillés (intercalés, superposés, opposés) dans des créations diverses. Assemblons dans un grand tableau les empreintes relevées et les feuillages ramassés.

Ajoutons d'autres feuilles pour en faire une forêt, un tapis, agglomérons-les dans une accumulation.

Rassemblons-les dans un herbier. Diversifions les formes et les couleurs pour en faire une composition abstraite.

Modifions les formes par découpage (amenuisement), inversons envers et endroit. Transposons le concret dans l'abstrait (tableau d'assemblages).

Métaphorisons l'élément en faisant d'une feuille un arbre dans un paysage.

Transformons-la en la repeignant, transformons-nous en nous vêtant de feuilles…

Chacune de ces actions ayant des justifications plastiques et intellectuelles :

Reproduire la feuille sous tous ses aspects signifie la *regarder* pour elle-même de manière détaillée (c'est-à-dire pour l'essentiel effectuer les opérations mentales de description et d'énumération), et au-delà se l'approprier (apprendre ses structures, comprendre sa nature, intégrer sa forme), et obligatoirement la transformer (la voir autrement).

Comparer à d'autres éléments, c'est mettre en œuvre les opérations mentales de distinction, définition, identification, principalement dialectiques.

Fragmenter pour intégrer à un autre ensemble, *morceler* pour faire autre chose, *isoler* du contexte par cadrage et recadrage permettent de repérer (un détail), privilégier, mettre en valeur, donc *renforcer le sens*, ou de changer de point de vue, de rendre étrange, donc *changer le sens*. Il s'agit alors de pensée divergente, ainsi que dans toutes les opérations de transformation qui, de la simple modification à la métaphore, sont l'essence même de l'acte plastique.

Notons qu'une opération est rarement menée seule. À la fois action (déterminée ou exploratoire) et réflexion, elle se complète d'autres opérations qui lui donnent du sens. C'est d'ailleurs ce que montre déjà le tableau de la page précédente.

Pour clarifier, l'on reprendra de manière très schématique l'exemple de *La Joconde* : il y a d'abord l'acte de peindre, puis une opération de *dissolution* de la forme qui passe par un processus technique de fusion des contours, le tout produisant un effet d'émergence. Mais il y a bien d'autres opérations (dont la *distinction* forme/fond, la *gigantisation* du personnage par rapport au paysage, la *séparation* de ce dernier en deux registres…) et c'est leur ensemble qui donne au tableau la totalité de ses sens. De même, plus près de nous, quand Andy Warhol multiplie les *Soupes Campbell* ou les *Marylin Monroe*, il utilise conjointement des opérations de reproduction (photographie, impression), de répétition, et de transformation qui ont pour objet la dé-mythification/re-mythification du légendaire contemporain.

Quelques types d'opérations

Détaillons maintenant quelques opérations avec leurs techniques propres, leur raison d'être, leurs effets.

Associer

Si l'on reprend les nuances de sens relevées plus haut, l'on peut déjà constater que n'ont pas les mêmes finalités adjoindre et joindre, réunir et unir. L'adjonction est une opération particulière, une addition qui a pour objectif d'aider à expliciter ou renforcer (un effet, une idée), de perturber la « lecture », de surprendre. Joindre suppose ajuster et combiner, conjuguer, c'est-à-dire mettre des éléments en étroite liaison. Unir y ajoute la notion d'ensemble cohérent, de fusion. Réunir implique l'idée de rassemblement, de groupement.

Ainsi, Braque et Picasso, lors de la phase cubiste dite *synthétique* (1912-1914) vont avoir l'idée d'adjoindre à leurs toiles, par collage, des matériaux qui évoquent l'objet par ses éléments séparément présentés : très schématiquement, l'on peut dire que, par exemple, un violon sera figuré par des fragments de sa forme (détails signifiants : cordes, ouïes, quelques contours), de sa teinte (surfaces colorées), de sa matière (collage de faux bois), le tout réorganisé sur une structuration abstraite qui affirme l'indépendance de la peinture par rapport à une quelconque illusion... Rauschenberg utilise « n'importe quel objet de la vie » (objets du quotidien, déchets, reproductions confrontant l'art du passé à la réalité présente) qu'il intègre à ses œuvres par un travail pictural qui les assemble tout en leur conservant leur autonomie. De même, Tàpies (*cf.* plus haut) procède essentiellement par adjonction, alors que Burri conjugue les éléments de sa surface (sacs, bois, etc.) de telle sorte que leur nature propre devienne partie d'un tout où la manière d'assembler (coutures, déchirures, donc jonction/séparation) est presque plus essentielle que le matériau... Les montages photographiques du dadaïste Raoul Haussmann unissent intimement des images de façon à ce qu'elles disparaissent chacune dans un amalgame qui leur confère un sens commun... Enfin, les accumulations d'Arman réunissent des objets semblables, identiques ou hétéroclites.

Ainsi peut-on dessiner différentes fonctions (et effets corollaires) de l'association. Pour simplifier, l'on n'entrera pas dans le détail du quoi mettre ensemble, puisque dès que deux éléments sont rapprochés il y a de fait association, quelle que soit leur nature (éléments naturels, objets, images, travaux de toutes sortes), qu'il y ait homogénéité ou disparate. On s'attachera donc plutôt au comment et au pourquoi, à partir de l'utilisation simple d'images ou de travaux antérieurs.

On associera

Par ajout d'image, d'élément naturel, à une surface peinte, à une exploration de textures, pour préciser, renforcer ou transformer le sens, pour jouer plastiquement d'éléments contrastés et/ou complémentaires.

Par combinaison de deux travaux différents, en retirant des morceaux de l'un et de l'autre et opérant des translations : en transférant de l'un à l'autre une forme quelconque, en inversant centres et pourtours, en faisant de chacun le cadre de l'autre. Le résultat peut être laissé tel ou retravaillé pour unification ou soulignement des oppositions, dans tous les cas pour amplifier les effets. La démarche peut être menée par un élève seul ou à deux, ce qui suppose entente préalable et mise en place de règles… Se découvrent les notions d'équilibre de la surface, de l'effet des pleins et des vides, des superpositions, s'oblige la révision d'un travail par rapport à un autre, se découvre la re-création.

En juxtaposant, en intercalant, en imbriquant, en superposant, en jouant de l'ordre ou du désordre, en agglomérant, en associant des techniques différentes…

Isoler

Isoler suppose détacher et séparer du contexte, et donc éliminer ou privilégier un détail. En ce sens, c'est découvrir l'esthétique du fragment. Au-delà s'élabore la notion d'abstraire et de distinguer, se profilent les idées de solitude et claustration. Concrètement vont donc jouer les effets de déplacement/replacement, de mise en valeur ou suppression, de choix du motif.

L'histoire de l'art est riche d'exemples où l'artiste s'est plu à peaufiner un détail, s'est attaché à l'étudier, a glissé à travers lui des allusions, une morale, un clin d'œil. Ainsi de l'*Étude de mains* de Largillière (Louvre) ou des *Fragments anatomiques* de Géricault (musée Fabre, Montpellier), du sablier des *Noces de Cana* (Louvre) par lequel Véronèse suggère le temps dans lequel se déroule la musique et donc la vanité de celle-ci, de l'araignée posée par Martial Raysse sur un visage de femme (*Rêve*, coll. part.), etc. Le fragment va même se gigantiser pour devenir le seul objet du tableau chez Gnoli et les hyperréalistes Schlosser ou Cottingham.

On isolera

En découpant, détachant et déplaçant, pour animer la surface, pour créer un effet de relief, jouer de vides et de pleins, décaler les formes…

En mettant en évidence, par accentuation des sombres ou des clairs, et donc en détachant par effet de contraste, pour souligner un détail, une partie essentielle…

En cachant, pour supprimer une partie « ratée », pour créer un autre cadre, pour surprendre…

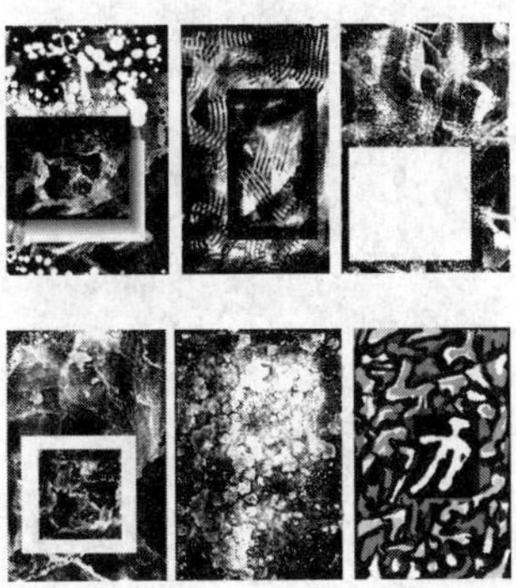

En cadrant, recadrant, pour repérer un détail qui pourra être reproduit, agrandi, transposé... En effaçant, soulignant, accentuant, contrastant, différenciant...

Transformer

Tout acte plastique est de transformation. Il y a donc quelque paradoxe à en tenter un listage. Notons toutefois qu'il n'y a pas même sens à modifier (changer une chose sans en altérer la nature), à déformer (altérer la forme, et par extension défigurer, dénaturer), à transformer (faire passer d'une forme à une autre, ce qui conduit à transposer, convertir, métamorphoser).

Modifier :
– en remaniant le contour, pour rechercher une expression ;
– en rapetissant ou agrandissant (un détail par exemple) pour en faire une autre production.

Déformer :
– en morcelant pour déplacer et écarter, mosaïquer, éparpiller, étaler, allonger, éclater pour travailler la forme en lui donnant une autre structure ;
– en étirant, exagérant.

Transformer, transposer :
Par courbures ou distorsion, inversion du positif au négatif, changement de technique.

Reproduire

L'on ne reviendra pas sur le dessin, sauf pour signaler la différence entre dessin reproductif, supposé fidèle à un modèle, et les diverses formes évoquées dans le chapitre Dessiner. Sauf cas extrême (reproduction « au carreau » dans le cadre d'un projet par exemple), le dessin n'est jamais exactement tel, et d'ailleurs toute forme de reproduction est peu ou prou interprétative. On habituera donc plutôt les élèves à considérer, en s'appuyant au besoin sur des travaux d'artistes, que reproduire par le dessin est traduire en adaptant et forger son style propre.

Le décalquage, autre manière de dessiner, longtemps banni de la pratique expressive car présentant le danger d'une

copie énumérative et servile, mérite d'être réhabilité. D'abord parce que, nécessitant observation, concentration et habileté, il est un excellent moyen de développement de la coordination occulo-manuelle. Ensuite parce qu'il permet à l'enfant qui a besoin d'une forme particulière et « ne sait pas » la dessiner de pouvoir se l'approprier et l'utiliser. Enfin l'on peut décalquer de diverses manières : pour éviter la limitation au geste menu et analytique de la copie, l'on imaginera des consignes qui amènent les élèves à utiliser le calque comme technique propre, avec ses possibilités d'expression par saisie et transformation du modèle... Buraglio, dans les années récentes, se l'est donné comme support de reproduction schématique d'œuvres anciennes (Vermeer, Goya...). Le calque est présenté tel, remanié par déchirage et superposition, assemblé avec d'autres, regard sur la tradition picturale redoublée par le jeu de l'imitation, détournée par la simplicité du tracé, réappropriation des œuvres d'autrui par le biais d'une traduction qui les fait entrer dans un vocabulaire personnel.

Reproduire en dessinant, en décalquant :
Sans lever le crayon, en ne traçant que les grandes lignes de la forme, en ne relevant que des plans, que les parties sombres, en transformant délibérément à des fins de recherche d'étrangeté ou d'expression.

En photocopiant
De différentes manières, puis en répétant, multipliant, inversant, superposant...

En utilisant un pochoir :
Pour en suivre l'extérieur, jouer avec les déplacements, puis retravailler les formes qu'ils ont fait naître, pour en remplir l'intérieur, déplacer, tirer parti des effets obtenus.

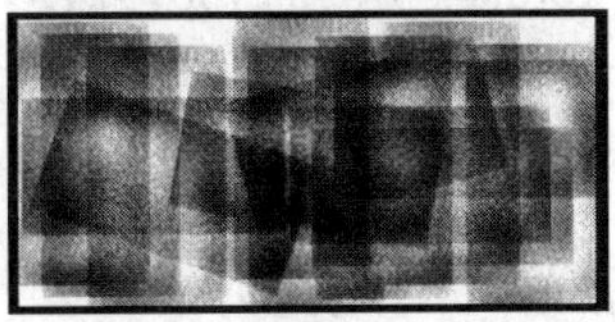

La photocopie

Elle est tellement habituelle que l'on n'a pas non plus à en détailler l'utilisation : rappelons seulement que l'image qu'elle donne est également transformée et que c'est justement, dans le domaine plastique, sur ce paradigme qu'il faut jouer : en durcissant ou adoucissant, en agrandissant ou diminuant, par prise de détails, grâce au passage de la couleur au noir, pour rendre compte de déformations (froissages, pliages) imposées au préalable à l'image, etc. Puis en jouant sur la réutilisation, la multiplication, la réorganisation, en utilisant donc toutes les opérations déjà mentionnées.

Le pochoir

Lui aussi très familier, il est suivi ou occupation de forme, et permet de jouer de systèmes de remplissage très divers (au pinceau, au pochon, par pulvérisation, par crayonnage, etc.) et de découvrir des transformations ou nouveautés formelles par déplacement (glissement, retournement, inversion, superposition, etc.).

L'on s'arrêtera davantage sur d'autres techniques plus particulières, qui ont en principe pour objet de reproduire avec exactitude, tout en ayant leurs effets propres.

Les procédés du transfert

Le transfert permet de reporter une image plus ou moins fidèlement (photocopie, avec trichlore, ou magazine, avec white spirit ou produits spéciaux). Là encore il s'agira d'utiliser le procédé non pour lui-même mais pour ce qu'il permet : collage, montage, intégration à un autre travail, combinaison avec d'autres techniques, pour obtenir des effets d'amalgame, de flous, etc.

La photographie

Elle dépasse le simple procédé puisqu'elle est devenue un art à part entière, au même titre que le cinéma. Notons tout d'abord que l'image qu'elle restitue est, comme toute image, ambiguë et polysémique :
- parce que, fragment du réel, elle laisse en deçà et au-delà de son champ nombre de renseignements ;
- parce que, fixe, elle ne tient pas compte d'une réalité mouvante et multiforme qu'elle fige à un moment précis de son histoire ;
- parce que le point de vue qu'elle donne est techniquement dépendant de l'objectif lui-même et de sa position ;
- parce que le choix de l'un et de l'autre de ces éléments est celui du photographe, qui donne à lire sa propre perception des choses.

Photographier est donc affaire de choix, choix du sujet, du moment, et plus techniquement de l'éclairage, de la visée, du cadrage, tous à fondement esthétique, si même photographier a en apparence pour objectif premier de communiquer et d'informer. Hors l'éclairage (qui affiche, fond, dramatise, etc.), ce seront le cadre et le point de vue qui intéresseront au premier chef les arts plastiques en ce sens qu'ils font partie des opérations de formation/transformation de l'image.

Le cadrage

Il intéresse la portion de motif comprise dans le viseur. Il est parfois confondu avec le plan (plan moyen, gros plan, plan rapproché) et, selon le rapprochement, se gradue, dans le plan dit décor, du très général au général, dans le plan personnage, du plan pied au plan visage (éventuellement fragmentaire) en passant par les plans genou, cuisse, ceinture, poitrine, tête. Le langage cinématographique, celui de la bande dessinée, utilisent ces mêmes termes dans une échelle des plans (distance) : on y parlera de plan général, plan d'ensemble, plan moyen, plan américain (personnages à mi-cuisses), plan rapproché (poitrine ou taille), gros plan, très gros plan (détail de visage). S'y ajouteront le champ, hors champ, contre-champ, qui définissent l'espace embrassé par la caméra et suggèrent le temps et l'espace (le personnage est ou entre dans le champ, on l'entend arriver hors champ, on le voit puis l'on voit ce qu'il regarde). Il serait, avec les enfants, utile de comparer ces différents moyens de représentation, bande dessinée, storyboard (mise en images préalable d'une séquence cinématographique), film, photographie, pour qu'ils en comprennent le fonctionnement et le sens.

Le point de vue

Il est déterminé par la position de l'appareil par rapport au motif. Dans son orientation autre que frontale, on aura pour l'essentiel les points de vue élevé (plongée) ou surbaissé (contre-plongée). Le premier a pour effet d'écraser le motif et de mettre les personnages en position d'infériorité (très utilisé dans la bande dessinée pour signifier la vulnérabilité du héros), le deuxième les magnifie en les grandissant. Bien avant la photographie, la peinture avait pris conscience de ce phénomène (fondé d'ailleurs sur le vécu) et utilisé le procédé pour manifester la puissance (*cf.* le *Richelieu* de Philippe de Champaigne) ou pour idéaliser (*cf.* les innombrables vierges trônant ou en vol). Les artistes du XIXe siècle et surtout du début XXe siècle (impressionnistes, nabis) ont su emprunter à la photographie les coupes sur le motif et les prises de vue insolites dans une réflexion approfondie et diversifiée sur la représentation spatiale.

L'empreinte

Elle permet de conserver, en la « relevant », l'image du réel, curieusement presque inversée. Reflet objectif d'une exactitude, elle transforme par omission, et du coup autorise le détournement. Ainsi le travail de l'empreinte est-il tout à la fois ancrage sur le réel et provocateur d'imaginaire.

En 1997, une exposition du Centre Beaubourg en répertoriait les formes, et surtout soulevait toutes les interrogations suscitées par la fascination qu'elle a exercée de tous temps, et particulièrement sur les artistes contemporains. Elle est en effet tout d'abord un *geste de pression* sur ou dans quelque chose, geste porteur d'une expérimentation ouverte qui tout à la fois produit une image concrète de la chose estampée ou imprimée et suggère de par sa reformation/transformation le mystère d'une présence absente. En tant qu'*image à la ressemblance de…*, elle manifeste alors le pouvoir (multiplication par les médailles de portraits, d'allégories), conserve les vestiges (les habitants de Pompéi, etc.), est survivance (moulages mortuaires) ou réapparition (la *Sainte Face*). Puis elle se fait *processus de travail*, et ce particulièrement au XXe siècle où les artistes semblent fascinés par cette possibilité de reformation, reproduction, reprise, multiplication, etc. Alors peuvent s'en inventorier toutes les techniques :

– Moulage, estampage, qui reproduisent à l'aide d'un moule (notez l'utilisation aisée du plâtre), ou par pression de motifs en relief (objets ou matériaux divers) dans une matière malléable (métal souple, cuir, carton, papier, terre surtout).
– Photogramme, qui conserve en silhouettes précises mais négativées les éléments (objets, éléments naturels, débris de toutes sortes, morceaux de papier, de tissu, brindilles, etc.) disposés sur un film sensible et insolés.

– Frottage, déjà évoqué.

– Impression : on a vu plus haut Jaccard, fasciné par les fossiles, utiliser l'empreinte parce que « entre la pierre litho et la pierre fossile, toutes les deux porteuses d'empreintes à des niveaux différents, il y avait une ambivalence ». Dubuffet, relatant en technicien sa façon de travailler, situe bien le passage entre le réel provocateur et provoqué, et ce que son image peut porter de fantasmagorie exploitable : « C'est comme une chasse. L'appareil est des plus sommaires. Il consiste en trois ou quatre tables – deux supportent chacune un verre, ou, je le préfère, un morceau de rhodoïd épais –, un litre d'encre de Chine, des feuilles d'un papier offset dont se servent les imprimeurs [...]. Quelquefois je les utiliserai sèches, plus souvent je les mouillerai [...]. Sur ma feuille de rhodoïd j'étends l'encre en nappe uniforme [...]. Je peux là-dessus jeter de petites choses, seulement pour voir [...] des balayures recueillies dans la chambre de couture de ma femme, riches en bouts de fil et menus débris mêlés de poussière, puis aussi d'ingrédients divers pris à la cuisine tels que sel fin ou sucre en poudre, semoule ou tapioca. Certains éléments végétaux empruntés aux légumes me furent parfois de bon profit. Plus tard je fis toutes sortes d'expériences en m'aidant de feuilles mortes, de poignées de brins d'herbe et de mille autres choses [...]. » Le résultat est un « ample message secret qui apparaît dans la sauce noire... certaines de ces formes évoquent des êtres très mouvementés, ou des météores d'un fort fantastique effet, les autres tout à l'opposé, exemptes de rien qui évoque des êtres, mais formant des surfaces richement historiées comme des fonds de mer ou des déserts de sable, des peaux, des sols, des voies lactées, éclatements, tumultes de nuages, formes explosées, oscillations, féeries, dormitions ou murmures, danses singulières, expansions de lieux inconnus [...]. Jeux du hasard ? Non. Ce que le papier prend y est, c'est seulement qu'on ne le voyait pas. » (*Prospectus et tous écrits suivants*, tome 2, Gallimard.)

3. Pistes pédagogiques

Les entrées peuvent être multiples, et celles que nous proposons à titre indicatif suivront le plan que nous nous sommes fixé. Nous numérotons au préalable les objectifs pour n'avoir pas à les répéter, dans l'ordre où les donnent les *Compléments*, ordre, on le verra, non immuable et d'ailleurs non hiérarchisé :

I- *Sentir et percevoir*, II- *Réaliser*, III- *Agir*, IV- *Apprendre des techniques*, V- *Découvrir des procédés*, VI- *Acquérir une culture*, VII- *Évaluer* (les numérotations ne concernent donc pas le déroulement mais les objectifs). Ils ne sont pas toujours tous présents, ni obligatoirement toujours mentionnés. De même, les cycles sont parfois précisés, mais généralement nous considérons, comme nous l'avons déjà dit, que les propositions ne sont pas spécifiques. Le simple bon sens conduira le maître à faire ses propres choix en fonction de ses élèves. Enfin, à ce propos, soulignons une fois de plus qu'il ne s'agit là que d'exemples de séquences ordinaires (et schématisées par obligation), pures suggestions, qui peuvent se recouper l'un l'autre, dont l'ordre peut être inverti, la forme changée, etc. L'évaluation se faisant sous forme de constat, de présentations, de discussions tout au long du travail, elle ne sera souvent pas mentionnée particulièrement.

Entrée par la technicité : peindre

Le noir étant souvent utilisé après coup (pour relever, pour cerner…), on décide d'inverser les attitudes et de le proposer d'abord.

II. Les consignes (précises) seront d'ordre topologique (où ?), d'ordre technique (outil, médium), d'ordre gestuel éventuellement, d'ordre organisationnel (concernant la forme : les noirs sont-ils taches, signes, graphismes ? Concernant la relation entre les formes : les noirs peuvent ne jamais se rencontrer, se présenter toujours deux à deux, s'agglomérer par places. Concernant la surface : les noirs peuvent y être disposés partout sans jamais la remplir – structure en semis –, ils peuvent tracer des trajets et se recouper – structure en réseau –, ils peuvent se disposer en lignes, en paquets, régulièrement ou non, etc.).

III. La suite peut être contraignante ou plus libre : ajouter des couleurs (nombre défini ou non, manière de les mettre également : remplir tous les vides ou non, conserver tous les noirs ou non…). Une évaluation intermédiaire (VII) pointera les difficultés techniques (problème de remplissage, du noir qui bave ou se délave), rendra compte des diverses manières de concevoir le travail, appréciera les effets obtenus.

V-IV. Plusieurs possibilités :
- Repérer dans son travail des parties non satisfaisantes et les recommencer.
- Chercher une fragment intéressant et le reproduire (avec la même technique ou des moyens autres).
- Reproduire un fragment choisi dans la production de quelqu'un d'autre.
- Découper sa production selon des critères (selon les lignes organisationnelles, les noirs seuls, les couleurs uniquement, les couleurs vives, ternes, celles de même nature…), et reconstituer une autre ou d'autres surfaces plastiques.
- Se mettre à deux et unifier les deux réalisations (par juxtaposition, découpage et réassemblage, repeints…). Le choix du partenaire se fait en fonction de la nature des œuvres (assorties), ou le hasard décide : l'unification peut alors se faire difficilement et demander une révision complète.
- Une série d'opérations sont ainsi menées qui conduisent à la résolution de problèmes et à la découverte des notions de composition (organisation), contraste/analogie, transposition.

VII. L'évaluation des productions communes rendra compte des démarches menées (et des difficultés du travail en commun), appréciera les effets obtenus, précisera les notions rencontrées. Elle aura surtout pour objectif de prévoir une suite (qui peut être imaginée par les élèves) en fonction des difficultés rencontrées, pour approfondir l'un des problèmes plastiques soulevés (la notion de contraste, par exemple, peut se travailler de bien des manières), fondée sur les évocations (« on dirait ») et renvoyant au figuratif et à l'imaginaire.

II. Par la suite pourra se faire la proposition exactement inverse : mettre des couleurs, puis ajouter du noir selon des principes à définir (en séparant les teintes systématiquement, en superposant simplement comme une grille, en intégrant à ce qui est déjà peint…).

Entrée par la technicité : colorer

I. Lecture d'un texte évocateur, par exemple Proust (*Du côté de chez Swann*) : « [...] elle [la lumière] épaississait, comme des briques, et comme une jaune maçonnerie persane à dessins bleus, cimentait grossièrement contre le ciel les feuilles des marronniers... » (*Cf.* p. 53.)

II. Peindre en tenant surtout compte des teintes (jaune/bleu) et des verbes d'action (épaissir, cimenter) qui supposent une qualité de matière et une manière de la poser.

III. Décliner en une ou plusieurs productions des couleurs autres complétant les précédentes et les variations des termes épaissir (densifier, ajouter, superposer) et cimenter (amalgamer, agglomérer, unir, lier).

VII. Regard sur les réponses trouvées. Comparer à la suite de la description de Proust : « [...] un immense bouquet comme de fleurs rouges. » Passage à une production de textes décrivant sa production (ou celle d'un autre).

VI-V. Œuvres d'artistes travaillant en épaisseur (Nicolas de Staël, Poliakoff, surtout Bram Bogart, qui proposent des solutions différentes : pâte épaisse posée au couteau, matière superposée et tirée créant des effets de transparences, agglomérats maniés comme à la truelle, véritable maçonnerie).

III. Retour à la production, alternant textes et recherches plastiques, sur les procédés découverts.

Entrée par un apprentissage technique : le frottage

I-VI. Faire une collecte de textures diverses (dans la classe, au dehors...). La recherche peut être lancée par le récit de la trouvaille de ce procédé par Max Ernst qui, un jour, dans une auberge, frappé par la vue du plancher « dont mille ravages avaient accentué la rainure », posa dessus une série de papiers qu'il se mit à frotter à la mine de plomb. Mémoriser l'origine de ces textures, puis en définir l'aspect (cf. p. 54) : grenu, strié, alvéolé, etc.

II. Présenter sous forme de catalogue, en notant ou non les origines et caractères. Trouver en tout cas une organisation pertinente. Rechercher dans des catalogues, images, journaux, des textures visuellement analogues : l'image doit absolument être oubliée au profit du fragment (un morceau de chevelure devient une texture striée, par exemple = *isoler du contexte pour donner à la partie un statut autre*). Ajouter au catalogue.

III-V-IV. Rendre sur grande surface les impressions produites par l'une des textures, avec peinture et/ou autres matériaux. Recherche de moyens (épaississements, grattages, impressions, arrachages...).

VII. Compte rendu des recherches (les catalogues peuvent être présentés avec la production pour rendre explicite le cheminement). Répertorisation des moyens utilisés. Recherche de titres. Éventuellement, repartir d'un ou plusieurs titres pour une nouvelle réalisation.

I. Nouvelle recherche d'éléments réels aux « peaux » différentes (toucher) : écorces, papiers peints, tissus, papiers divers, végétaux… Imprimer (*cf.* Dubuffet p. 106). Assembler. Découvrir dans l'assemblage d'autres formes que l'on souligne, reproduit, etc.

II. Échantillonnage (collage de matériaux, d'images, dessins et peintures) de traces de l'environnement. On pourra se référer à Jean-Philippe et Dominique Lenclos, *Les Couleurs de la France*, *Les Couleurs de l'Europe* (*cf.* Bibliographie), et élargir le champ, à travers des travaux en géographie, à d'autres régions. Ce qui peut mener à un travail sur le paysage (III) et l'espace représenté.

II. Échantillonnage de tissus (référence éventuelle : *Journal d'une collection*, Christian Lacroix). Définir leur nature (coton, satin, tulle, laine, soie, lin, synthétique…), leur texture (doux/sec, fin/épais, velouté/rêche…), leur aspect (brillant/mat, moiré, etc. *Cf.* plus haut), le bruit qu'ils évoquent (bruissement, froufroutement, crissement, craquellement…), classer selon une gradation (du plus fruste au plus riche).

VI-V. Recherche dans l'histoire de l'art de tissus : observer le rendu de matière (les effets, les procédés). Récolter et analyser au hasard d'abord, puis circonscrire la recherche à une seule période pour approfondir et éventuellement en tirer des conclusions sociologiques : les matières riches, nobles, pauvres, frustes, simples, ordinaires, modestes, etc. Par exemple, pour le XVIIIe siècle, se découvrent l'artifice (clinquant, apparat) de la noblesse et la moralisation bourgeoise.

Entrée par l'objet

Apporter des objets de rebut et leur donner une autre vie en les présentant comme des « objets d'art » : recherche de contenants éventuels, de positionnements, d'éclairages, etc.

Recours à l'œuvre d'art : les *Ready made* de Duchamp, qui posent le problème exact que l'on s'est posé : comment donner à une chose dérisoire un statut différent ?

Un objet que l'on aime particulièrement : on peut le conserver (et le cacher), on peut en garder l'image (le photographier, le dessiner, le peindre). C'est ce qui se passe dans les natures mortes de Chardin par exemple.

Accès à l'organisation d'une nature morte classique : présentation d'objets comparables, positionnés de façon analogue. Photographier. Faire dans son carnet de croquis plusieurs propositions (dessiner l'ensemble sans lever son crayon, dessiner un objet plus précisément que les autres, faire des collages avec des chutes de papier en ne prenant en compte que la couleur et l'emplacement, la forme et l'emplacement, l'emplacement seul, etc.). Reconstituer en volume une peinture. Assembler des objets découpés dans des magazines.

L'objet disparu : imaginer une « archéologie » en assemblant des éléments dans un contenant quelconque et en les enfouissant (sous du sable, de la terre, de la farine…). Les faire ainsi disparaître tout en les laissant deviner (disparition/réapparition). Référence éventuelle : Picasso (*Tableaux de sable*, musée Picasso), qui colle et recouvre de sable des objets au dos d'une toile (dans le châssis).

L'objet retrouvé : objet détruit, fragmenté, insolite parce que venu d'un autre monde, d'une autre époque... Inventer des objets qui n'existent pas... Imaginer des réapparitions de sites archéologiques (référence culturelle : les ruines factices d'Annick et Patrick Poirier). Etc.

L'objet voilé/révélé : recouvrement, enveloppement, etc. Référence éventuelle : Christo, dont toute l'œuvre est une forme de révélation (de l'objet sous le voile qui l'occulte mais, de par les liens qui l'enserrent, le fait voir ; du paysage par le barrage/rideau qui le morcelle, des îles de Biscayne Bay soulignées par une corolle rose, du chemin recouvert d'un tissu qui en réécrit la forme et le parcours)...

Entrée par une exploration : action sur les supports

Fiche élaborée avec les CPAP des Antilles* après réflexion sur le travail d'un artiste, Breleur, qui déclare « interroger les supports » en nous montrant ses travaux récents sur, en effet, des supports d'une grande variété : papiers de toutes sortes, cartons, bois, calques, plans et cartes, etc. Bien entendu, il ne s'agit là que d'une infime part de son travail (dont la fin est de poser le problème de l'apparition/disparition de l'humain), cette exploration induisant au fur et à mesure de l'action une réaction du médium pas toujours prévisible et des effets inattendus dont il profite et qu'il exploite.

I. Quête : chercher des supports de même taille et de matières différentes. Situation en autonomie. Problématique artistique : processus de la quête (repli sur soi). Le maître évalue les comportements.

II. Exploration : avec une seule couleur, peindre les différents supports. Travail individuel. Objectif opérationnel : prendre conscience de la texture du support. Problématique artistique : se laisser guider par la réaction médium/support. Le maître évalue les comportements (investissement) et les habiletés/difficultés.

VII. Regarder les différents travaux. Expliciter le « comment » ils ont été faits. Échange de « recettes ». Objectif opérationnel : prendre conscience des effets (relations de causalité). Le maître et les élèves évaluent l'originalité et la variabilité des réponses.

V-III-IV. Approfondissement (émergence des notions) : produire des effets de façon volontaire et réfléchie, en utilisant les recettes. Travail individuel. Objectif opérationnel : tirer parti des trouvailles occasionnelles pour se les approprier. Le maître évalue les capacités à utiliser un procédé dans un projet personnel. Problématique artistique : notion de série (la série est une recherche continue des artistes depuis l'impressionnisme : elle leur permet d'avoir sur leur travail un regard constamment renouvelé, d'interroger de manière pointue leur « sujet »).

VI. Apport culturel : rencontre de l'artiste (ou de l'œuvre) : comparer sa propre recherche avec celle de l'artiste (des artistes). Objectif opérationnel : amener à comprendre la distance entre le simple « faire » et l'attitude artistique. Constat des effets du recouvrement : problématique artistique de la disparition.

(*) Remerciements à Gaédic Beille, Francelise Grand, Marlène Laure, Jean Marie-Louise, Malou Mongis.

III. Réinvestissement des apports précédents dans un nouveau projet. Imaginer, créer : retravailler à son idée les supports. Objectif opérationnel : amener les élèves à s'investir dans une tâche et à développer leur imaginaire (quête de soi). Problématique artistique : le recouvrement.

VII. Présentation des travaux et/ou des démarches. Recherche d'une pertinence dans le choix des productions présentées. Recherche de procédés de mise en valeur. Objectif opérationnel : processus de mise en exposition, définition de critères de jugement.

Entrée par une opération (isoler) : découverte du fragment

Cycle 1

I. Découper en carrés deux travaux antérieurs.

II. Mêler les fragments obtenus.

III-IV- Mettre ensemble les fragments en utilisant des procédés d'assemblage (agrafage, collage, couture).

V. Artistes utilisant le morcellement et la recomposition (disparitions et réapparitions parcellisées) : Rouan, Buraglio….

VI. Comparer les procédés utilisés par les artistes et les siens propres. En tirer des possibilités d'utilisation ultérieure.

VII. Comparer les travaux entre eux et constater ressemblances et différences, effets.

Cycle 2

I. Choisir dans l'une de ses productions, à l'aide d'un cache, la partie la plus intéressante (la plus complexe, la plus simple…).

II. Reproduire le fragment avec des moyens différents en quatre ou cinq petits travaux.

III-IV. Choisir l'un de ses travaux et le reproduire avec changement d'échelle en cherchant une technique adaptée.

V. Chez n'importe quel artiste, comparer les croquis et recherches préparatoires aux œuvres définitives. Ex : travaux de Matisse pour *La Danse* de Méryon, de Delacroix pour le *Sardanapale*, de Géricault pour *Le Radeau de la Méduse*.

VI. Analyser les ressemblances et différences, distances du croquis à l'œuvre.

VII. Présenter ensemble toutes ses recherches, expliciter la démarche menée et les moyens utilisés.

Cycle 3

I. Choisir dans des pages de magazine des fragments significatifs en se donnant peu à peu des règles (couleur, forme, représentation, textures...).

II. Présenter les fragments en établissant entre eux une cohérence fondée sur les règles que l'on s'est préalablement fixées, ou sur d'autres découvertes après coup.

III-IV. À partir de la cohérence établie, se donner les moyens de réaliser une autre production (semblable par la couleur, la forme, l'organisation, l'idée, ou opposée et complémentaire).

V. Prise de conscience du détail significatif dans les œuvres d'art, travail du détail dans les études, du détail comme œuvre (Gnoli, Schlosser).

VI. Faire la différence entre l'étude de détail et l'œuvre (notions d'esquisse, de fini, d'inachevé...).

VII. Exposer son travail en en explicitant le sens. Se donner une ligne de conduite pour un projet ultérieur.

Entrée par une opération : déformer

Photocopie d'une page de magazine représentant un visage (on utilisera depréférence les publicités pour produits de beauté, d'où sont gommées toutes les imperfections et qui, de ce fait, sont dénuées de personnalité). Déformer l'image par pliage et/ou froissage et/ou découpage. Notons qu'une seule proposition à la fois est préférable pour que puissent s'évaluer précisément les effet, mais on pourra les utiliser successivement.

Observer les déformations (rétrécissement, étirement, rides, disparition...) et les qualifier. Repérer comment elles ont été obtenues : pliage latéral, horizontal, en éventail ; froissage simple ou créant des volumes ; découpage en bandes (horizontales ou verticales), en rayonnement, en éclatement.

Nommer les effets et les impressions reçues (écrasement, évanescence, vieillissement, monstruosité...).

Photocopier et/ou reprendre sur calque le résultat. Dans l'un et l'autre cas, la manipulation sera oubliée au profit de la nouvelle forme, qui en acquerra un sens nouveau.

Peindre (dessiner, modeler, sculpter...) un visage à partir du précédent en accentuant l'expression. Recherche d'équivalents renforçant les effets : couleurs arbitraires, noir dense ou gris léger, accentuation des contours, accusation de leurs torsions ou de leurs angles, définition de bosses et de creux, d'angles vifs ou courbes molles... Etc.

Entrées par l'imaginaire

Le monstre

I. Définir : ce qu'est un monstre (il est méchant, grand, effrayant, horrible, cruel, imaginaire). Où on le trouve (dans la nuit, l'imagination, les rêves, la forêt, la grotte, sous la terre, dans une maison hantée, dans le ventre). Inventorier les monstres connus (Minotaure, King Kong, Dracula, pieuvre, Gorgone, dinosaure...).

II. Dessiner un monstre. Repérer les archétypes (mandication, bestialité), les opérations (déformation, multiplication, combinaisons). *Cf.* chapitre suivant.

VI. Recherche d'images de monstruosité : dans la nature, dans l'art, dans les représentations populaires, etc.

V- IV. Faire l'inventaire des procédés de fabrication : déformations, combinaisons, etc. Les mettre en application par divers moyens techniques : découpage (et étirement, éclatement, déplacements divers), froissage (et réduction, craquelures, rides, etc.), dessin (et incurvations, bosselages du contour, retrait ou ajout d'éléments...), peinture (rôle de la couleur).

III-IV. Réalisation de monotypes : obtention d'effets abstraits de matière qui aident à comprendre que la monstruosité n'est pas seulement dans la forme.

VI. Lecture du texte de Flaubert (*La Tentation de saint Antoine*) ou autres.

III. Cadrage, à l'intérieur du monotype, d'un détail pour faire « surgir » un monstre. Le découper, le dessiner, ou le peindre pour le mettre en situation. Lui créer un environnement, travailler son mouvement (ou son immobilité : ramassé, replié...).

VII. Analyse des travaux, constat des effets et explicitation des recherches. Appréciations justifiées et personnalisées.

La maison

I. Qu'est-ce que la maison? Discussion, représentation d'une ou plusieurs maisons telles qu'on les connaît ou qu'on les imagine.

II. Sur le principe de l'enfermement, mener, sur une des représentations, une série d'opérations : entourer, encercler (cercles concentriques, cerne...).

III- Ménager des ouvertures pour entrer ou laisser voir : découpes géométriques ou non, trous, fentes...

II-IV. Le révélé : à travers les trous l'on peut voir des choses. Positionner et coller en arrière d'eux des éléments divers : dessins, fragments de travaux anciens, papiers de couleur, tissus, calque ou papier cristal, magazines, etc.

V. Analyse des effets et des procédés qui les ont conduits, découvertes de notions : assortiment/contraste, transparence/translucidité/opacité, intérieur/extérieur.

I. Dedans/dehors : la fenêtre. Regarder, observer, analyser : ce que l'on voit du dedans, ce qui apparaît du dehors. Dessins successifs rendant compte d'observations diverses (de la classe, dans la rue, de chez soi), prise de photos et analyses comparatives. Éventuellement, découpages, reliefs, fabrication de maquettes.

VI. Recherche de photographies, d'images diverses, d'œuvres d'art : rôle de la fenêtre (cache ou révélation, lieu de l'apparition, image de l'intimité, relation de l'espace intérieur à l'espace extérieur : Van Eyck, Bonnard, Monet, Matisse). Avec Buraglio s'introduira l'idée du châssis comme cadre de la transparence, qui peut conduire à approfondissement.

III. Travail sur le cadre : réflexion sur son rôle, à la fois comme châssis (de fenêtre ou de toile), sur le vide et le plein, sur la transparence et l'opacité, en jouant sur une mise en relation avec l'environnement (positionnement d'un cadre dans l'espace) ou au matériau. Travail sur la lumière : son « passage » à travers la fenêtre, son rôle d'éclairage et de révélateur. On en expérimentera toutes les composantes (jour/nuit, éclairages artificiels, lumières colorées, lampes de poche et spots) pour en traduire et en utiliser les effets.

La coquille (le caché/le manifeste)

I-II. Le coquillage est l'un des objets de prédilection (comme le caillou) des enfants qui en apprécient confusément la forme parfaite. Apport du plus grand nombre de coquilles dont on relèvera la nature par des moulages de la forme (dans des matières molles : terre, plâtre, pâte à modeler, etc.), des empreintes, des frottages de textures, des dessins, des pochoirs, ...

III-IV. Peu à peu l'on peut échapper à la figuration globale pour, justement à travers les empreintes et frottages, accéder à l'analyse des structures : formelles (enroulement, spirale, ovales concentriques, rayonnement), texturales (stries, pointes, arêtes...), décoratives, colorées. D'où des recherches de formes, matières, couleurs, d'effets et d'impressions.

VI. Des textes poétiques, des œuvres d'art, permettront, si besoin est, le retour à l'imaginaire. Pour la peinture, *cf.* en particulier Odilon Redon (*Le Rêve*, *La Coquille*, *La Naissance de Vénus*) pour ses matières (riches, denses, colorées) qui suggèrent plus que la représentation elle-même.

L'eau : le mouillé

I. Répertorier les actions de mettre l'eau sur (humecter, humidifier, imbiber, imprégner, mouiller, tremper), mettre l'eau dans (le médium : couper, diluer, mélanger), mettre dans l'eau (immerger, tremper, détremper, plonger, baigner), faire couler (dégouliner, dégoutter, ruisseler, répandre, inonder, asperger, arroser, éclabousser), observer les formes de l'eau (gouttelettes, gouttes, bruine, brouillard, larmes, pluie, rosée, flot).

II-III-IV. Manipulation de matériaux, supports (papiers et cartons, tissus...) et médiums (encre, encre grasse, peinture, craies, crayons...) par des actions de :

– Immerger (tremper, essorer, serrer, froisser…). Les supports peuvent être réutilisés en agglomérations, ou déchirés, étirés, défroissés, réinvestis, encore mouillés ou après séchage, dans ou pour d'autres productions.
– Mouiller (humecter, imprégner, tremper) les supports sur lesquels, après, l'on peint ou l'on dessine (constat des incompatibilités et des transformations).
– Arroser (asperger, faire dégoutter).

VI. Textes. Images : photos (nappes d'eau, eaux courantes, jaillissements, reflets). Vignettes de bandes dessinées, avec variantes graphiques (*Terry et les pirates* de Milton Caniff, *Tarzan* de Burne Hogarth, *Les Passagers du vent* de Bourgeon, *Le Démon des glaces* de Tardy, *La Ballade de la mer salée* d'Hugo Pratt, *Le Vaisseau de pierre* de Bilal et Christin…). Œuvres d'art abstraites (Bazaine, *Les Courants contraires*, Turner, *Tempête de neige en mer*), ou représentatives (entre autres les Marines du XVIIe siècle hollandais, *La Vague* d'Hokusai, en particulier en raison de ses rapports avec la BD).

V. L'eau représentée : découverte de codes et conventions, constat de la distance entre l'action et la représentation (le mouillé n'est pas forcément ce qui rend le plus fortement l'impression de l'eau).

V-III-IV. Nouvelles recherches sur les effets de brouillage (frottage, estompage, etc.), de déformation (de la forme, du support), de reflet…

L'eau : le regardé

I. Tous les matins observer le temps (ciel, nuages, pluie). *Cf.* Cueco (*Le Collectionneur de collections)* : « Je tiens une sorte de calendrier pictural de la couleur du ciel […]. Jamais deux ciels bleus n'ont été du même bleu deux jours de suite. Il existe une infinie variété de ciels bleus, de ciels blancs ou jaunes, de ciels de beau temps comme on dit. Il existe un ciel gris beige ou gris souris, ou gris jaune, ou gris terre d'ombre, gris de toutes les couleurs mêlées. » Observer les différentes formes de l'eau : la pluie qui tombe, les gouttes (qui s'accrochent, rejaillissent, reflètent, s'irisent), les flaques (qui reflètent, ou bougent, ondulent, se rident, clapotent).

II. Prendre des notes, par écrit, graphiquement, picturalement (*cf.* carnet de croquis), de couleurs, d'impressions, etc.

VI-V. Textes (Proust, *Du côté de chez Swann* : « Un petit coup au carreau, comme si quelque chose l'avait heurté, suivi d'une ample chute légère comme de grains de sable qu'on eût laissés tomber, d'une fenêtre au-dessus, puis la chute s'étendant, adoptant un rythme, devenant fluide, sonore, musicale, innombrable, universelle : c'était la pluie ». Noter la gradation du léger au lourd, du peu au beaucoup, à l'innombrable, du ponctuel à l'étendu.) Images relevant des observations menées : eaux ruisselantes, gouttes en gros plan, eaux dormantes (reflets) ou mouvantes. Œuvres d'art : en particulier, pour ce qui est de l'écriture de l'eau, comparaison, sur le même sujet (la lagune vénitienne), de deux artistes de la même époque : Guardi et ses liquidités, ses effets de matières (fluides et épaisses, transparentes et opaques), son immobilité, ses reflets qui, verticales sans précision représentative, renvoient aux profondeurs ; Canaletto, à l'inverse, au dessin net qui détaille l'anecdote, et qui décrit en crénelures graphiques la mouvance du clapotis. Pour ce qui est du reflet, *Les Nymphéas* de Monet, où se rejoignent et se confondent eau, ciel et végétations, surface miroitante ambiguë, synthèse de la nature en sa totalité.

L'arbre

I-II-III. Observation attentive des arbres de l'environnement : implantation rythmée des branches, des feuillages (légèreté/densité, couleur, forme des feuilles...), des écorces (toucher). Dessins, frottages, notations colorées... Comparaison avec des photographies d'arbres de toutes essences vus sous différents angles : reproductions éventuelles... Recherche dans des magazines ou autres de textures (*cf.* plus haut), de couleurs, semblables à celles observées et relevées : conservation dans son carnet de croquis, dans une présentation, utilisation pour une production, constitution d'un catalogue...

VI. Rapport à l'œuvre d'art (constat du choix des artistes, de leur manière, etc.). Renvoi à des textes évocateurs (textes littéraires, contes, mythes).

III-IV-V. Alternance de productions écrites et picturales avec des références affectives (l'arbre inquiétant, l'arbre accueillant, l'arbre élevé, la forêt), réalistes, autres...

Du fil au labyrinthe

Le maître apporte des écheveaux de laine, des pelotes de ficelle, laine, fil, des brassées de filasse, des rubans...

Cycle 1

I. Observer, manipuler. Renvoi à des évocations. Apport de vocabulaire sur l'apparence globale (emmêlé, embrouillé, enchevêtré, fouillis...), sur les matières (doux/rêche, lisse/rugueux, duveteux/piquant, pelucheux/sec, moelleux/raide, soyeux, velouté...), sur l'aspect (brillant/mat, transparent/opaque, moiré/uni, chatoyant/éteint, éclatant/fané, scintillant/terne...).

II. Ramassage, collecte de matériaux analoques : présenter dans une boîte un « fouillis ».

III- Emmêler des bandes de papier, de tissu, etc. Mettre en jeu des actions diverses, caractériser des opérations par leurs contraires : tordre/détordre, tresser/défaire, enrouler/dérouler, friser/défriser, nouer/dénouer, coudre/découdre, tisser/détisser, effilocher, assembler/découper, tendre/détendre, lier/délier, ligaturer/desserrer, attacher/détacher...

IV. Peindre, dessiner, des entrelacements de lignes (faire « courir » le rouleau, le pinceau, le crayon, la craie...) : découverte des notions de superposition, de transformation et mélange (de couleurs passant l'une sur l'autre par exemple, des valeurs de noir et de gris), de mouvement, et au-delà du principe de l'apparition (des superpositions naissent d'autres couleurs, d'autres valeurs, d'autres formes).

VI-V. Œuvres d'art renvoyant à l'entrelacs :
- par la mise en réseau (Pollock) ;
- par l'action du tressage (Rouan) ;
- par l'action du tissage (Marinette Cueco) ;
- par la forme accumulatrice (Deschamps) ;
- par la représentation labyrinthique (Hundertwasser) ;

Constat des effets et des procédés utilisés.

Cycle 2

I-II. Catalogue répertoire : dessiner les différents matériaux présentés avec un seul outil (crayon par exemple) en essayant d'en rendre les effets (crayon glissé à plat pour le ruban, sur la pointe en gribouillis pour la filasse, grassement appuyé pour la laine...).

III. À partir de ces dessins, expérimenter d'autres matériaux pour figurer un enchevêtrement (cf. cycle 1).

VI-V. *Cf.* Cycle 1. La présentation des œuvres permet que s'approchent les notions auxquelles nous les référons, et que se posent par la suite des problèmes plus particuliers qui impliquent un approfondissement (et un redémarrage de l'activité). Ainsi tressage et tissage renvoient au tissu (et à des notions d'ordre), réseau aux idées de lien et de maillage, labyrinthe au déroulement continu, accumulation à l'entassement et au désordre.

II-III-IV. L'on pourra donc procéder à une collecte de matériaux à mailles et les travailler par étirement/resserrement/écartement/retrait ou ajout d'éléments, à une recherche de tissus qui donneront lieu à assemblage/déformation/trouage/déchirure/couture, à une fabrication de tissages, tressages, entrelacs, pour lesquels on variera au maximum les matières premières (filasse, raphia, ficelle, jute, papier, cuir, tissu, fil métallique, végétaux, etc.). À la suite (ou en place de) pourront s'évoquer et se travailler le mythe de la fileuse, celui du Minotaure... Et les idées conjointes de temps déroulé/recommencé, de danger/piège, etc.

VII. Un choix peut être fait par l'élève dans ses différents travaux pour situer sa ligne de conduite : d'où il est parti, où il arrive, pourquoi et comment.

Cycle 3

I. Recherche de documents renvoyant de manière justifiée aux éléments proposés. Recherche dans la nature. Prise de notes : dessins, collages, « herbier », photos...

II-III. Présenter sa recherche sous une forme plastique (album, poster, panneau, sous cache, en boîte, en sac...)

VI-V. Les œuvres d'art proposées plus haut peuvent faire partie des documents rassemblés. Mais selon la forme et l'intérêt des réalisations précédentes, il sera peut-être plus pertinent d'en proposer (faire chercher) d'autres (par exemple des boîtes de Cornell, des assemblages de matériaux naturels de Dubuffet...) qui conduisent chacun des élèves à approfondir sa recherche.

Un principe : l'apparition

Résumé succinct d'une démarche menée au cycle 3, dont l'objectif était l'approche du musée. Musée choisi (pour des raisons conjoncturelles) : musée Gustave Moreau. Œuvre proposée : *L'Apparition* (représentant la danse de Salomé).

– Lecture à la classe d'un texte de Huysmans (*À rebours*) décrivant l'œuvre. Dessiner ce que l'on en a retenu et compris. Préparation de la visite au musée : ce qu'est ce musée (la maison de l'artiste), qui est l'artiste.

– Au musée : recherche de l'œuvre, analyse collective. Visite libre ensuite avec une tâche : choisir une œuvre particulière et la décrire (écrit).

– En classe : travail en français sur le verbe apparaître (analyse grammaticale, recherche de synonymes) ; dégagement des schèmes monter (se lever, jaillir, émerger) et distinguer (émerger, se détacher, se dégager).

– Recherche plastique : faire apparaître (quoi ? comment ?). Analyse des procédés utilisés.

– Retour au texte : souligner les mots évoquant la couleur. Apport d'un autre texte (Henri Michaux, *Emergences-Résurgences*, Champs-Flammarion) : « Mon plaisir est de faire venir, de faire apparaître, puis faire disparaître… Dès que je commence, dès que se trouvent mises sur la feuille de papier noir quelques couleurs, elle cesse d'être feuille et devient nuit. Les couleurs posées presque au hasard sont devenues des apparitions… qui sortent de la nuit. »

– Faire apparaître des couleurs sur papier noir : apprentissages techniques, notions de tons, nuances, teintes vives ou sourdes, gradation, émergence, flou, vaporeux, net, précis… Référence à d'autres peintres : recherche par les élèves, explicitation des choix.

– Travail sur l'image publicitaire. Recherche, explicitation, classement. Production de textes.

– Visite au musée du Louvre. Tâche : chercher une ou deux toiles suggérant l'idée d'apparition. Analyse des procédés. Se définissent les apparitions naturelles (dans/hors une fenêtre), surnaturelles (sur les nuages, etc.) et les moyens : lumière, fondu (*La Joconde*), codes (auréole).

– La disparition (schèmes de confusion). Travail inversé et semblable en français, fondé sur le mythe d'Eurydice. Plastiquement se définissent les notions de faire diminuer (réduire, amenuiser), cacher/voiler, estomper/effacer, noyer/fondre. Recherches techniques, découverte de procédés.

– Amalgamer, réunir : mettre ensemble et unifier, par deux, des travaux antérieurs. Analyse des moyens, titrage. S'ensuit un travail sur l'assemblage : combiner (des images), mêler des objets, emmêler (des matériaux).

– Comparaison avec l'art contemporain : recherche d'œuvres proposant l'agglomération (Nicki de Saint-Phalle), l'accumulation (Arman), l'assemblage (Rauschenberg), etc.

Le champ culturel

Il est de la responsabilité de l'école de mettre les élèves en relation avec la « culture » au sens large. C'est-à-dire, tel que nous l'entendons, les familiariser avec des œuvres de toutes civilisations, toutes époques et toutes natures (littéraires, cinématographiques, photographiques, musicales, plastiques). Afin qu'ils puissent tisser des liens entre elles, enrichir leur patrimoine propre, se distancier et être capables de faire des choix personnels. L'enseignant, s'appuyant sur ses savoirs, pourra l'aider à passer d'un domaine à l'autre, à ressentir des émotions, à acquérir un jugement... Mais pour que l'œuvre soit investie, assimilée, retenue, il faut que l'enfant lui donne ses propres sens. Le problème sera donc de repérer où et quand l'apport culturel a sa pertinence, et surtout comment il est perçu et à quel titre il est reçu.

Si l'on s'interroge sur la nature d'une œuvre plastique, l'on admettra que d'abord elle est système de formes, qui peuvent s'analyser (et se pratiquer) en tant que telles. Mais elle est aussi inscrite dans une époque dont elle est le reflet, conçue par un homme avec sa vie, ses préoccupations, son tempérament. Regardée enfin par un autre qui lui aussi existe, qui a sa personnalité. Et c'est justement cette totalité qui fait que l'art est l'art. Ce qui lui donne sa force est peut-être surtout qu'il s'ouvre au champ des interprétations, qu'au-delà les âges sa présence est renouvelée par la manière dont le spectateur, aujourd'hui et maintenant, quel qu'il soit, le prend en compte... Culture, disions-nous ? L'enfant n'a cure de savants discours sur l'histoire de l'art. Il est pourtant très sensible à ce que lui dit l'œuvre, et ce parce qu'il la pénètre aisément à travers son vécu, ses désirs, ses angoisses, son imaginaire, et ce qu'il ressent confusément de son langage universel, autrement dit ce qu'elle véhicule de mythique (sa « transcendance »).

1. Images, image ?

L'œuvre d'art

Le tableau ci-après, qui résume l'évolution de l'histoire de l'art, donne quelque idée de la manière dont, époque après époque, l'œuvre s'est prêtée à cette multiplicité d'analyses qui tout d'abord lui ont donné son statut, puis se sont intéressées à sa nature, enfin l'ont interprétée diversement selon les auteurs et les moments.

Les discours sur l'art

Déjà l'Antiquité désignait trois éléments fondamentaux : l'idée, la technicité, l'histoire. La première est affaire de philosophes, la deuxième d'artiste, la troisième d'historien... Le Moyen Âge ignorera totalement ces données : toute activité humaine étant fonction de Dieu, seule en importe la spiritualité, et le praticien n'aura d'autre préoccupation que de mener à bien sa tâche (technique). C'est à la Renaissance qu'il reviendra de fonder l'image moderne de l'art, en conférant à l'artiste un statut, en tentant d'en repérer l'évolution, en élaborant des théories. Au XVIIe siècle deux courants s'opposent, l'un fondé sur l'idée, qui inspirera le programme de l'Académie (étude de l'antique, recherche d'un beau idéal, dessin > couleur), l'autre originaire de Venise qui donne la primauté à la couleur, sans laquelle le dessin reste sans âme.

Le siècle des Lumières sera celui des recherches, des discussions, des théories, inaugurant le passage de l'histoire pure à l'histoire de l'art. Pour Caylus, l'analyse de l'objet mènera à « étudier fidèlement l'esprit et la main de l'artiste, se pénétrer de ses vues, le suivre dans l'exécution ». Winckelmann conserve l'idée d'un beau idéal fondé sur l'allégorie et, étudiant en théoricien la Grèce antique, en déduit que toute époque artistique se développe en quatre phases : archaïque, sublime (Phidias), belle (Praxitèle, Lysippe), imitative (gréco-romain). Enfin Lessing, dans un essai capital (*Laocoon*), fait la différence entre littérature et arts visuels et démontre que ces derniers ont un langage spécifique, et ne doivent pas être regardés comme la seule transcription d'un sujet. Tandis que Diderot, faisant pour Grimm, acheteur de Catherine de Russie, la description des « salons » parisiens, se transforme en critique d'art, traduisant les goûts de son époque, et surtout... les siens propres.

Une fois repérée cette particularité de l'œuvre, les historiens du XIXe siècle tenteront de la ramener à des éléments plus saisissables : le matériau, la technique, la fonction, le milieu, la société, détermineraient l'histoire des formes. Attitude positiviste contre laquelle réagira la fin du siècle, sous l'influence notamment de la philosophie bergsonienne. Esthéticiens et historiens d'art chercheront à élucider la nature de l'œuvre à travers l'activité artistique comprise comme une sorte d'évolution créatrice semblable à celle de la vie.

À l'aube de notre siècle paraissent des écrits essentiels : en 1915, *Principes fondamentaux de l'histoire de l'art* de Wölfflin, en 1933, *La Vie des formes* de Focillon, tous deux fondant l'idée d'une vie autonome de la forme que la perception visuelle permettrait de repérer en dehors de tout historicisme excessif. Pour le premier, elle peut se ramener à deux attitudes antithétiques de l'être, sérénité et pathétique, manifestées dans l'opposition classique/baroque (linéaire/pictural, plan/profondeur, espace fermé/espace ouvert, clarté/clair-obscur). La première idée de Focillon est que toute limitation temporelle amoindrit l'art, qui certes, comme l'histoire, se déroule dans le temps, mais un temps en quelque sorte élastique, fait de précocités, d'actualités et de retards. L'autre aspect de sa théorie concerne la forme, qu'il ne faut confondre ni avec l'image ni avec le signe, qui est : « [...] enveloppée d'un halo, se continue, se propage dans l'imaginaire, comme une sorte de fissure par laquelle nous pouvons faire entrer dans un règne incertain qui n'est ni l'étendu ni le pensé, une foule d'images qui aspirent à naître. »

Presque à l'opposé, Panofsky, après les recherches iconographiques d'Émile Mâle, fonde l'iconologie (1933 : *Essais d'iconologie*), analyse rationnelle et cognitive qui permet l'accès par paliers successifs à la vérité de l'œuvre dans son langage spécifique. Il définit trois formes d'interprétation, fondées sur le degré de culture du « regardeur », porteuses de trois valeurs successives du sens :

– *Signification primaire ou naturelle (description pré-iconographique).*Elle est constituée d'une signification première de fait (fondée sur l'identification de formes comme représentatives d'objets réels, de leurs relations comme événements) et d'une signification expressive (compréhension de gestes de joie ou de douleur, de l'intimité d'un intérieur, etc.).

– *Signification secondaire ou conventionnelle (analyse iconographique).* C'est la mise en relation des motifs de signification primaire avec des thèmes ou concepts incarnés en histoires, images ou allégories. Elle suppose une interprétation correcte des motifs (la croix permet d'identifier le Christ).

– *Signification intrinsèque ou contenu (iconologie, ou domaine des valeurs symboliques).* C'est la prise de conscience des principes sous-jacents à la mentalité d'une période, société, nation, religion, philosophie, exprimés par la personnalité d'un artiste, concentrés en une œuvre particulière. Celle-ci devient symptôme d'« autre chose », exprimé en une infinité de symptômes.

Universellement vénéré… et abondamment critiqué, Panofsky a été l'un des plus féconds auteurs de ce début de siècle, et Francastel, l'un de ses plus virulents censeurs, n'a rien apporté de plus dans son analyse de l'espace du Quattrocento. Non plus que le célèbre article de Barthes sur la publicité Panzani (*Rhétorique de l'image*, 1964) démontrant que toute figuration comporte au moins deux messages (l'un littéral, fondé sur la représentation, dénotable; l'autre symbolique, de l'ordre de l'idéologie, introducteur de connotations), le premier s'adressant à notre seule perception, le deuxième à nos habitudes culturelles propres ou collectives. Certes l'idée de Francastel d'instaurer comme science une sociologie de l'art a constitué une avancée même si gageure il y avait, et le grand mérite de Barthes aura été de fonder (ou du moins vulgariser) une sémiologie de l'image éminemment féconde, dont la faille majeure est cependant de s'appuyer sur le langage, auquel l'image ne peut être réductible.

Le XXe siècle est trop abondant en analyses multiples pour que l'on puisse ici en détailler les recherches. Notons simplement qu'aujourd'hui tout le monde s'empare de l'œuvre d'art pour lui appliquer sa propre démarche, ce qui n'a cessé d'enrichir tout à la fois le discours sur l'œuvre et l'œuvre elle-même. Remarquons *a contrario* que tout au long de l'histoire peu de théoriciens ont échappé à la volonté générale de rationalisation qui est l'une des caractéristiques de notre culture occidentale. Pour ne récapituler que l'époque la plus récente, en exceptant Focillon, le matérialisme de Francastel est directement hérité du déterminisme, l'iconographie comme l'iconologie sont des formes de décodages dont héritera la sémiologie, la psychologie de Gombrich prend ses sources dans une physiologie du visuel, les analyses freudiennes mêmes, pour éclairantes qu'elles soient parfois, ne manquent pas d'être singulièrement réductrices.

Époque	**Repères théoriques**	
Antiquité grecque	Platon et Aristote (IVe siècle av. notre ère) : plaisir esthétique Xénocrate (IIIe siècle notre ère) : traité technique, mimesis, proportions. Pausanias (IIe siècle) : histoire (descriptive et anecdotique)	Idée Technique Œuvre
Moyen Âge	Pas de théorie, mais caractère sacré. Théophile (XIIe siècle) : traité technique, recettes. Cennini (fin XIVe siècle) : recettes à des fins d'apprentissage.	Spirituel Technique Enseignement
Renaissance	Vasari (1511-1574) : histoire des artistes (biographies légendées) ; jugement esthétique en relation avec l'idée de progrès. Artistes théoriciens : Alberti, Piero della Francesca, Léonard de Vinci, Dürer, Vignole, Palladio, Serlio, Lomazzo… Prise de conscience de la particularité de l'artiste.	Histoire Jugement Théories Artiste
XVIIe siècle	Deux courants fondent la théorie de style : Classique : Bellori, Félibien ; Sensible : Boschini, de Piles. Naissance de l'idée de goût.	Style Goût
XVIIIe siècle	Érudition Scientificité : révision de Vasari. Deuxième moitié du siècle : Pragmatisme : Caylus (analyse d'objet) ; Doctrine : Winckelman (4 phases d'évolution de l'art) ; Spécificité de l'art : Lessing (l'art a son langage) ; Critique d'art : Diderot.	Vue critique Historicité Art = Objet Bon goût Art = Langage Critique d'art
XIXe siècle	Déterminisme. La forme est déterminée par : La technique : Semper ; La fonction : Viollet-le-Duc ; Le milieu : Taine ; La société : Burckardt. 1853 : Création d'une chaire d'histoire de l'art à Vienne. Histoire des formes : Riegl. Histoire de l'esprit : Dvorak. L'œuvre hors chronologie : Strzygowski	Forme Histoire Sens Œuvre
XXe siècle	La forme comme histoire : Wolfflin : art sans nom ; Focillon : la forme supérieure au temps. Réconciliation (iconologie) : Mâle, Panofsky. Les approches modernes : Sociologie : Francastel, Duvignaud. Psychologie : Gombrich, Huyghe. Psychanalyse : Freud, Jung, Rank, Lacan. Formalisme, structuralisme, sémiologie : Marin, Damisch. Innombrables écrits d'artistes plus ou moins théoriciens. Innombrables critiques d'art plus ou moins historiens.	Histoire Forme Œuvre Sens Société Artiste Constellation

Le musée

Lié à l'œuvre qu'il conserve et présente, il propose aussi une réflexion qu'un bref historique éclairera. S'il est aujourd'hui « établissement dans lequel sont rassemblées et classées des collections d'objets présentant un intérêt historique, technique, scientifique, artistique », le seul musée de l'Antiquité répondant à cette acception est la Pinacothèque (de *pinakès*, tableaux sur bois) que visita Pausanias sur l'Acropole. Mais plus généralement, même dans la Grèce classique, c'est dans les sanctuaires que s'installent les œuvres, non pour un public, mais pour les dieux auxquels elles sont dédiées. Curieusement pourtant, propriété des dieux donc de personne en un certain sens, elles se font propriété de tous. Visités des dévots mais aussi des touristes, ces dépôts d'art sont mis sous la responsabilité de hiéropes chargés d'inventaires, de rangement, de tris… Un glissement va s'effectuer à l'époque hellénistique avec la constitution et l'enfermement de collections privées. Alors les grands princes grecs du Proche-Orient (les Attale de Pergame, les Ptolémée à Alexandrie) se font acheter par des courtiers livres rares et œuvres d'art de toutes natures et époques – collections d'ailleurs justifiées par le désir de préserver un patrimoine que les Romains ne cessent de piller. Car Rome est tout entière un musée. Le butin récolté lors des campagnes est distribué aux temples et lieux publics… après qu'une part en ait été prélevée pour aller orner les demeures citadines ou villas suburbaines des riches patriciens.

Semi-publique, semi-privée, l'œuvre d'art se verra rendue à la religion par le Moyen Âge qui l'enfermera dans les cathédrales.

Il faudra attendre le XIVe siècle pour que renaisse l'idée de collection, soutenue par le mécénat de puissantes familles (en France les Valois et les ducs de Bourgogne, en Italie les Este, les Gonzague, les Médicis). Au XVe siècle apparaît le mot musée pour désigner la collection de livres et de gemmes de Laurent de Médicis, réunion éclectique d'objets que Pomian (*Collectionneurs, amateurs et curieux*, Gallimard) regroupe en trois catégories : antiquités (objets d'étude), témoignages de voyages (curiosités), œuvres d'art modernes (supériorité que l'on s'assure). Fondées sur les mêmes principes, les collections se multiplient chez les grands d'Europe.

C'est la Révolution qui soulèvera, idéologie oblige, la question du patrimoine national. « Vous n'êtes que les dépositaires d'un bien dont la grande famille a le droit de vous demander des comptes », dit l'*Instruction* de l'an II sur la « Manière d'inventorier et de conserver » aux administrateurs de la République… Après les destructions et déprédations de toute sorte, fruit du vandalisme révolutionnaire, l'on s'émeut de voir disparaître ce qui, de privé, eût pu devenir public. Se créent en 1790 une commission des Monuments, en 1793 une commission des Arts, dont le président J.-B. Mathieu expose les fonctions : « Les richesses… se réuniront dans les musées nationaux et offriront l'ensemble le plus intéressant, et pour les élèves qui voudront se former dans les arts, et pour le peuple français devenu seul propriétaire de ces ouvrages de génie… restes intéressants, épargnés et consacrés par le temps, que l'histoire consulte, que les arts étudient, que le philosophe observe, que nos yeux aiment à fixer avec ce genre d'intérêt qu'inspirent même la vieillesse des choses et tout ce qui donne une sorte d'existence au passé. » (Rapp. *in Les lieux de Mémoire II*, Gallimard). Entre temps, le palais royal est devenu musée du Louvre.

L'œuvre d'art, prise en compte par la société tout entière, est dorénavant investie des valeurs de témoignage, modèle, repère, objet de méditation, plaisir.

Le musée imaginaire

Pour Bernard Deloche (*Quels musées, pour quelles fins, aujourd'hui ?*), un musée logique et vivant devrait ne plus s'appuyer sur l'esthétique de la culture, sur la conservation de l'objet irremplaçable, mais sur les fonctions de repérage des schèmes, d'inventaire, de diffusion des formes créées par l'humanité. Il se présenterait alors comme une « vaste banque de données ». En ce sens, le musée imaginaire de Malraux ouvrait la voie, « immense éventail de formes inventées » qui recourait à un regroupement symbolique, dans le dessein :

- de réunir des œuvres de toutes catégories,
- de les servir par le procédé photographique qui permet la mise en valeur et la prise de détails,
- de susciter la comparaison et le dialogue par des rapprochements inattendus,
- de créer des arts fictifs par le grossissement ou la fragmentation.

Mais Malraux avait conscience de l'inconvénient qu'il y avait à ne jamais donner à voir l'original, satisfaisant ainsi notre désir de connaissance plus que de contemplation.

Prosaïquement, dans le cadre de l'école, c'est à ce musée imaginaire que nous nous référons, car si l'on suit une idéologie qui consisterait à ne montrer que des originaux, l'on ne pourra généralement rien montrer. Cependant l'usage permanent de reproductions (sous des formes diverses, selon les objectifs et les possibilités : diapositive, CD-ROM, carte postale, poster, livre, etc.) engendre pour les enfants la confusion entre œuvre d'art et image. D'autre part, la mise en valeur par la photographie a pour effet pervers de provoquer la déception du public devant l'œuvre réelle (exemple caractéristique : *La Joconde*, beaucoup plus petite qu'on ne l'a généralement imaginée).

Objet de connaissance et de rencontres, ce musée imaginaire de la classe devra donc, dans la mesure du possible, renvoyer aux lieux où s'expose l'art dans sa tangibilité. L'élève aura le plaisir de retrouver ce qu'il connaît déjà, et pourra ainsi prendre conscience des différences (« j'ai la carte postale, disait un jour un enfant de CM2, mais en vrai, dans le tableau, le sang est en trois dimensions »). L'aura de l'œuvre, sa transcendance (*cf.* Souriau), auxquelles pour notre part nous croyons, seront aussi mieux perçues. Peut-être le maître devra-t-il veiller à justement éviter l'effet de déception en ne montrant pas de reproductions trop flatteuses avant une visite au musée, quitte à ensuite relativiser par comparaisons successives. Mais qu'importe, après tout ? Relativiser est aussi nécessaire…

Une visite au musée ne sera jamais simple promenade ou bouche-trou de fin d'année. Elle se prépare, de façon plus ou moins complète selon les objectifs de l'enseignant, de manières diverses que l'on ne peut guère détailler ici. Selon en tout cas trois grands principes : expliquer aux enfants ce qu'est un musée (éventuellement, plus particulièrement celui où l'on va), ne voir que peu d'œuvres (une, deux, trois, une salle), leur donner une tâche fondée sur une recherche, un problème à résoudre, ancrés dans le travail de la classe.

L'image

L'on se gardera bien de ne donner à voir que des œuvres d'art. L'enfant est consommateur de quantité d'images et l'on prendra aussi (d'abord ?) en compte sa culture propre : bandes dessinées, illustrés, albums, journaux, publicités, photographie, télévision, cinéma... Ne pas négliger ce qui le nourrit quotidiennement conduira à ce que peu à peu se fasse pour lui la distinction entre œuvre et production, objet de consommation et objet d'art, cinéma et télévision, etc. Sans ostracisme, mais aussi sans démagogie. Que l'enfant aime *La Petite Sirène* de Walt Disney ne doit pas conduire à la lui fournir comme modèle. Le rôle de l'école en l'occurrence est de rétablir la vérité du conte (souffrance et mort consenties par amour, mythe de Nausicaa, passages successifs par les éléments eau/terre/air, assimilation au cycle de transformation de l'eau), d'en proposer d'autres illustrations, de montrer aussi que dans le film d'animation le registre est autrement étendu (et riche artistiquement) que ce que l'impérialisme disneyen peut laisser supposer. Si l'enfant continue de lui accorder sa préférence, libre à lui. Du moins saura-t-il qu'il existe autre chose.

Il est donc nécessaire que l'adulte ait lui-même une formation minimale à la réception de l'image dans sa diversité, tant il est vrai que très vite en ce domaine les maîtres sont dépassés par leurs élèves. Mais l'on ne peut ici que proposer quelques pistes de réflexion, quelques exemples.

Les différents types d'images

Il y a quelque vingt ans, le spécialiste de la communication Abraham Moles proposait un classement en deux grands groupes, *images fixes, images mobiles*. Le premier regroupait affiches, photographies (de journaux, d'identité, d'amateur, de professionnel), diapositives, images « artistiques » ; le deuxième toute création de mouvement réel, au premier chef le cinéma. Considérée comme message, l'image se caractérisait par son degré de figuratif (représentation exacte de ce que nos yeux connaissent) et son degré d'iconicité (réalisme de l'image par rapport à l'objet représenté). Depuis, l'avancée de la sémiologie a conduit à des analyses multiples qui montrent que les choses ne sont pas simples : toute image véhicule pour le récepteur au moins un double discours qui autorise dénotation (décryptage du message) et connotations (investissement de sens autres), dont certaines prévisibles (calculées par l'émetteur) et d'autres inattendues car dépendantes du seul spectateur. L'on renverra ici, faute de pouvoir s'étendre sur un phénomène complexe, à *L'Image* de Jacques Aumont qui en détaille tous les aspects. Y sont successivement analysées *la part de l'œil* (vision, perception, imaginaire), *la part du spectateur* (construit par et constructeur de l'image, soumis au phénomène illusion/réalité, sujet désirant), *la part du dispositif* (espace, temps, technique et idéologie), *la part de l'image* (analogie, représentation, signification), *la part de l'art* (abstraction, expression, aura).

Le maître ayant la claire conscience de tous les phénomènes mis en jeu (sans pour autant avoir à les dominer), son rôle sera d'éveiller celle des élèves. Sans pour autant prétendre à une analyse pointue qui aurait pour effet pervers de dévoyer le sens investi. Nous pensons pour notre part que l'essentiel est de donner aux enfants une multiplicité de possibles, de faire de la classe une iconothèque de la plus grande richesse, où chacun puisse puiser au gré de son désir ou de ses besoins. Car chaque image renvoie à d'autres, à un champ culturel plus ou moins diversifié, et c'est à partir de cette totalité d'engrangements que pourra se faire une distanciation, s'élaborer le sens critique, naître la création.

Un exemple

Constitution de chaînes d'images à partir d'un film, *Peau d'Âne* de Demy. Film mi-chanté mi-parlé, qui dans un premier temps renvoie aux deux versions de Perrault, en vers et en prose. Il est donc déjà intéressant, sur le plan de la langue, de confronter les élèves à ces deux formes littéraires pour en faire noter les différences, et de repérer dans le film ce qui est du domaine de l'une et de l'autre. Quant au reste, nous ne procéderons pas ici à une analyse filmique que d'autres ont faite ailleurs (*cf.* notamment celle de Philippon, dans le livret édité pour l'opération nationale *École et cinéma*) mais au simple relevé des éléments qui renvoient à une symbolique générale. Ainsi nous avons noté couleurs et matières, objets, lieux, relations humaines.

Relations

À partir de la plus élémentaire, l'assimilation mère/fille, se construit l'inceste, qui transforme le père en danger potentiel, donc en dévorateur (*cf.* plus loin Cronos). Face à l'angoisse latente et confuse de la princesse, la fée est l'image protectrice, substitut de la mère, et tient lieu de frein social… Quand la princesse se cache dans une peau « qui pue », elle est couverte d'opprobre sans que quiconque devine la vérité sous le masque, ce qui prouve qu'en fait l'habit fait bien souvent le moine. Le prince seul saura, grâce à son désir d'amour, la reconnaître… Dans le royaume de ce dernier, des relations familiales « normales » (sollicitude des parents, omniprésence de la mère, volonté d'indépendance du fils) s'opposent à celles qui désunissaient au début Peau d'Âne et son père… De part et d'autre les serviteurs sont quasi absents, réduits par la couleur à l'état d'objets, tandis que se marque pleinement la hiérarchie de mise au XVIIe siècle, dans la noblesse, mais aussi parmi le peuple.

Couleurs et matières

Trois dominantes se succèdent ou s'alternent, bleu, blanc et rouge (y a-t-il allusion ironique au drapeau français, et dans ce cadre, au bleu/blanc royal et rouge révolutionnaire là où un prince épousera une souillon ?).

Au début du film, nous sommes dans une ambiance bleue (émaillée de jaune/lumière pour la princesse). Symboliquement, il faut rappeler que le bleu est la plus profonde, la plus immatérielle et la plus froide des couleurs ; de par la dématérialisation qu'il suggère, il est passage vers l'infini où se transforme le réel en imaginaire, et au-delà renvoie à l'idée de la mort. Ainsi Demy situe-t-il immédiatement son film dans le merveilleux tout en laissant confusément ressentir l'approche du drame.

À l'inverse, le royaume du prince s'épanouit dans le rouge, fondamentalement principe de vie si même il repose sur l'ambivalence vie/mort représentée par le sang. Ambivalence d'ailleurs reprise par les valeurs particulières du rouge qui, s'il est clair et éclatant est diurne, mâle, tonique, s'il est sombre est nocturne, femelle, secret et passif. Notons que dans le film où la couleur, d'un vêtement à l'autre, passe par les effets de la matière des tissus, les valeurs s'inversent : le rouge clair, éclatant, brillant, est celui que porte la mère du prince, le rouge sombre est réservé aux hommes (prince, roi) : d'un côté les satins, de l'autre les velours absorbants, comme si la vitalité de la reine renvoyait au silence et au secret les personnages masculins. Et de fait ce sont les femmes qui agissent (reine, fée, princesse), les hommes n'étant que jouets de leurs décisions.

Le blanc apparaît par cinq fois : lors de la mort de la mère de Peau d'Âne, lors de la fuite de celle-ci dans le carrosse/nid de plumes, pour le bal donné en l'honneur du prince, pendant le rêve des deux amoureux, le jour des noces. « Le blanc sur notre âme agit comme le silence absolu… un rien avant toute naissance », note Kandinsky. Effectivement, dans la pensée symbolique où la mort précède la vie et toute naissance est renaissance, le blanc est couleur de mort et de deuil, mais aussi de transfiguration, de révélation. Il relève tout à la fois du passage et de l'initiation, du devenir, de l'absence, du lait nourricier, de l'archétype de la femme féconde, du jour succédant à la nuit… Toutes valeurs que le film déroule, de la mort de la mère au bal en blanc d'absence (le principal invité, le prince, n'est pas là), puis à la révélation initiatique (le rêve), pour enfin s'achever sur les utilisations classiques, sociales et terre à terre, du mariage « en blanc ». L'on peut même remarquer au passage que la robe de la reine, lors du bal, est d'un blanc crémeux évoquant le lait, tandis que son époux comme les participants ne sont vêtus que de blanc neutre et froid.

Les robes de Peau d'Âne : couleur du temps (Demy a eu l'idée géniale d'y projeter un ciel en mouvement), couleur de lune (argent) et couleur de soleil, sont toutes trois marquées par l'immatérialité (temps et astres), la représentation impossible, et pour ceux qui les voient par le reflet, la réflexion, la non-existence de la princesse sinon par l'intermédiaire d'une illusion. Ce n'est qu'en se couvrant de la peau de l'âne qu'elle entrera dans le champ de sa vie propre, qu'elle acquerra une indépendance et une réalité qui, bien entendu, ne sont encore que passage. Car, paradoxalement, cette peau lui confère pour les autres l'invisibilité de sa condition première, comme de ce qu'elle est réellement, mettant en évidence une double personnalité, l'une toute de pureté, l'autre éveillée aux plaisirs de la chair. En effet, symboliquement, l'âne, comme la bête, signifie sexe, libido, vie déroulée sur le plan terrestre et sensuel (*cf. Les Métamorphoses* d'Apulée, écrivain latin du IIe siècle, dont le héros, Lucius, se transforme en âne dans la chambre d'une courtisane et ne retrouvera sa forme humaine qu'après une quête spirituelle qui le fait accéder à la pureté. Le roi Midas, de même, fut doté par Apollon d'oreilles d'âne pour avoir préféré la flûte de Pan à la musique du temple, donc la trivialité à la spiritualité. En ce sens, il n'est pas innocent que les fèces de l'âne soient d'or, image de la vénalité humaine). Ainsi la princesse passe-t-elle clairement d'un monde irréel à la réalité terrestre, ce qu'illustrera sa position de souillon, et la crasse dont on l'entoure.

Ainsi tout le film (comme le conte) est fondé sur le mythe du passage : la princesse y passe de la mort (image de la mère sans existence propre, être sans substance) et de la non-présence à la vie sous toutes ses formes, par intermédiaire d'une succession de blancs. Et de manière précise en ce qui la concerne, l'on pourrait dire que de la neige/mort aux plumes/nid, puis au rêve amoureux et aux noces, se déroule la vie (l'avant, la naissance, l'initiation, la concrétude).

Objets symboliques et culturels

Simple clin d'œil à l'histoire de l'art, sans doute, que les natures mortes à aiguière deux fois au moins répétées (sur la desserte du roi, sur la table du rêve). De même pour la guirlande de fleurs qui ceint le miroir de la chambre de la princesse, évocation des épiphanies mariales de Brueghel de Velours… Il convient d'ailleurs de s'arrêter sur le thème du miroir, tant sa présence est répétitive tout au long du film (et d'ailleurs de bien d'autres films ou images de toutes sortes). Étymologiquement du latin *mirari* (regarder attentivement), il est attribut de la vue (miroir du réel) puis également de la coquetterie (se regarder). Il sera investi de sens dérivés, de l'ordre du savoir : vérité, révélation, création (intelligence divine reflétée), puis de celui du mensonge (le miroir est reflet, mais inversé). Ainsi, schématiquement, il recouvre deux valeurs fondamentales contradictoires, celle de vérité, donc révélation, celle de tromperie, donc illusion. Mais de l'une à l'autre, il se fait aussi passage d'un monde à l'autre (Alice passe de l'autre côté du miroir), entre la vie et la mort (*cf.* l'*Orphée* de Cocteau : « les miroirs sont les portes par où la mort vient et va »). Dans le film de Demy, il est toujours, de façons diverses, révélation. Chez la fée dont, quelle que soit la teinte de sa robe, l'image est toujours bleue dans la psyché (ce qui révèle son attachement au royaume de Peau d'Âne… ou à son père). Dans la chambre de la princesse, où il lui montre la sagesse (sous la forme de la fée) ou sa condition nouvelle (en âne). Dans sa cabane où, détail peut-être fortuit, le miroir qu'elle fait surgir de sa baguette magique reflète (avant que n'apparaisse le chandelier) comme la flamme d'une bougie, ce qui renvoie à toutes les représentations des *Vanités* où la chandelle exprime le temps qui passe. Miroir où apparaissent son père puis le prince, dans lequel la voit le prince, par lequel, tout autant que par elle et plus concrètement, il est ébloui. Miroir encore que l'eau dans laquelle elle s'admire, eau immobile où s'épanouit une fleur blanche qui rappelle, bien sûr, les *Nymphéas* de Monet, mais au-delà le mythe de Narcisse.

L'eau a elle aussi son importance. Ainsi que les embarcations auxquelles elle s'associe. Enserrant le château de Peau d'Âne, elle le sépare du monde de la fée auquel la princesse accédera au moyen d'une barque à col de cygne (affirmation de la pureté de la jeune fille). Elle sépare le domaine du prince du lieu où la princesse est réfugiée. Elle porte la barque des amoureux à la fin du rêve, et les emmène vers le néant. Barque qui est de fait catafalque, et Demy n'a pu ignorer, tant elle lui ressemble, ce curieux tableau de Luminais, *Les Énervés de Jumièges* (musée de Rouen) où l'embarcation est cercueil… (« Je tombai en arrêt, raconte Simone de Beauvoir dans *La Force de l'âge*, devant un tableau dont, enfant, j'avais vu une reproduction. J'avais été troublée par le paradoxe du mot énervé, pris d'ailleurs dans un sens impropre puisqu'on avait en fait tranché les tendons des deux moribonds… Peu m'importait que la peinture fût détestable ; je suis restée longtemps sensible à la calme horreur qu'elle évoquait. » Pour punir ses fils de s'être révoltés, Clovis II les avait fait « énerver » et abandonner sur un bateau au fil de la Seine.)

Et l'eau marque bien entendu encore les passages : d'un monde à l'autre, du rêve à la réalité, de la vie à la mort.

Bien d'autres éléments seraient encore à relever : l'importance et le rôle des porches, portes et fenêtres, la présence de la forêt, le terme de « cassette » qui désigne la malle (elle-même reproduction des coffres de mariage de la Renaissance) et renvoie à l'idée de trésor caché… On soulignera enfin les hommages rendus à Cocteau, particulièrement à *La Belle et la Bête* : chandeliers, statues humaines, ralenti sur le départ de Peau d'Âne exactement similaire à celui de l'entrée de la Belle dans le château de la Bête, miroirs, etc. De surcroît, l'escalier du château de Cocteau est directement emprunté à la gravure de Gustave Doré illustrant la fuite de Peau d'Âne…

Ainsi, par rebonds successifs, se construit une chaîne culturelle : pour ne reprendre que le miroir, se présentent à notre mémoire celui des *Époux Arnolfini* (Van Eyck, National Gallery, Londres) qui est microcosme, celui des *Menines* de Velasquez qui révèle la présence des époux royaux, ceux des *Vanités* (particulièrement, au Louvre, *Nature morte aux cinq sens* de Claesz où il est la vue, et la *Grande Vanité* de l'école française), ceux des multiples *Femmes à la toilette* de l'école de Fontainebleau, celui de *Madame de* de Max Ophuls, celui où se découvre la duplicité du *Servant* de Losey, ceux que Matisse utilise pour exprimer la totalité de l'espace, etc.

Les enfants devant l'œuvre d'art

Que fait un enfant qui regarde un tableau ? En règle générale il énumère (« il y a ») puis interprète (« c'est peut-être »), se réfère au titre pour connaître la nature de la représentation, corrige éventuellement ses hypothèses, remarque enfin les éléments picturaux, voire se pose des questions sur le processus technique et opérationnel. Considérant donc d'abord l'œuvre comme une image, une mise en histoires, il procède par reconnaissance, décodage, analyse du fonctionnement. Alors peut se faire la découverte d'un autre sens, cette « promotion anaphorique de l'œuvre » dont parle Souriau. Notons enfin que si, spontanément, l'enfant produit un discours énumératif de l'ordre de la narration, intuitivement et aisément il approche cet « au-delà » de la signification première. Reste au maître à le laisser, surtout, s'exprimer, à ne rejeter aucune de ses remarques mais, bien au contraire, à les considérer comme elles-mêmes porteuses de sens.

Exemples

Nombre d'expériences menées à tous niveaux d'âge montrent que les enfants investissent dans la « lecture d'image » (nous n'aimons guère ce terme bien galvaudé, fondé par la sémiologie et entaché d'idées scolaires) tout à la fois des connaissances issues de la matérialité de leur vécu, une culture donnée par l'extérieur (télévisuelle, scolaire, familiale), et des fantasmes qui relèvent de ce que nous appellerons l'inconscient. Il est remarquable que plus ils avancent en âge et donc plus leur fonds culturel s'enrichit, plus ces connotations se font importantes. Ainsi, *Le Tourangeau* de Juan Gris (personnage cubiste tenant en main un journal plié sur lequel se lit « jour »), dans un CP dont les élèves ne savent pas encore lire, ne donne lieu qu'à une reconnaissance énumérative des éléments, mais des CM s'empareront du mot *jour* pour renvoyer aux thèmes du jour et de la nuit, et de là à lumière/obscurité, ouverture/fermeture, disparition/émergence, vie/mort. De même une peinture abstraite d'Hartung, lue dans une section de moyens comme « du blanc et des traits, trois couleurs avec du noir… de l'eau avec de l'herbe, la terre », deviendra dans une grande section « du bois, de la paille, un nid d'oiseaux, des cheveux, un volet, une fenêtre, du sang ».

Il semble, d'une manière générale, que les enfants de maternelle, habitués à la manipulation de matériaux, repèrent plus aisément les éléments proprement techniques (plastiques), tandis que ceux de l'école élémentaire recherchent systématiquement une figuration qui serait en quelque sorte sous-entendue même dans l'œuvre la moins représentative. L'on peut y voir l'effet pervers d'une scolarisation normalisée qui néglige par trop la pratique productrice et imaginative. Cependant, ce phénomène apparaissant dès la grande section, nous avons pour notre part tendance à penser qu'il tient davantage au fait que l'imaginaire s'appuie sur le réel et que plus la connaissance s'enrichit plus l'enfant l'utilise pour projeter de manière symbolique ses préoccupations…

En ce qui concerne la peinture figurative qui bien sûr raconte une histoire, les choses sont très claires : montré à tout un groupe scolaire, un tableau du Lorrain (*Ulysse et Chryséis*, Louvre. Sujet emprunté à l'*Iliade* : pour apaiser la colère d'Apollon, Ulysse ramène au prêtre du dieu sa fille Chryséis, ravie par Agamemnon) donne lieu, quel que soit l'âge, aux mêmes commentaires. Hors la reconnaissance des éléments (dénotation) qui le plus souvent témoigne d'une juste interprétation (l'escalier perçu comme anoblissant, le navire comme guerrier, les architectures et statues comme héroïques, la lumière comme lever de soleil), les hypothèses connotatives, innombrables, sont significatives :

- Est affirmée une atmosphère de guerre (ce qui est bien le cas puisqu'il s'agit de la guerre de Troie, mais l'œuvre est pourtant, en apparence, bien paisible).
- Le bateau coule, ou est remonté du fond de la mer.
- Les barques sont celles du sauvetage (près du navire), de la pêche (au premier plan) elles contiennent de la nourriture, elles voyagent (celles qui s'échelonnent vers l'horizon).
- Les personnages à la fenêtre de la tour font supposer un intérieur habité, et s'y énumèrent tous les symboles d'intimité (meubles, tableaux, objets, trésor).
- Mais c'est aussi un château hanté, une prison.
- Le ciel est comparé à de l'eau, « une eau douce, calme, celle de la piscine », et pour les CM une mer calme, « les nuages sont la mousse des vagues, l'arbre une île ».
- La mer est déchaînée, les hommes sont tombés à l'eau, les statues, l'arbre, vont y tomber.
- La dalle du premier plan est pour les petits un coffre à bijoux, à côté ils voient des coquillages (inexistants en réalité), « on dirait le soleil de la nuit qui fait briller le coffre ».
- Les plus grands y voient une ouverture sur une cave, un souterrain, passage pour aller dans le sol, sous la mer, où est caché un trésor, où niche un crocodile, une prison, une tombe.
- Les malles sur le quai contiennent de la nourriture et suggèrent le voyage.
- Selon leurs positions ou actions relatives, les personnages sont mis en relation d'inférieur à supérieur : pauvres, paysans, prisonniers, esclaves/riches, rois, vainqueurs.
- La statue de *Diane*, de par son arc, est interprétée comme « gardienne du palais ».
- L'arche du fond gauche est vue comme passage d'un endroit dangereux à un lieu protégé, et « sous le pont on tue ».

– L'arbre « monte jusqu'au ciel », fait de l'ombre, des fruits, décore un jardin.

L'homogénéité des interprétations conduit à penser qu'il s'agit bien là d'un imaginaire collectif, et que c'est lui qui se manifeste de manière constante sitôt que les enfants approchent les images. Nous avons de même remarqué qu'après une projection cinématographique (*Katia et le crocodile*, film tchèque de Véra Simkova et Jan Kucera, classe de CE1), la mémoire immédiate des élèves reflétait, à travers ce qui les avait le plus marqués, non pas tant le récit que l'atmosphère fantasmagorique : le crocodile qui veut manger l'oiseau, le crocodile coincé dans le tuyau, l'oiseau sortant de la pendule, les algues recouvrant le visage des enfants, les ballons qui « sautent et s'envolent ». Les images publicitaires, les photographies, etc. renvoient exactement aux mêmes types de lectures, mais aussi les détails non reconnaissables (fragments d'écorces, gros plans d'eau...), et les abstractions, pour peu que s'y témoignent une relative complexité et une certaine richesse.

Encore faut-il savoir de quoi il est question quand on parle d'imaginaire.

Imagination et imaginaire

Les deux termes sont liés et souvent confondus. Le *Robert* définit l'imagination comme :
– la faculté que possède l'esprit de se représenter des images : connaissance, expérience sensible ;
– la faculté d'évoquer des images des objets que l'on a déjà perçus (mémoire) ;
– la faculté de former des image d'objets que l'on n'a pas perçus, ou de faire des combinaisons nouvelles d'images (création).

Le verbe imaginer, qui complète la définition, prend les deux sens de se représenter en esprit (concevoir) et d'inventer (créer). Paul Foulquié reprend la distinction classique pour faire la différence entre imagination reproductrice et imagination créatrice, tout en notant que « lors même qu'elle fait revivre le passé, l'imagination le transforme plus ou moins, exerçant ainsi une certaine action créatrice ou inventive. »

Imaginer est donc toujours, d'une certaine façon, créer, mais sous deux formes qui, si même elles sont corrélatives, n'en restent pas moins distinctes : d'une part représenter, de l'autre inventer. Dans la représentation, l'image se réfère à l'acte de perception. Dans la création, imagination et intelligence se relient dans un processus combinatoire ou transformationnel qui permet de constituer, à partir de choses connues, d'autres images.

La description par Malrieu de ce qu'il nomme l'imaginaire intentionnel (la création artistique) est à cet égard très claire : l'acte créateur est le résultat d'une connaissance préalable, d'un acquis, qui facilite des transferts sur l'image de souvenirs personnels, de la vision artistique en général, des préoccupations de l'époque, de civilisations autres, etc. dans un processus de réception (de l'espace environnant), de projection (de soi), de découverte (au cours du travail). Trois éléments liés intimement : simultanément, sur une certaine sensibilité à l'extérieur, se greffent des affects, le travail exprimant l'une et les autres, dans « la recherche de sens par création de symboles ». Car, dit Malrieu, comme le rêve et le mythe, la toile est un « nœud de symboles », cristallisant l'immense travail culturel du peintre, de sa génération et des générations antérieures. Un imaginaire collectif se développe ainsi dans l'art comme dans le mythe, « avec cette différence qu'il ne peut se développer que par l'intermédiaire d'une tentative au plus haut degré personnelle, originale et volontaire. »

Constatons, au regard des propos de Pignon que Malrieu prend en référence, que l'imagination semble se nourrir de sources multiples : de la réalité, de l'affleurement de l'inconscient, d'engrangements culturels d'ordre cognitif et raisonné, mais aussi de nature plus floue, plus profonde et souvent confuse, fonds qui relève de ce que Jung définissait comme « inconscient collectif ».

Pour que les choses soient ici bien claires, nous considérerons pour notre part que l'imagination serait la partie fonctionnelle de l'imaginaire dans son ensemble, la part constructive et opérationnelle qui permet que se fasse la création. L'imaginaire, plus vaste, correspondra pour nous à un fonds qui se doit nourrir pour pouvoir émerger et prendre sa place dans cette création. Si même tous deux sont bien entendu étroitement liés, il peut y avoir imaginaire sans production, et imagination purement formelle sans que s'exprime l'imaginaire, au sens de ce que Gilbert Durand appelle « l'imagination symbolique ».

L'imagination symbolique

Ainsi Durand désigne-t-il le processus de formation des images qu'il analyse en se référant aux travaux de Jung, Freud, Sartre, Piaget, Lévi-Strauss, Mauss, Eliade, Bachelard, Cassirer etc. Pour lui comme pour son émule Bruno Duborgel, le rationalisme occidental aurait conduit à une dé-mythification très dommageable de nos sociétés. Il s'agit donc de reconvoquer les images qui sont facteur essentiel d'équilibre biologique, psychique et sociologique, de procéder à une « remythisation, c'est-à-dire recollection du sens, collectionné, vendangé, dans toutes ses redondances et soudain vécu par la conscience qui le médite en une épiphanie instauratrice, constituante de l'être même de la conscience. » Ce sens symbolique, qui n'est autre qu'une réaction vitale, négation du néant de la mort et du temps, débouche sur une théophanie dont rend compte l'art tout entier, « entreprise euphémique pour s'insurger contre le pourrissement de la mort. »

Cette quête du sacré (au sens général et païen du terme), ou plus simplement du sens de la vie et du monde, est ce que l'on constate en effet dans nombre de propos d'artistes : « J'essaie toujours de saisir de l'intérieur le dynamisme et le rayonnement à l'œuvre dans l'univers. Matière, lumière, esprit. » (Hartung.) « Je cherche toujours le mot ou la tache de couleur qui vont toucher l'ineffable... Qui l'indicible disent. » (Appel.) « Soit une création faite de lignes, de couleurs : si cette création n'est pas religieuse, elle n'existe pas. » (Matisse.) L'œuvre est « un organisme auquel se confrontent et avec lequel dialoguent toute notre expérience du monde et ce que nous sommes. » (Soulages.) L'œuvre n'a pas de résonance « si le peintre n'est pas en possession intérieure de l'univers. » (Marchand.) Un peintre doit pousser des racines : « Les racines de la terre [...]. La terre qui fait pousser les arbres, une fleur, un légume. » (Mirò.) « Le sentiment artistique a des rapports profonds avec le sentiment mystique [...]. Ce sentiment mystique, presque indéfinissable, me semble fondamental pour un artiste. C'est comme une souffrance de la réalité, un état de constante hypersensibilité à tout ce qui nous entoure, bien et mal, lumière et obscurité. » (Tàpies.)

Mircea Eliade met en évidence, dans son *Traité d'histoire des religions*, le fait que toute action humaine pourvue de sens répète un archétype mythique, et que si même il est dégradé en légende, roman, habitudes ou superstitions, il ne perd pas plus sa structure que sa portée. Ainsi, l'imaginaire s'appuiera sur un fonds archétypal exprimé en symboles, c'est-à-dire en images aux significations variables selon les civilisations, les moments, le contexte, mais toujours porteuses d'un en deçà transcendantal.

Les archétypes de l'imaginaire

Si l'on considère les remarques des enfants sur les œuvres, l'on perçoit assez vite qu'elles expriment fondamentalement l'angoisse et à l'inverse, la recherche de protection. Or, si l'on prend pour simple exemple les mythes fondateurs de l'antiquité grecque empruntés à la *Théogonie* d'Hésiode, ils sont à eux seuls révélateurs des fantasmes humains : tout au début était Chaos, que l'on peut traduire par chaos, gouffre, abîme ou vide, significatifs d'une première angoisse générée par ce qui ne se peut concevoir. Puis « Terre aux larges flancs (Gè), assise sûre à jamais offerte à tous les vivants... D'Abîme naquirent Érèbe et la noire Nuit. Et de Nuit, à son tour, sortirent Éther et Lumière du Jour. Terre, elle, enfanta un être égal à elle-même capable de la couvrir tout entière, Ciel étoilé (Ouranos), qui devait offrir aux dieux une assise sûre à jamais. » D'ores et déjà se constituent les premières réponses : la terre est le refuge des hommes, le ciel, distancié, n'est réservé qu'aux dieux. Érèbe (les ténèbres) est l'image des terreurs fondamentales, Nuit renvoie de manière euphémisée à l'espoir du jour revenu. L'on ajoutera que Gè et Nux sont en grec des noms féminins tandis que sont masculins Ouranos et Erébos. Ainsi se constituent les grands archétypes de la mère féconde et bénéfique et d'une masculinité lointaine et tout autant infinie qu'indéfinie, inquiétante en tout cas. L'on connaît la suite : Ouranos et Gè enfantent des fils que « leur père avait en haine depuis le premier jour. À peine étaient-ils nés qu'au lieu de les laisser monter à la lumière, il les cachait tous dans le sein de Terre. » Jusqu'à ce que, lassée, cette dernière arme Cronos d'une « longue serpe aux dents aiguës » avec laquelle le fils châtre le père, qui promettra à ses Titans d'enfants une vengeance future... Tout naturellement Cronos s'unit ensuite à l'une de ses sœurs, Rhéia, pour donner naissance à une nombreuse progéniture. Mais comme il craint d'être un jour à son tour détrôné, il la dévore au fur et à mesure de sa venue au monde. Et Zeus, caché par sa mère « dans l'énorme Terre pour le nourrir et le soigner dans la vaste Crète », la débarrassera à son tour de son encombrant époux.

Ainsi prennent forme les premières frayeurs (dévoration, mutilation, armes acérées) et les antidotes (sein maternel, cache, nutrition). D'un côté le mythe de Cronos, de l'autre celui de la fondamentale Gè. Notons cependant que l'image de la mère reste ambiguë, puisque c'est toujours d'elle que vient l'initiative du meurtre du père.

Une rapide récapitulation des hypothèses enfantines renvoie bien à ces deux types de préoccupations : crainte de la mort brutale (bateau coulé, guerre, monstre, mer déchaînée, danger, pont sous lequel l'on tue) et double euphémisation dans les expressions de l'avenir (voyage, arbre fructifère, passage) et de la sécurité (barque, nourriture, habitation, eau douce et calme, île, coffre). Ce qui évoque le classement en trois groupes effectué par Gilbert Durand dans un tableau dont nous reprenons ici le principe.

Archétypes (idées)	Clair / sombre, pur / souillé, haut / bas ; lumière / ténèbres, air / miasme, sommet / gouffre, ciel / enfer, héros / monstre, ange / animal, aile / reptile, chef / inférieur.	Passé / avenir ; germe / enfant ; arbre…	Profond, intime, caché, petit, calme, chaud ; mère / femme, fleur ; demeure, centre, nuit, récipient, nourriture, substance, couleur.
Symboles (images)	Soleil, azur ; armes ; échelle, escalier, pyramide, clocher ; aigle, colombe, Ouranos, Cronos, Zeus…	Initiation, sacrifice ; spirale, rouet… Messie, Hermès, Iris…	Berceau, barque, île, coquille, caverne, chrysalide, tombe, ventre ; coupe, chaudron ; avaleur / avalé, œuf, lait, miel ; voile, gemmes, Gè, Rhéia…

À l'issue d'une démarche complexe que nous ne détaillerons pas, nous contentant d'en relever ce qui pour nous est opérationnel dans l'analyse des images et comme source d'actions et opérations, les observations de Durand l'ont amené à constater des schèmes et des structures en concordance avec les trois groupes archétypaux :
Premier groupe (Cronos). Tragique, il est celui des oppositions dramatiques et va se caractériser par les schèmes de la distinction (séparer/mêler) et de l'élévation (monter/chuter), et les structures de l'antithèse et de la scission avec tous leurs corollaires : contradiction, symétrie, exclusion, disjonction (analyse, décomposition, découpage), précision de la forme, géométrisation, abstraction, idéalisation, gigantisation…
Deuxième groupe (Hermès). Il se fonde sur les schèmes du lien (mûrir/progresser, revenir/recenser) et sur des structures synthétiques et dialectiques : harmonisation des contraires, rythmes, contrastes mis en cohérence, causalité, enchaînement du temps, historicité, progressivité…
Troisième groupe (Gè). Appuyé sur les schèmes de la fusion et de l'intériorité (descendre, pénétrer, posséder), il utilise toutes les structures qui en procèdent : homogénéité, abondance de détails, répétitions, confusion par manque de dissociation, confusion contenant/contenu, emboîtements, sensorialité, matérialisme, miniaturisation…

Sans que ce soit en aucune façon une règle générale, l'on peut constater certaines dominantes à des périodes de l'histoire et/ou chez des artistes. Ainsi de la Révolution qui placera toute une génération sous l'empire du mythe solaire, entraînant la séparation ténèbres (l'ancien régime) et lumière (le nouveau), et par là même idéalisation, géométrisation, rationalisation. Le Romantisme, marqué par le mythe du héros (nostalgie napoléonienne), se placera sous le même régime antithétique, mais les ténèbres y dominent la lumière et l'essentiel des œuvres qu'il engendre oppose noblesse et sordide, épique et vulgaire : Victor Hugo en est le représentant le plus évident, mais aussi Géricault, Gros, Delacroix, etc. Un artiste comme Mondrian fondera son œuvre entier sur l'opposition verticale/horizontale, la distinction colorée, dans une quête de pureté et d'idéal. Proust à l'évidence use de structures cycliques, mais aussi de schèmes d'intimité. Van Gogh traverse tous les groupes : dramatique dans ses débuts hollandais, il passe aux schèmes de la fusion dans la sécurité relative de son séjour parisien, puis se tourne vers l'avenir quand son arrivée dans le midi lui fait espérer de meilleurs lendemains, retombe enfin dans la tragédie et morcelle, démembre, éparpille les images d'Auvers-sur-Oise.

Actions et opérations plastiques

La notion de schème va en permettre l'élargissement et un enchaînement fondés sur une expression forte de l'imaginaire. Ainsi peut-on dénombrer à titre d'exemple (bien entendu purement indicatif) pour chacun des groupes une série de possibilités.

Premier groupe

Actions de séparation et leurs contraires

D'une façon générale, toutes les actions d'une certaine violence.

- *Concernant le matériau*

Déchirer/agglomérer, lacérer, écarteler/réunir, déchiqueter/amonceler, émietter/accumuler, agréger/désagréger…
Couper/souder, tailler/suturer, découper/rassembler, débiter, disséquer, sectionner/ramasser, partager/grouper, diviser/amasser…
Détacher/amalgamer, fragmenter/agglutiner, décoller/incorporer, dégager, arracher/imbriquer, disjoindre/joindre, disloquer/conglutiner…
Écarter/rapprocher, repousser/ramener, retirer/ajouter…
Diviser/mélanger, partager/désorganiser, morceler/brasser, etc.

- *Concernant la forme*

Isoler/assembler, abstraire/associer, différencier/assortir, cloisonner/combiner…
Écarter/relier, détailler/brouiller, espacer/rapprocher, scinder/grouper, fractionner/regrouper…
Détacher/lier, souligner/rendre flou, faire ressortir/faire disparaître, cerner/fondre, préciser/brouiller, dessiner/estomper, accentuer/masquer, contraster/assimiler, circonscrire/étendre, limiter/resserrer…
Diviser/réunir, dissocier/rapprocher, disjoindre/adjoindre, désunir/allier, compartimenter/rassembler, décomposer/amasser, organiser/bouleverser, ordonner/désordonner, etc.

- *Concernant le corps*

S'opposer, barrer, s'emmêler, s'agglutiner, etc.

- *Concernant le geste*

Démêler/emmêler, débrouiller/embrouiller, dénouer/nouer, défaire/enchevêtrer, délier/entremêler…
Arracher/recoller, craqueler/lisser, érailler/polir, écorcher/égaliser, égratigner/aplanir, froisser/aplatir, etc.

Actions d'élévation et leurs contraires

• *Concernant le matériau*

Actions d'amoncellement et de dispersion, gestes d'empilage ou d'exhaussement. Dresser/abattre, élever/araser, ériger/détruire, surélever/abaisser, superposer/renverser, faire saillir/aplanir, amonceler/répandre, empiler/parsemer, etc.

• *Concernant la forme*

Grandir/amenuiser, faire dominer/diminuer, faire culminer/abaisser, faire jaillir/écraser, faire émerger/faire rentrer, faire élever, envoler/faire tomber, chuter, etc.

Les relations avec les adjectifs archétypaux permettront de déterminer :
– les sensations visuelles (pur/souillé, propre/sale, net/confus...) ;
– les impressions, effets (menaçant/rassurant, sinistre/gai, tragique/radieux, funèbre/riant, funeste/salutaire...) ;
– les matières (brillant/terne, transparent/opaque, pur/trouble, mince/épais, lisse/grumeleux...) ;
– les couleurs, dans leur réalité et leur qualité (clair/sombre, mélanges/pureté, blanc/noir, diaphane/noirâtre, foncés/demi-teintes, obscur/rayonnant, sourd/vif, etc.) ;
– la couverture du support (uni/maculé, net/barbouillé, propre/taché, immaculé/éclaboussé, etc.).

Deuxième groupe

Tout ce qui est de l'ordre de la répétition rythmée : alternances, répétitions régulières, intermittences, intervalles.

Partant, tout ce qui manifeste le mouvement en succession ou progression (suites, enchaînements, développements). Les transformations mises en cohérence et équilibre, marques du temps. Les mouvements rythmiques ou circulaires.

• Aligner, permuter, alterner, intervertir, inverser, transférer, retourner, intercaler...
• Progression, recensement, retour : accroître, augmenter, avancer, développer, continuer, enchaîner, aligner, faire une suite, une file, une série, une séquence, dénombrer, énumérer, revenir, réapparaître, renaître, ressurgir...
• Mouvements rythmiques : oscillation, va-et-vient, cadence, période, battement...
• Mouvements circulaires : tourner/retourner, rouler, enrouler, tordre/détordre, entrecroiser, tisser, natter, tresser...

Troisième groupe

Toutes les actions référées à la protection et à la possession

• Cacher, abriter, camoufler, déguiser, masquer, dissimuler, enfouir, recouvrir, occulter, voiler...
• Pénétrer, enfoncer (s'enfoncer), engager dans, insérer, insinuer, introduire, infiltrer, plonger, tremper, baigner, blottir, nicher...
• Descendre : faire décroître, diminuer, couler, glisser, mourir...

- Creuser : enfoncer, fouiller…
- Confondre : fondre, fusionner, réunir intimement, incorporer, unifier, brouiller, amalgamer, assimiler, absorber, unifier, agglutiner…
- Posséder : emboîter, enfermer, enclore, serrer, encoffrer, cloisonner (pour resserrer), contenir, envelopper, emballer, empaqueter, couvrir, emmailloter…

Toutes les actions liées au principe de confusion

- Dissoudre, liquéfier, délayer (la matière).
- Faire disparaître, dissiper, évanouir, volatiliser, résorber (la forme).
- Multiplier, répéter, semer, parsemer…
- Attacher, lier, souder, nouer, serrer, ligaturer, accoler, joindre, unir, réunir…

Les adjectifs archétypaux détermineront :

- Les matières : douces, moelleuses, onctueuses, veloutées, satinées, souples, duveteuses, molles, savoureuses…
- Des couleurs abondantes, riches, chaudes, mais aussi claires et pastellisées, tamisées, transparentes, avec des qualités de la matière colorée (liquidités, jus, ou pâtes moelleuses et grasses) et de la manière de la poser (serrée, parsemée, éparpillée en touches, ou mêlée, liée, reliée, amalgamée, superposée).
- Les impressions, sensations, effets :

– Profondeur (mystère, secret, intimité, intériorité, chaleur).

– Calme (stabilité, équilibre, douceur, immobilité).

– Caché (obscur mais non ténébreux, souterrain mais non abyssal, dissimulé mais non insondable).

– Effets de confusion (dru, exubérant, luxuriant, dense, complexe, compliqué, encombré, chargé, bariolé).

– Effets de miniaturisation (minutie, méticulosité, multiplication des détails, amenuisements).

Toutes actions et structures, formes et matériaux qui aideront à construire des images fortes, véhicules et expressions de l'imaginaire, qui donnent tout leur sens aux actions et opérations plastiques.
Quelques références à des œuvres (plastiques ou autres) en expliciteront les effets dans la production artistique, sachant que tout rangement de cet ordre reste arbitraire (et personnel) et que de toute façon le propre de chaque artiste est justement de porter en lui toutes les structures, si même certaines paraissent à certains moments dominantes.

Ces œuvres (ou images ou textes) ont été rangées selon les trois groupes, Gè à la suite de Cronos car elle en est en principe l'exacte antithèse, Hermès ensuite : s'y succèdent ainsi les représentations typiques des angoisses primordiales (archétypes des ténèbres), celles de la recherche corollaire de sécurité (archétypes de l'intimité), celles enfin du temps « recommencé ». Non sans ambiguïté d'ailleurs, car l'on verra que souvent se mêlent dans une même représentation les possibles.

2. Rencontres archétypales

Cronos/archétypes des ténèbres

Le *Saturne* de Goya
Image même des terreurs primordiales, par le sujet d'abord (Saturne = Cronos), de par les tourments qui animent l'artiste au moment où il peint les murs de sa *Qinta del sordo*, par la manière enfin dont se fait la représentation. Le visage porte le drame : yeux exorbités, énorme globe blanc sur lequel se plaque un iris charbonneux, formidable « bouche d'ombre ». Bien entendu, il se complète de la précision du corps démembré, sanglant, décapité, que le monstre dévore avec rage. Il se complète aussi de la déformation expressive qui affecte l'anatomie de Saturne, opposant courbes et angles abrupts (cf. particulièrement les bras et jambe de gauche), énonçant fortement la crispation des doigts qui semblent un bois équarri, en contraste total avec la douceur charnue de l'enfant dévoré.

Il se complète enfin de la mise en page, de la gigantisation d'un personnage que ne contient pas l'espace du tableau : ne pouvant s'y déployer, le monstre en est réduit au repliement, à l'accroupissement, arc-bouté sur des jambes partiellement absentes. L'inquiétant est qu'il en peut surgir. Car il émerge, prêt à se déployer, d'un néant obscur… Et du fond totalement noir affleurent, morcelés par l'ombre qui les ronge, les membres décharnés de l'ogre. Saturne dévore ses enfants, mais les ténèbres, également dévoreuses, le déchiquettent : tout est sous le signe du démembrement.

La *Chute des anges rebelles* de Bruegel
Oppose la lumière (divine) et les ténèbres (diaboliques), avec un luxe de détails qui euphémisent quelque peu le propos, tant sont parfois drolatiques les monstres qui pullulent aux pieds de saint Michel. Ce n'est pas d'eux cependant que vient l'impression de malaise, mais bien des schèmes du grouillement et de la séparation : le tableau se construit en deux registres contrastés, deux tiers inférieurs sombres (les anges rebelles), tiers supérieur clair

(les représentants de l'ordre divin). Au-delà du contraste symbolique héros/monstre, haut/bas, immédiatement perceptible, se remarque assez vite, dans les éléments imagés, l'accumulation de détails renforçant le sens : dans la partie haute, anges, ailes, armes « nobles » (épées), en bas bêtes, reptiles, armes vulgaires (fourches, coutelas) auxquels s'ajoute le contraste entre la pureté du visage des anges, leur calme et leur impassibilité, et l'expressionnisme grimaçant de ceux que l'on peut considérer comme des vaincus.

Ainsi s'exprime en oppositions l'angoisse qui dans l'imagination des peuples a généré le fabuleux, explicitation de l'inconnu, forme donnée à l'inexprimable et particulièrement au danger. Forme d'ailleurs confusément ressentie, qui ne pourra se fixer en images précises que dans une rationalisation réductrice (et somme toute rassurante).

Images de la monstruosité

Dans sa première *Méditation*, Descartes notait que l'artiste ne peut jamais créer de formes totalement nouvelles mais recourt seulement à « un certain mélange et composition de membres de différents animaux ». Léonard de Vinci conseille, pour donner à un dragon une apparence naturelle, de prendre « la tête du mâtin ou du braque, les yeux du chat, les oreilles du hérisson, le museau du lièvre, le sourcil du lion, les tempes d'un vieux coq et le cou de la tortue. » Grandville, au siècle dernier, confie à un ami : « Je n'invente pas, je ne fais qu'associer des éléments disparates et enter les unes sur les autres des formes antipathiques ou hétérogènes. »

Pratiquement en effet, le monstre dans ses représentations n'est jamais autre chose que transformation/association d'éléments naturels de façon inhabituelle. Et l'on peut méthodiquement tenter un inventaire des créations (*cf.* Gilbert Lascault). On relèvera donc les actions par lesquelles la forme se déforme et se reforme pour devenir monstrueuse.

Actions de transformation simple

L'animal ou le personnage restent inchangés, mais subissent :

Des variations de couleur

Claude Lapointe, dans *Le Petit Poucet* de Ruy-Vidal (Grasset-Jeunesse), rend l'ogre étrange par les couleurs irréalistes de son visage, répugnant par la matière pustuleuse de sa peau. Jaune, rose et mauve au début, il se fait terrible, en rouge et vert puis orange et bleu, quand il sent « une bonne odeur de tendron » et cherche sa provenance… Gustave Flaubert, dans sa première *Tentation de saint Antoine*, précise les couleurs inhabituelles des apparitions animales : le griffon a des ailes blanches, un corps noir et le cou bleu, le phénix de grandes ailes d'or, le basilic est un « gigantesque serpent violet à crête trilobée », le martichoras est cinabre, rouge et vert, la licorne a « les sabots d'ivoire, les dents d'acier, la tête couleur de pourpre, le corps couleur de neige, et la corne blanche par le bas, noire au milieu, rouge au bout. »

Des changements d'échelle

L'énorme ou le minuscule engendrent un sentiment d'inusité, donc d'inquiétude. Géants souvent anthropophages, nains malfaisants ou bénéfiques, ont hanté l'imagination. Contes et légendes en sont le reflet, que Swift reprend en symétrie : Gulliver à Brobdingnag est saisi d'angoisse à la vue d'un indigène « de la taille d'un clocher ordinaire », tandis qu'à Lilliput il semait lui-même la terreur. Dans le film de Jack Arnold *L'homme qui rétrécit* (1957), le héros diminué peu à peu par l'effet d'un nuage atomique se trouve confronté à des animaux ordinaires (chat, puis araignée) que son propre nanisme rend gigantesques... Le petit, moins inquiétant, le devient par multiplication : Huysmans (*Certains*) trouve les véritables monstres dans « l'infiniment petit, le monde des animalcules, des infusoires et des larves dont le microscope nous révèle la souveraine horreur ».

Actions de déplacement

Après morcellement du corps, ses éléments font l'objet de permutations, glissements, inversions. « L'image de la dent se déplace sur la main, celle du sexe sur l'aisselle, de la jambe sur le bras, du nez sur le talon. » (Bellmer.)

Actions de suppression ou d'addition

Suppression

Flaubert (*Tentation...*) met en scène les nisnas (« nous n'avons qu'un œil, qu'une joue, qu'une narine, qu'une main, qu'une jambe, qu'une moitié de corps, qu'une moitié de cœur »), les sciapodes (« retenus à terre par notre chevelure plus longue que des lianes, nous végétons à l'abri de notre pied large comme un parasol »), les blemmyes (« n'ayant point de tête, nos épaules en sont plus larges... nous pensons des digestions, nous subtilisons des sécrétions. Dieu, pour nous, flotte en paix dans les chyles intérieurs »). Demi-corps, jambe unique, absence de tête...

Addition, multiplication

Plus spectaculaires peut-être, et donc plus usitées, elles concernent surtout les têtes, les corps, voire les organes de la tête, plus rarement les membres. Le bête de l'*Apocalypse* a dix cornes et sept têtes, chez Hésiode le géant Géryon en a trois, son chien Orthos deux, Cerbère, gardien des enfers, cinquante. Argus a cent yeux, Cottos, Briarée, Gyès, trois des enfants d'Ouranos et Gè, ont chacun « cent bras qui jaillissent, terribles, de leurs épaules, ainsi que cinquante têtes, attachées sur l'épaule à leur corps vigoureux ». Le martichoras de Flaubert a triple rangée de dents...

Processus combinatoire

Les monstres composites, de loin les plus nombreux, jouent sur les associations fragmentaires homme/animal, animal/animal, homme/végétal, homme/animal/végétal, animal/végétal.

Homme + animal

Il ne s'agit parfois que d'attributs ajoutés (ainsi des cheveux serpentiformes des Gorgones). Plus souvent, la combinaison se fait par moitié : tête/buste humains et corps animal ou *vice versa*. C'est, décrite par Hésiode, la terrible Echidna dont le corps « est par moitié d'une jeune femme aux belles joues et aux yeux qui pétillent, pour moitié un énorme serpent, terrible autant que grand, tacheté, cruel, qui gîte aux profondeurs secrètes de la terre divine ». Ce sont les centaures (hommes/chevaux), les harpies (femmes/oiseaux), les satyres (hommes/boucs), les tritons (hommes/poissons), les sirènes (femmes/poissons), le Minotaure (taureau/homme). Ce sont, au Moyen Âge, les mantichores (femmes à corps de lion, de cheval ou de bœuf). Plus complexes sont le sphinx, et la vouivre des légendes françaises, femmes à corps de lion ou de serpent et ailes d'oiseau ou de chauve-souris.

Animal + animal

Comme pour la famille précédente, la combinaison est de complexité variable, d'autant que, selon les auteurs et les époques, le même monstre peut prendre des formes différentes : ainsi la chimère, relativement simple chez Homère (« lion par-devant, serpent par-derrière et chèvre au milieu »), se fait fantasmagorique dans la description d'Hésiode (« terrible autant que grande, rapide, puissante, qui possède trois têtes, l'une de lion à l'œil ardent, l'autre de chèvre, l'autre de serpent, de puissant dragon »). Scylla, le fameux rocher du détroit de Messine, est dans l'*Odyssée* un monstre prodigieux : « elle a douze pieds difformes, et six cous sortent longuement de son corps, et à chaque cou est attachée une tête horrible, et dans chaque gueule pleine de la noire mort il y a une triple rangée de dents épaisses et nombreuses. » Virgile la dote d'un torse féminin : « elle a le haut du corps d'un être humain, le sein d'une belle fille ; mais passée la ceinture, c'est un monstrueux dragon au ventre de loup et queues de dauphins » (*L'Énéide*). Ovide, lui, entoure sa taille de têtes de chiens et raconte sa métamorphose par la magicienne Circé : « Elle se voit, aux aines, entourée d'affreux monstres aboyant… Et quand elle cherche ses membres, cuisses, jambes, pieds, ce sont des cerbères aux gueules béantes qu'elle trouve à leur place » (*Métamorphoses*.)

La licorne médiévale, à corps de cheval, pieds d'éléphant, tête de cerf et corps de pourceau, se verra transformée par le XVe siècle en simple cheval à corne. Enfin, le dragon, dont l'iconographie est d'une immense richesse puisqu'elle couvre toutes les civilisations, est l'animal fabuleux par excellence, doté d'une extrême variabilité de formes : en Grèce, Ladon, gardien des pommes d'or des Hespérides, n'est guère qu'un serpent à cent têtes ; le dragon chinois se complète de cornes, d'épines et d'ailes. Apparenté au crocodile ou au serpent, il se nantit ou non de pattes, d'oreilles, d'ailes, voire, s'il est marin, d'épine dorsale et queue de baleine. Deux constantes en tout cas : une peau écailleuse et une gueule très dentue, crachant des flammes ou une langue vipérine.

Homme ou animal + végétal

Combinaison souvent inventée pour des raisons plus décoratives qu'expressives. Citons cependant le mythe de Daphné fuyant Apollon, transformée en laurier : « Sa tendre poitrine est enveloppée d'une mince écorce, ses cheveux s'allongent en feuillage, ses bras en rameaux, son pied tout à l'heure si rapide est retenu au sol par d'inertes racines ; son visage, à la cime, disparaît dans la frondaison. » (*Métamorphoses*, Ovide.) Le Bernin utilise le thème dans un groupe de marbre (Rome, galerie Borghèse), ce qui est une sorte de gageure, le sculpture se prêtant mal au dynamisme du sujet. Il choisit de représenter le moment crucial ou, rejointe par le dieu, Daphné est tout à coup immobilisée par sa transformation, et en déduira le principe de contrastes multipliés : opposition de la course d'Apollon et de l'élan arrêté de la nymphe (qui entraîne le contraste du profil rompu d'angles de l'un et la tension ascendante de l'autre), contraste des expressions (impassibilité souriante de l'homme/angoisse manifeste de la jeune fille), opposition des vastes plages lisses des chairs et de l'animation des éléments secondaires, l'envol des draperies et chevelures rendant plus frappant le subit enracinement, tandis que s'émiette en feuillages ténus la plénitude du corps féminin.

Composites d'éléments inanimés/animés

Cette dernière catégorie englobe les objets personnalisés, l'assemblage d'objets, celui de formes géométriques ou non figuratives diverses... Bosch multiplie le premier type : chaudrons à pattes, ruches à jambes, jarres bovines, maisons à visage humain, etc. Arcimboldo rassemble des éléments pour figurer ses têtes composées (*Le Libraire* fait de livres, *Le Cuisinier* de victuailles, *Hérode* de cadavres d'enfants...) ou humanise des paysages, comme le fera plus tard Dali. Niki de Saint-Phalle recouvre ses personnages et animaux d'un amalgame d'objets divers.

L'on connaît les alphabets personnalisés, plus cocasses que monstrueux, Lascault cite une caricature de Castro dont la barbe prend la forme de l'Amérique latine, un dessin dotant la carte d'Angleterre d'attributs humains... Enfin, dans le règne de l'abstraction, ne manquent pas le monstres faits d'assemblages hétéroclites plus ou moins géométrisés.

Schèmes de l'animalité

Fabriquer un monstre ne suffit pas à exprimer fortement l'imaginaire si l'on ne va pas au-delà du simple processus transformationnel, lequel peut somme toute se réduire à un procédé. Roger Caillois (*Au cœur du fantastique*, Gallimard) considère par exemple l'œuvre d'Arcimboldo comme une « aimable fantaisie » et n'y voit qu'un système habile, « pure prouesse à la fois conventionnelle et mécanique. » De la simple illustration à l'œuvre « porteuse », de l'imagerie à la puissance évocatrice, il y a en effet une nuance qu'il va s'agir de définir.

À propos du dragon, Durand écrit : « Il semble, psychologiquement parlant, comme porté par les schèmes et les archétypes de la bête, de la nuit et de l'eau combinées. Nœud où convergent et s'emmêlent l'animalité vermidienne et grouillante, la voracité féroce, le vacarme des eaux et du tonnerre, comme l'aspect gluant, écailleux et ténébreux de l'eau épaisse. »

– Le monstre est dévoreur : d'où l'importance généralement accordée à sa gueule, à la multiplication des dents, à leur aspect acéré, schèmes de la *morsure*, de la *mastication*, du *broyage*, du *démembrement*.

– Il est porté par le schème du *grouillement*, d'où la multiplication de ses attributs, souvent serpentiformes.
– Il est rarement immobile, sauf quand, tapi, il guette sa proie, prêt à *jaillir*, *bondir*. Vitesse, apesanteur, en complètent parfois l'image.
– Il est bruyant et, selon les cas, *hurlant*, *rugissant*, *mugissant*, *gémissant*, etc.
– Il est fait d'une matière insolite, éminemment répulsive.
– Enfin, le monstre est en général né, et vit, dans un environnement particulier qui en redouble l'horreur : fonds marins, cavernes, rochers, ténébreux dans la plupart des cas.

La gueule

Cronos dévorait ses enfants, Gulliver à Brobdingnag se dit qu'il ne fera « qu'une bouchée sous la dent du premier de ces barbares gigantesques ». C'est de la gueule que vient la mort. « Prends garde, dit le basilic à saint Antoine ; tu vas tomber dans ma gueule ! Je suis le dévorateur universel, le fils des volcans nourri de lave et de soufre ! J'ai bu la rosée des prairies, la sève des plantes, le sang des bêtes. Je bois du feu. Il faut que j'avale ta moelle, que je pompe ton cœur. » Le souffle de la chimère a « l'effroyable jaillissement d'une flamme flamboyante » (*L'Iliade*), la gueule de Scylla est « pleine de la noire mort », celle de Charybde « engloutit l'eau noire, et elle la revomit trois fois par jour et elle l'engloutit trois fois horriblement » (*L'Odyssée*). Même image pour le cyclope qui dévore les compagnons d'Ulysse et de la gorge duquel, alors que sous l'empire de la boisson le sommeil le saisit, « jaillissent le vin et des morceaux de chair humaine ». Et les représentations médiévales répéteront à l'envi la gueule de l'enfer où sont précipités les damnés, tandis que dans le film *Alien* (Ridley Scott) le monstre se niche dans les corps humains pour les dévorer de l'intérieur…

La matière

Le corps du Léviathan de Victor Hugo, « couvert de lames vertes, semble un mouvant amas de boucliers d'airain. » Flaubert montre à saint Antoine « des aloès tout couverts de pustules roses ». Le Drac de Huysmans (*La Cathédrale*) pèle, sème ses écailles, son « épiderme blanc grenelé de cailloux ». La pieuvre des *Travailleurs de la mer* est visqueuse « d'une viscosité qui a de la volonté, quoi de plus effroyable ! Elle n'a pas d'os, elle n'a pas de sang, elle n'a pas de chair. Elle est flasque. Il n'y a rien dedans. C'est une peau… Toute la bête est froide… C'est un contact odieux que cette gélatine animée qui enveloppe le nageur, où les mains s'enfoncent, où les ongles labourent, qu'on déchire sans la tuer, et qu'on arrache sans l'ôter, espèce d'être coulant et tenace qui vous passe entre les doigts… » Dans *Alien 2* (Cameron), Ripley arrache la fillette qu'elle veut sauver à d'épaisses sécrétions, collantes et tenaces.

La matière est donc toujours donnée comme anormale (écailleuse, pustuleuse, granuleuse, gélatineuse) et excessive : dure jusqu'à l'airain, dégoulinante, visqueuse, gluante.

Et l'on peut faire l'inventaire de tous les adjectifs porteurs de la répugnance qu'elle inspire : écailleux se décline en squameux, hérissé, rugueux, râpeux, rêche, grumeleux ; pustuleux en boutonneux, boursouflé, turgescent, cloqué, gonflé, ballonné, bouffi, congestionné, dilaté, distendu, enflé, gondolé, intumescent, tumescent, turgide ; visqueux en épais, collant, glutineux, poisseux, chassieux, glaireux, etc.

Le bruit

« La vorace Scylla fait retentir de ses aboiements les gouffres de la mer de Sicile ». Des cent têtes de Typhée, dernier fils de la terre, s'élèvent des voix « faisant entendre mille accents d'une indicible horreur. Tantôt ce sont des sons que seuls les dieux comprennent ; tantôt la voix d'un taureau mugissant, tantôt celle d'un lion au cœur sans merci ; tantôt des cris pareils à ceux des jeunes chiens, étonnants à ouïr ; tantôt un sifflement que prolonge l'écho des hautes montagnes. » (Hésiode.)

Pour le Léviathan de Hugo :

« Son sommeil fait le bruit d'un torrent souterrain.
Quand il a soif, sa gueule ouverte, vaste, horrible,
Boit tout un fleuve avec un aboiement terrible. »

Chez Flaubert, les animaux arrivent « en rafales hurlantes », et « les Cynocéphales aboient, les Pygmées discutent, les Astomis sanglotent, la Licorne hennit, le Martichoras rugit, le Griffon piaffe, le Basilic siffle, le Sadhuzac pousse des sons, le Catoplebas soupire, la Chimère crie, le Sphinx gronde… Les dents claquent, les ailes vibrent ». Et saint Antoine éprouve à son tour le besoin « d'aboyer, de beugler, de hurler. »

Le grouillement

C'est le pullulement, la multiplication, et dans la confusion, qui donnent à imaginer un bougé tortillant et fourmillant, qui en fourniront les images les plus suggestives. L'accumulation engendre un chaos générateur d'angoisse. Ainsi des monstres de Flaubert : « […] ceux qui sont passés reviennent, ceux qui ne sont pas venus arrivent. Il en tombe du ciel, il en sort de terre, il en dégringole des rochers […]. Et cela monte en pyramides, faisant un tas complexe de corps divers, dont chacun s'agite de son mouvement propre, tandis que l'ensemble oscille, bruit et reluit. » Ainsi du Sabbat de Victor Hugo (*Odes et Ballades*) :

« Parmi les rayons bleus, parmi les rouges flammes,
Avec des cris, des chants, des soupirs, des abois,
Voilà que partout, des eaux, des monts, des bois,
Des larves, des dragons, des vampires, des gnomes,
Des monstres dont l'enfer rêve seul les fantômes […]. »

Ainsi de la *Chute des anges rebelles* de Brueghel : les monstres y prolifèrent, hybrides à la fois hommes, poissons, oiseaux, dragons, chauves-souris, amphibies, reptiles, végétaux, objets… Mais ce qui écœure et suscite l'angoisse, c'est leur a-perception dans le mélange.

Le mouvement

Le grouillement est agitation confuse et sournoise. Il suppose l'informe instable… Mais de l'informe peut surgir une forme plus effrayante encore, animée d'une dangereuse vigueur. Quand Huysmans animalise le Drac pour exprimer le dégoût qu'il lui inspire, les verbes qu'il multiplie sont comme un inventaire de toutes les actions susceptibles d'engendrer peur et répulsion : « […] un serpent liquide qui rampait et se tordait, colossal, entre des rocs, ainsi qu'entre les crocs d'un gouffre. Par instants, ce reptile se redressait, se jetait dans des quartiers de rochers qui le mordaient au passage, et comme empoisonnées par ce coup de dent, les eaux changeaient; elles perdaient leur couleur d'acier, blanchissaient, en moussant, se muaient en un bain de son; puis le Drac accélérait sa fuite, se ruait dans l'ombre des gorges, s'attardait, au soleil, sur des lits de graviers et s'y vautrait; il rassemblait encore ses rigoles dispersées; il reprenait sa course, s'écaillait de pellicules semblables à la crème irisée du plomb qui bout; et plus loin il déroulait ses anneaux et disparaissait, en pelant, laissant après lui sur le sol un épiderme blanc grenelé de cailloux, une peau de sable sec. »

Toute mise en mouvement du monstre, qu'elle soit lente ou rapide, est matérialisation du danger. Si elle se double de transgressions, surtout spatiales (enjambées démesurées, marche sur ou dans l'eau, passage à travers les murailles, apesanteur, tous éléments que le cinéma n'a pas manqué d'utiliser), le danger s'en augmente virtuellement.

La mise en situation

Pour l'analyse du monstrueux, en ont été artificiellement détachés les attributs. Mais l'on conçoit aisément ce qu'il y a là de superficiel et d'insuffisant : le monstre n'est convaincant que dans l'ensemble qui le porte. Et l'imagerie qui n'en tient pas compte ne fait guère que le donner comme étrange, voire cocasse et dérisoire. L'on a vu, à travers les textes cités, que jamais sa représentation n'est seulement descriptive, que toujours elle s'inscrit dans un contexte suggestif qui l'amplifie... Représentation d'ailleurs peu précise, et la littérature accumule les termes qui, dans le flou, supposent plus qu'ils ne disent, et de ce fait portent davantage l'imagination du lecteur.

Dans la mythologie grecque, tous les êtres monstrueux naissent du chaos, se réfugient dans le antres et les grottes. Le Minotaure est enfermé dans le labyrinthe, Victor Hugo compare les égouts de Paris à l'intestin de Léviathan (*Les Misérables*). « Le noir ramène au fondement, à l'origine, écrit Michaux (*Émergences-Résurgences*). De la nuit vient l'inexpliqué, le non-détaillé, le non-rattaché à des causes visibles, l'attaque par surprise, le mystère, le religieux, la peur... Et les monstres. Ce qui sort du néant, non d'une mère. » Hugo, subtilement, fait une différence entre nuit et ténèbres. « Dans la nuit il y a l'absolu; il y a le multiple dans les ténèbres. La grammaire, cette logique, n'admet pas de singulier pour les ténèbres. La nuit est une, les ténèbres sont plusieurs. » (*L'homme qui rit.*)

Car la peur que suscite le monstre repose sur deux archétypes confusément ressentis, le chaos (et les mythes de la création/destruction) et les ténèbres, parfois référés à des lieux précis (cavernes, souterrains, intestin, labyrinthe) et qui ne pourront généralement s'exprimer que dans le contraste : le chaos n'a de réalité que face à l'ordre, les ténèbres ne prennent leur sens que par rapport à la lumière.

Dans son *Traité de la peinture*, Léonard de Vinci raconte comment, parcourant la campagne, il arriva un jour « au seuil d'un grande caverne » : « Je restai un moment frappé de stupeur, en présence d'une chose inconnue [...]. Et je me penchai d'un côté et d'autre plusieurs fois pour voir si je pouvais discerner quelque chose; mais la grande obscurité qui y régnait ne me le permit pas. Au bout d'un moment, deux sentiments m'envahirent; peur et désir, peur de la grotte obscure et menaçante, désir de voir si elle n'enferme pas quelque merveille extraordinaire. »

Cette attirance/répulsion que tout un chacun a pu un jour éprouver reflète une symbolique générale qui associe la caverne tout à la fois à de grands dangers (antre d'où surgissent les monstres) et aux plus prodigieuses surprises (le trésor d'Ali Baba). Accès secret au monde souterrain (et en ce sens passage vers le royaume des morts), elle abrite toutes sortes d'entités aussi bien néfastes que bénéfiques. Image de l'utérus, associée à la femme et à la fécondité, elle est investie de valeurs vitales et initiatiques (renaissance et régénération) et sera dans l'iconographie chrétienne le lieu de la naissance et de l'ensevelissement du Christ. Antre ou tanière, abri ou nid, ventre en tout cas de la Terre-mère, elle renvoie dans son ambivalence au mythe de Gè, génératrice de monstres, mais nourricière et protectrice.

Gè/archétypes de l'intimité

Léonard de Vinci, *La Vierge aux rochers*

L'œuvre

Le lieu redouble le sujet mère/enfant. Notons au passage que vers 1500 la peinture, lassée des architectures qui ont essaimé tout au long du Quattrocento pour permettre la mise en place de la perspective, va revenir à des paysages naturels... Qu'elle traite comme des bâtiments! On remarquera sans peine dans le tableau une échancrure à droite en forme de fenêtre, des roches évoquant des poutres, etc. Rappelons aussi que le mythe de la caverne de Platon est bien présent dans les esprits de cette époque d'humanisme, et Léonard n'est pas le seul à y recourir. Cela posé, qui montre un artiste en accord avec son temps, relevons les symboles les plus insolites :

- Au-delà de la caverne, un plan d'eau (liquide matriciel), au centre une île (femme-mère).
- Une série de roches hérissées évoquant les « pierres dressées » fécondantes.
- Au premier plan, sous les pierres plates qui servent de socle aux personnages, des trous d'ombre, percées de la terre, regard sur les profondeurs souterraines, le monde chtonien.
- S'ensuit un effet d'avant-scène théâtrale qui isole les personnages, les place dans un au-delà intemporel. Mystiques, ils sont situés au-dessus des espaces inférieurs, élevés en épiphanie, mis en apparition, révélation du champ du sacré. Du coup, l'ensemble devient comme une sorte de cache/protection d'un trésor. Trésor révélé : la rédemption; trésor non révélé : par-delà la grotte initiatique, l'île et sa montagne sont l'image de Dieu/centre du monde.

–Notons la déshumanisation du paysage (site sauvage sans aucune construction : ni chemin, ni pont, ni maisons) coutumière à l'artiste mais unique en son temps, signe pour lui de l'universalité divine.

–Remarquons enfin le symbolisme précis des gestes, qui superposent les trois mains de la vierge, de l'ange et du christ : ce dernier bénissant saint Jean (symbole du sacrifice) que montre l'ange (volonté divine), la vierge tentant avec ses doigts crispés comme des serres de retenir son fils. Dieu veut que le sacrifice s'accomplisse et l'enfant y est décidé, la mère essaie en vain de conjurer le sort.

Les structures :

– Emboîtement des espaces : de l'arrière à l'avant, le paysage s'encastre dans l'arc d'ouverture, lui-même dans l'arc du feuillage, etc. Système perspectif, mais aussi répétition des contenants/contenus. On voit bien par exemple que l'île s'entoure d'un plan d'eau, d'un cirque montagneux, lequel s'enclôt dans l'arrondi de la caverne, qu'à droite la pierre dressée s'encadre dans l'échancrure, celle-ci dans une autre, celle-ci dans une sorte d'alcôve redoublant l'arcade de gauche.

– Corollairement, constantes répétitions : rochers, végétations...

– Abondance de détails : non seulement les pierres sont complaisamment multipliées et analysées, mais au sol pas un pouce qui ne soit l'objet d'un travail minutieux de représentation : fleurs, plantes aisément reconnaissables, cailloux, signes d'un intérêt prêté à la nature que l'on attribue généralement à l'enfance paysanne de l'artiste, à sa curiosité scientifique ; « peintre, dit-il, pour être excellent, tu dois avoir une aptitude universelle à représenter tous les aspects des formes produites par la nature... Aussi à la campagne porte ton attention à la diversité des objets, regarde tour à tour une chose et puis l'autre, compose ta gerbe d'objets triés et dégagés des moins bons. »

– Reste qu'il y a là preuve de matérialisme, d'un réalisme sensoriel qui le sépare de façon significative de ses contemporains, tout occupés aux choses de l'esprit.

– Miniaturisation : tous ses paysages manifestent un attachement à la représentation de l'infiniment petit, corollaire d'ailleurs de l'amour du détail.

– Les impressions de profondeur, soutenant, on l'a vu, l'idée de révélation, sont évidentes et même sans cesse redondantes. Profondeur fuyante, dans l'espace représenté en arrière de la grotte, deux fois répétée. Profondeur abyssale suggérée, infinie, au premier plan.

– Enfin, fusion grâce au *sfumato*.

Il y a bien structures d'intimité. Non sans ambiguïté cependant. Car l'œuvre n'est pas sans suggérer une angoisse latente et René Huyghe n'hésite pas à ranger Léonard de Vinci parmi les peintres « de la nuit et des ténèbres ». Qui ne sont pas obligatoirement assimilables (*cf.* Hugo p. 145) puisque la nuit est liée à la descente, les ténèbres à la chute.

Schèmes de l'enfermement : la demeure

Dans *La Poétique de l'espace*, Bachelard développe en dix chapitres ce qu'il appelle « l'espace heureux ». Sont évoqués tour à tour :

– l'espace refuge : la maison (chap. 1 et 2), le nid (chap. 4), la coquille (chap. 5) ;

– son dérivé : la cachette où l'on se blottit (les coins, chap. 6) ;

– l'espace du possédé, esthétique du caché, la « maison des choses » : tiroirs, coffres et armoires (chap. 3) ;

– la miniature (chap. 7) et l'immensité intime (chap.8) développent la dialectique du petit et du grand, complétée par celle du dedans/dehors (chap.9), débouchant enfin sur la phénoménologie du rond.

L'espace refuge : intérieur/extérieur

Il évoque immédiatement les images d'intérieurs qui se multiplient à certaines époques : en Hollande au XVIIe siècle, avec les sujets justement dits « intimistes », en France au XVIIIe siècle avec la vogue des petits appartements qui succède aux fastes épuisants du siècle de Louis XIV, au début du XXe siècle avec les nabis... Les raisons d'être n'en sont pas les mêmes, les formes non plus, mais toujours s'y manifestent une atmosphère de calme feutré, une sorte de temps arrêté, une vie silencieuse, contemplative, intériorisée.

La Hollande du XVIIe siècle, fraîchement indépendante, se forge de toutes pièces un art national qu'il lui faut opposer au baroque flamand. Repli, regards sur soi, plaisir de se montrer, de se voir, dans une simplicité commandée d'ailleurs par la rigueur protestante, en seront la marque. Presque tous ses intérieurs, quoique différemment et à des degrés divers, sont fondés sur le même principe : accumulation des détails signifiants de la demeure, portes ouvertes ou entrouvertes sur des espaces parallèles, lumière diffuse (même quand elle est vive) jamais dramatisée, pièces/boîtes dont sont donnés généralement tous les cloisonnements (murs, sols et plafonds). Cette imagerie que répètent à l'envi ceux que l'on appelle les « petits maîtres » (Dou, Terborch, Metsu, etc.) trouvera sa plus haute expression avec Vermeer et ses bains de lumière colorée, sa touche perlée qui goûte les choses et en dénote les textures, ses visages intériorisés.

Dans la France de Louis XV, alors que les artistes manifestent peu dans leur manière de peindre le goût récent du resserrement des espaces, c'est à Chardin (d'ailleurs influencé par la peinture hollandaise) qu'il reviendra d'être le représentant d'une vision nouvelle. Soulignons tout d'abord que l'extérieur intervient très rarement dans ses œuvres (hors quelques toiles de commande comme *Le chien barbet*), non plus que l'extérieur à lui-même, les objets représentés faisant généralement partie de son univers familier. La deuxième remarque qui s'impose est que jamais avant lui n'a été exploré avec autant d'acuité et de complaisance le monde sensible : il est le peintre de la matière dans toutes ses définitions sensorielles (matière des choses, matière picturale). Dans *Le Bénédicité* (vers 1740), c'est elle qui définit toutes les structures, épaisse dans les clairs, moelleuse dans les tons plus sombres, fluide dans les fonds d'où elle fait émerger les quelques éléments qui échelonnent l'espace (étagère de droite, bahut à gauche). La légère plongée sur la scène en accentue l'intimité. Monde clos mais présent, qui inclut le spectateur, l'introduisant dans une scène qui se continue vers lui de par l'étagère coupée par le cadre, de par la bassine de cuivre au premier plan qui dévoile son contenu... La lumière qui rayonne de la nappe aux personnages est suffisamment forte pour que se dévoilent clairement les apparences. Pourtant elle n'empêche pas la fusion, le lien peut-être, simplement, qu'engendrent d'une chose à l'autre les jeux d'ombre. On remarquera l'ombre portée des mains de la fillette sur sa jupe, puis sur la nappe ; celle de la fourchette qui vient se perdre en douceur dans les replis du tissu ; celle qui, en arrière de la mère, relie celle-ci au mur, à la chaise, au sol, ou celle qui, sur la nappe, reflète son tablier.

On notera aussi les rappels constants de teintes : aucune n'est violente, et toutes se répondent latéralement comme en profondeur. Dominante brune égayée de verts et de rouges (ceux-ci rythmant l'espace de la bassine à la robe de l'enfant de gauche, à sa coiffe, et de là aux deux chaises), éclairée de blancs. Blancs qui relient le tout par les reflets qui s'y diffusent et s'absorbent en eux : roses, paille et verdâtres y répercutent la totalité de l'espace avoisinant, microcosme d'un microcosme… Et chez Chardin, les emboîtements sont moins l'effet de la figuration d'intérieurs enchâssés (encore qu'il y recoure souvent : cf. par exemple *La pourvoyeuse* et *La mère laborieuse*) que de la relation picturale instaurée.

Vers 1888, se regroupent sous le nom de Nabis (de l'hébreu = prophètes) des individualités disparates dont le seul point commun est le désir de retrouver une « sensation primitive » en réinterprétant la nature, ce qui les conduira à faire des sujets les plus humbles des « icônes modernes », l'art étant « la sanctification de la nature de tout le monde ». Nous en retiendrons ici le seul Bonnard, à travers l'analyse du *Nu à la baignoire* (Petit Palais, Paris), tableau bien connu et caractéristique de l'ensemble de l'œuvre.

Lieu intime, image féminine, chatoiement des bleus, orangés et mauves, fondu de la touche, originalité de la prise de vue. Vue en plongée, la femme étire son corps dans la transparence de l'eau, et la baignoire telle une conque redit confusément le mythe d'Aphrodite. Sous elle, un carrelage menu. Au-dessus, les orthogonales de carreaux (mur ? fenêtre ?) affirment le plan de la toile tout en enserrant le sujet d'une grille qui tout à la fois l'émerge et en affirme l'intériorité. Une lumière dorée, prisonnière à gauche du quadrillage, s'épand vers la droite, caressant au passage le nu, fondant le mur du fond et la baignoire, s'éparpillant au sol en mosaïque.

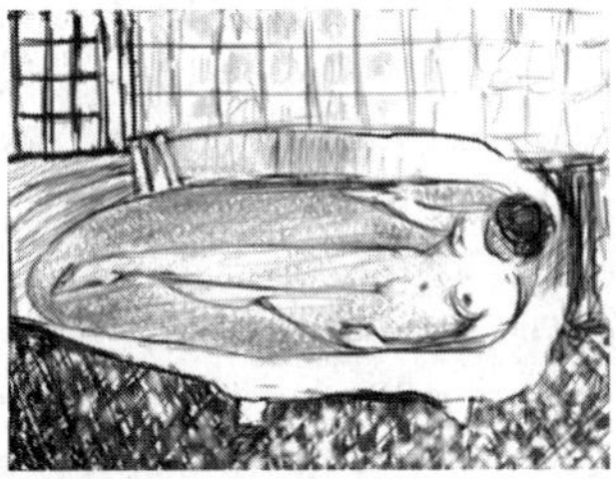

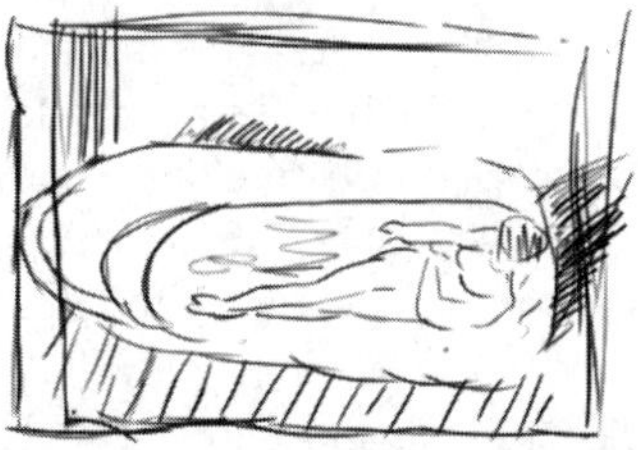

Le dessin préparatoire utilisait un espace plus vaste, et montre le recadrage que l'artiste s'impose, resserrant le rectangle d'enveloppe au plus près du motif. Monde clos, fusion et éparpillement, couleur chaude et riche, transparences, moelleux des matières, pénètrent le spectateur d'une douillette quiétude.

Schèmes de la possession : contenant/contenu

Posséder, si l'on se réfère aux synonymes, c'est avoir/détenir/jouir de, c'est aussi tenir/garder/enfermer. Un ensemble verbal significatif : tenir entraîne une chaîne de retenir à étreindre (enserrer, embrasser) ; garder se développe en conserver, préserver, protéger, abriter ; enfermer, c'est serrer, calfeutrer, emballer, encoffrer… Toutes actions éminemment représentatives du repli, de l'enveloppement, toutes évocatrices des structures de l'emboîtement.

Si l'on déroule par ailleurs les éléments du caché/montré et du voilé/dévoilé, l'on obtient le tableau corrélatif suivant :

Montrer	**Cacher**	**Voiler**	**Dévoiler**
Faire sortir	Abriter	Occulter	Afficher
Découvrir	Couvrir	Dissimuler	Révéler
Développer	Envelopper	Recouvrir	Découvrir
Dénicher	Nicher	Faire disparaître	Faire apparaître
Retrouver	Enfouir	Déguiser	Exhiber
Déterrer	Enterrer	Masquer	Mettre en évidence
Exhumer	Ensevelir	Obscurcir	Éclaircir, éclairer

Et comme chaque verbe peut se faire pronominal (s'abriter, se dissimuler), l'on imagine la somme d'actions mise en cause.

C'est à l'imaginaire du possédé que renvoie l'idée émise dans les *IO* de « musée personnel », qui demande quelque approfondissement. Il apparaît au cycle 1, pour « s'enrichir » au cours des deux autres : « Les enfants grouperont des objets et des images qu'ils aiment, quelle qu'en soit la raison. C'est l'occasion pour eux de s'entourer d'objets qui les rattachent à leur propre passé et à leur famille, de rassembler des images de tout ordre (photographies, reproductions d'œuvres d'art, illustrations...) qui susciteront leur imagination, de conserver des objets appréciés pour leur caractère insolite ou pour ce qu'ils évoquent, de se constituer une réserve de matériaux pour leurs propres productions. » (*Compléments,* 1997.)

Notons au passage que le carnet de croquis tel que nous le concevons se fonde sur ce même principe. Il s'agit là de mettre en place une démarche artistique fondée sur la quête, la relation affective (à soi-même et aux autres) et esthétique (à l'objet, à l'image, aux matériaux), la conservation, le réemploi éventuel. Un certain nombre d'artistes ont déjà posé ce problème sous les formes différentes du musée ou de la collection.

Le musée suppose une œuvre mise en scène : Duchamp, en 1936-1941, invente la *Boîte-en-valise,* qui présente, sous forme de reproductions ou de photographies, un condensé de sa carrière : « Au lieu de peindre quelque chose, il s'agissait de reproduire ces tableaux que j'aimais tellement en miniature et sous un volume très réduit... Me vint alors l'idée de la boîte dans laquelle toutes mes œuvres se trouveraient recueillies comme dans un musée en réduction, un musée portatif, et voilà pourquoi je l'installai dans une valise. » Filliou imagine en 1961 de présenter un musée dans son chapeau : transport aisé, ouverture à la demande, limitation nécessaire du format (objets, découpages, empreintes, etc.). Herbert Distel et Ben choisissent le meuble transportable : le *Museum* du premier est une boîte à casiers innombrables dans lesquels sont exposées les œuvres minuscules, produites pour la circonstance, d'autant d'artistes ; l'armoire de Ben contient « tout ce qu'il a signé ».

La collection. Elle n'a pas pour objet de proposer une quelconque production, mais d'engranger tout ce qui peut éventuellement la permettre, ou tout simplement faire résonance dans l'imaginaire. Dans *Le Collectionneur de collections* (Seuil, Points-virgule), le peintre

Cueco explique de manière savoureuse qu'il fait partie des gens qui gardent tout, et décrit avec une grande poésie les objets dérisoires de ses multiples collections : chaussures, cailloux, tiroirs, ficelles, pommes de terre, noyaux, éponges, petits crayons, vignettes, drapeaux, chats, etc. Et « les petits crayons, les bouts de ficelle, les sandows, les chaussures, les cailloux, c'est à les peindre que la collection prenait tout son sens ». Ainsi garde-t-il doublement, prend-il plusieurs fois possession des choses d'abord tenues en main, rangées ou amassées, puis reproduites, éventuellement nommées, numérotées, qualifiées… César recherche et conserve les pots de fer de nos grands-mères que de temps en temps il écrase. Arman réunit, par goût de la possession « héréditaire », quantité d'objets : art africain, montres-bracelets, casques japonais, couteaux de chasse, revolvers… « Dans le plaisir de la collection, il y a celui du rangement. Quand, enfant, j'amassais des billes ou des soldats de plomb, je les comptais – toujours ce nombre qui rassure – mais aussi je les classais. » Accumulation donc, mais ordonnée, comme le seront la plupart de ses œuvres.

La collection n'est pas nécessairement artistique. Maurice Rheims distingue trois types de chercheurs d'objet : *le collectionneur*, qui dans un secteur donné voudra tout posséder et tout connaître. *L'amateur*, qui recherche la perfection, et plus que la quantité choisira la diversité. *Le curieux*, qui ne s'intéresse ni à la qualité ni à la quantité, mais à l'insolite. Trois attitudes différentes confusément mêlées chez l'enfant qui tend naturellement à ramasser et amasser, manipuler, ranger, classer. Et pour lequel « […] la possession, l'échange et le don de l'objet possédé constituent les éléments tangibles de la prise de conscience de soi et de l'intégration progressive de la personnalité dans un système relationnel. » (R. Bascou, *Vocabulaire de psychopédagogie et de psychiatrie de l'enfant*, PUF). Aussi est-il important de l'inciter à collectionner des objets de même type (et répertorier, classer, inventorier), à sélectionner des éléments de genres différents choisis pour leur qualité, à rechercher l'inusité, l'insolite, l'étrange. Le processus artistique s'enclenchera aussitôt que s'instaurera une relation dialectique entre les choses, s'affirmera quand il s'agira de les présenter, s'amplifiera s'il s'ensuit inspiration, utilisation, réutilisation. Monet et Van Gogh possédaient des estampes japonaises par désir d'y trouver une nouvelle façon de voir et de représenter, et Van Gogh les a plusieurs fois copiées.

Le contenu

Il peut donc se faire :

– « trésor » de chaque enfant, rassemblement d'objets disparates recueillis en fonction de l'affectivité qui s'y rattache ;

– rassemblement de matériaux en vue de leur réutilisation : par exemple des sachets transparents réuniraient en les laissant voir toutes les chutes, les bouts de papier, des flacons de verre les petits crayons (*cf.* Cueco), les cailloux, des boîtes, les menus objets, etc. ;

– collection, réunion de choses de même type ;

– relation dialectique d'éléments ayant entre eux un rapport (évident ou voilé) qui en justifie le rapprochement ;

– souvenirs réintégrant le temps.

Ce sont ces types de contenus que conservent ou mettent en scène les artistes cités plus haut, auxquels on peut ajouter les mémoires de Boltanski (*Recherche et représentation de tout ce qui reste de mon enfance*, 1969), les critiques d'Annette Messager dans ses regroupements d'images et de textes sur la condition féminine, les thématiques de Marcel Broodthaers (*Musée d'art moderne, département des aigles*), les recherches surréalistes surtout, qui conjuguent à l'infini les thématiques de la boîte et de l'objet. André Breton l'annonce dans les *Cahiers d'art* de 1936 en énumérant « objets mathématiques, objets naturels, objets sauvages, objets trouvés, objets irrationnels, objets ready-made, objets interprétés, objets incorporés, objets mobiles », programme déjà propre à éveiller l'imagination, et fabrique un *Rêve-Objet* (galerie Schwartz, Milan), carton découpé de cinq portes peintes en trompe-l'œil, déclinaison de l'ouverture et du caché/montré. Dali propose en 1936 *Un plateau d'objets* (chaussures, chaussons, biscuit, deux boîtes exhibant chacune leur contenu). Mimi Parent multiplie dans *J'habite au choc* portes et fenêtres qui s'ouvrent et s'entrouvrent, se referment, se masquent de voilages, vitrages ou persiennes pour mettre en scène des personnages dont les silhouettes fantômatiques évoquent présence, vie et mouvement en arrière de la façade d'un faux immeuble. Cornell classe méticuleusement une abondante collecte. Trois groupes de fiches répertorient :

– dossiers sur des célébrités (de la star à l'artiste en passant par les personnages les plus divers) ;
– « sources matérielles », qui couvrent une infinité de sujets (cirque, astronomie, oiseaux, insectes, histoire...) ;
– matériaux, équivalents physiques des précédents.

Dans cette diversité, l'artiste tisse des associations complexes, ramifications labyrinthiques éminemment subjectives et souvent peu décelables, dont la charge poétique et la puissance imaginaire entraînent le spectateur dans une rêverie illimitée. Imagination du plein, mais aussi du vide, du clos, mais aussi de l'ouvert, de par l'invention qui préside aux contenants.

Contenant

Le contenu n'est rien sans le contenant qui lui donne sa forme et son statut. La boîte de Pandore, la lampe d'Aladin, les jarres de la caverne d'Ali Baba, le coffret de Peau d'Âne, le buffet de Rimbaud, le flacon de Baudelaire... Sont autant de formes où se niche le mythe. Cornell en développe avec préciosité les formes tout au long de sa carrière : dans la décennie 1930-1940, grande variété : boîtes rondes (à col, à fil, à pilules ; ex. : *Le Jardin de Marie-Antoinette* : trois dés emmanchés sur aiguilles sont les arbres, le hameau est peint sur le couvercle), flacons, globes de pendules (*Cheval et Cavalier*).

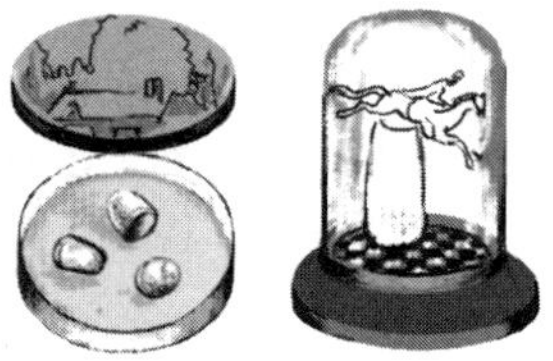

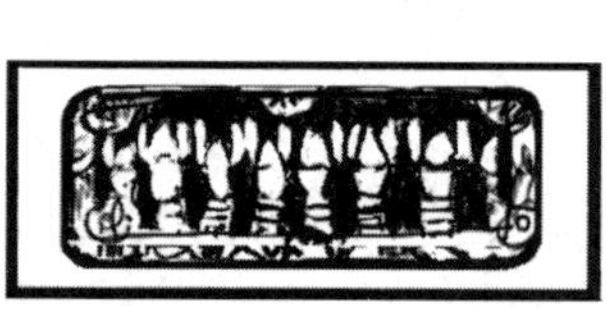

À partir de 1940 apparaissent les mises en scène verticales, boîtes/spectacles : *Ballet du garde-manger pour Offenbach* (danse d'écrevisses rouges derrière un rideau de coquillages et de dentelles), *Loge pour le Gilles* (découpage du *Gilles* de Watteau mis en élévation dans une boîte tapissée des losanges d'Arlequin), et les vitrines : série des *Pharmacies* qui alignent sagement des flacons aux contenus divers, dialectique de la transparence et de l'opacité, les contenus eux-mêmes jouant sur les variations de l'une à l'autre (transparence des liquides, translucidité des cristaux, opacité des poudres ou papiers, pleins et vides des objets).

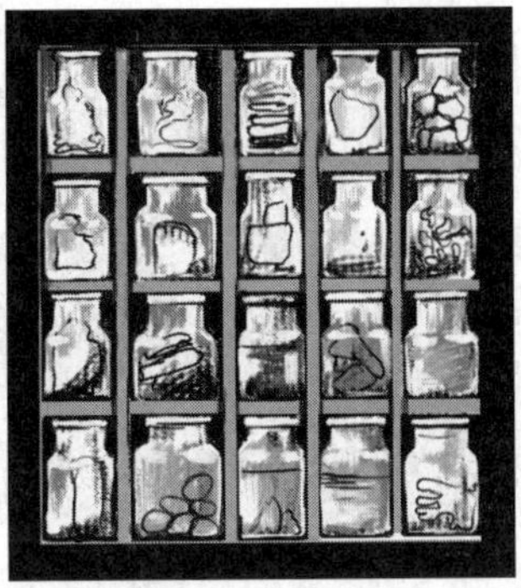

En 1948-1950 les contenus se font de plus en plus complexes dans leur présentation (assemblages ou juxtapositions, échelonnement spatiaux...) comme dans leur sens, et s'approfondit la recherche sur la fermeture (portes ouvertes ou entrouvertes, arcades, grilles, filets, grillages, quadrillages, vitres à croisillons), les encadrements (ouvragés ou non, imitation de cadres de tableaux, de mobilier, matériaux naturels), les cloisonnements intérieurs.

À partir de 1953, les ouvertures matérialisées, portes et fenêtres, se multiplient. *L'Hôtel de l'étoile* ouvre une cloison de bois sur une carte du ciel, *Window façade* englue dans une matière blanche qui les envahit une série de croisées sur fond sombre, une autre encadre nettement les siennes et les pare d'une lumineuse transparence.
L'on voit que le problème est complexe, qui pose d'abord en corollaire celui de l'adaptation contenu/contenant, non seulement dans la forme et dans la taille, mais aussi dans la recherche de l'expression.

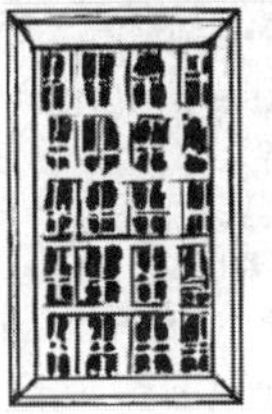

Objets symboliques : la nature morte

La poésie des « objets inanimés » (Lamartine) a toujours amené les hommes à s'y attacher, les artistes à les représenter. Le démontre cette anecdote célèbre de l'Antiquité, rapportée par Pline l'Ancien : lors d'un concours, « Zeuxis avait présenté des raisins si heureusement reproduits que les oiseaux vinrent voleter autour d'eux, mais Parrhasius présenta un rideau peint avec une telle perfection que, après avoir demandé que l'on se décidât à enlever le rideau pour montrer la peinture, Zeuxis lui céda la palme car, s'il avait personnellement trompé les oiseaux, Parrhasius l'avait trompé, lui, un artiste. » (*Histoire naturelle*, XXXV). Éléments de possession, les objets s'offrent, particulièrement aux dieux, et appartiennent à tous les rituels, dans leur réalité ou sous forme figurée : ainsi semble-t-il que certaines des représentations de la peinture pompéienne ne soient autres que les images symboliques de niches à offrandes. Ainsi naîtra ce que l'on appellera plus tard la nature morte, qui a généralement pour raison d'être de souligner la vanité des choses de ce monde, si même l'artiste se complaît à les représenter en y manifestant son savoir-faire.

Une *Grande Vanité*, œuvre anonyme de l'est de la France, est à cet égard exemplaire : fondée sur l'idée des trois vies de l'homme (vie des sens, vie active, vie contemplative) développée par la pensée religieuse, elle en montre les attributs :
– De la première, ce sont la bourse et l'argent, les cartes, l'échiquier, la grande guitare « à la capucine » (Calvin, et d'ailleurs aussi l'église catholique de la contre-réforme, avait violemment condamné la musique instrumentale et écrite, Dieu nous ayant donné seulement notre voix pour chanter).
– Pour la deuxième, l'épée.
– La troisième, la plus noble, est vaine aussi : les livres qui la représentent sont condamnés à l'usure, et l'un d'eux n'a d'autre usage que de servir de socle à la tête de mort.

D'autres éléments s'ajoutent, qui renforcent les significations. Le crâne, en premier lieu, reflété par le miroir, qui affiche doublement la présence de la mort. Les deux oranges, référence à Adam et Ève (en Hollande l'orange était appelée « pomme de Chine », et comme l'on situait le Paradis à l'Orient, il semblait plus judicieux que son fruit soit celui-ci). Les tulipes, qui comme toute fleur sont éphémères (qui sont aussi une allusion au lucre engendré par la « tulipomanie » de l'époque). Les dés où se lisent les chiffres 1 (Dieu unique), 5 (les cinq plaies du Christ), 6 (les six jours de la création). En filigrane peuvent se repérer également les cinq sens : vue (miroir), toucher (échiquier), goût (les oranges, dont une à demi mangée), odorat (les tulipes, selon le symbolisme de la fleur), ouïe (la guitare).

Ce symbolisme précis s'oubliera peu à peu, d'autant qu'au XVIIIe siècle l'on veut jouir de l'existence : les natures mortes n'auront plus pour objet que de représenter les « choses de beauté », les plaisirs de toujours. Le substrat, pourtant, n'en demeurera-t-il pas ? À bien y penser, n'est-ce pas encore ce que nous disent les objets de Spoerri, d'Arman, de Cornell, les œuvres cubistes de Braque et Picasso ?

Pour le XVIIIe siècle en tout cas, à côté des œuvres de commande (spectaculaires) d'un Oudry, se signale **Chardin**. La méditation qu'il nous propose (peut-être inconsciemment) n'est pas sans rapport avec ce *memento mori*, d'autant qu'il reprend de façon purement imitative tous les schémas hollandais : couteaux en déséquilibre (fragilité de la vie), citrons à peau déroulée (déroulement du temps), nourriture entamée (fugitive).

Le bocal d'olives aligne sur une table de pierre quelques fruits, un pâté, deux verres à demi pleins, les olives et une soupière de porcelaine sur un fond d'ombres denses qui absorbe notre œil pour l'émerger dans la blancheur de la soupière. À gauche le couteau, la planche à découper, traduisent la profondeur en débordant la table. Au Salon de 1763, Diderot qui a eu jusque-là bien du mal à comprendre Chardin, écrit :« Si je destinais mon enfant à la peinture, c'est ce tableau que j'achèterais […]. C'est que ce vase de porcelaine est de la porcelaine ; c'est que ces olives sont réellement séparées de l'œil par l'eau dans laquelle elles nagent […]. Ô Chardin ! Ce n'est pas du blanc, du rouge, du noir que tu proies sur ta palette : c'est la substance même des objets. » C'est qu'en effet la matière, grumeleuse dans la poire, onctueuse dans le pâté, fluide dans le verre et le bocal, luisante et lisse pour les pommes, grasse dans les biscuits, compacte sur la soupière, se fait comme organique, essence même des choses.

Schèmes de protection : l'habitacle

La coquille

Elle est reliée à l'eau par la logique enfantine (*cf.* lecture du Lorrain), répercutant ainsi une logique générale qui fait d'elle, avec l'escargot et la perle, un symbole aquatique et sexuel. Mircea Eliade souligne qu'elle participe des puissances sacrées des eaux, de la lune, de la femme. Jurgis Baltrusaitis (*Moyen Âge fantastique*, Colin) a relevé la place importante qu'elle occupe dans les « bizarreries » antiques et médiévales, car « avec ses formes régulières d'une remarquable perfection, gardant en elle le bruit des vagues, elle a déjà des qualités surnaturelles ». Elle se fait ainsi génératrice des animaux les plus variés tout autant que d'Aphrodite, en vertu du mythe de l'eau (origine de tous les êtres) auquel l'Antiquité se réfère. Le Moyen Âge en reprendra l'idée pour y situer le symbolisme chrétien de la résurrection : et à côté des animaux jaillissants apparaîtront Jonas vomi, l'escargot près de Lazare… L'huître dans les natures mortes du XVIIe siècle prend à peu près le même sens, auquel s'ajoute l'allusion à la Vierge, femme et mère de « la plus belle perle ».

Bachelard note qu'elle s'appuie sur la phénoménologie du verbe sortir et propose les multiples dialectiques du petit/grand, caché/manifeste, placide/offensif, mou/vigoureux, auxquelles peuvent s'ajouter celles du fragile/solide, éphémère/éternel… et tout simplement dedans/dehors.

Car la coquille est avant tout refuge : refuge utérin, et par extension abri tout court, que signifie l'expression « rentrer dans sa coquille ». En ce sens elle rejoint la coque (de la noix, de l'amande, du bateau) et toute la symbolique de la demeure, de la grotte où s'enferment les songes. Ainsi Verlaine en allie-t-il les termes dans *Les Coquillages* :

> « Chaque coquillage incrusté
> Dans la grotte où nous nous aimâmes… »

Le bateau

Il est mentionné par les enfants sous les deux formes de contenant (de nourriture, de gens) et de naviguant (avec son corollaire sombrant), la première étant attachée à la barque, la deuxième au vaisseau. En effet, la barque, miniaturisation du navire, suscite l'imagination des petits contenants et se réduit du coup à l'échelle humaine. Elle se charge de nourriture, ramène au port, accueille les naufragés. Rappelons son rôle essentiel dans le célèbre film de Laughton, *La Nuit du chasseur*, où dans des images de nuit qui déroulent tous les archétypes de la peur ou du salut (toile d'araignée, hibou, ciel étoilé…), sur une eau qui s'est faite le tombeau de la mère, elle protège et porte les deux enfants vers leur refuge.

Cependant, elle est aussi l'attribut de Caron pour le transport des âmes, tout voyage sur l'eau est traversée de la vie (et tel est bien le sens des tableaux du Lorrain), passage vers l'au-delà, toutes les civilisations reconduisent l'image de la barque des morts. Dans le film de Demy analysé plus haut, l'embarcation prend aussi double sens et d'ailleurs double forme : barque salvatrice qui emmène Peau d'Âne vers sa marraine, tombeau du rêve des deux amants.

Hermès/le temps recommencé

Schèmes de progression et de passage

Bateau et coquille sont symboles complexes, puisque l'un et l'autre, sous des formes différentes, se rattachent aussi aux symbolismes dynamiques : le premier de par l'évocation du voyage, le second de par sa forme parfois spiralée qui renvoie à la permanence de l'être dans le changement.

L'eau

L'eau est de même type. Porteuse de l'embarcation, donc archétype de la traversée, reliée de ce fait aux mythes des îles d'or et du paradis terrestre (que contiennent, selon Mircea Eliade, tous les voyages de l'histoire), sa nature d'élément la charge de valeurs multiples. Qui se retrouvent d'ailleurs dans ses manifestations concrètes : fleuve/rivière (et leurs dérivés : ru, torrent, ruisseau, source), mer/océan (onde/flots, opposés en féminin/masculin), pluie. Matériellement, Bachelard en décline toutes les qualités : eaux claires, printanières et courantes ; eaux profondes, dormantes, mortes ; eau féminine et maternelle, purificatrice, douce et violente. Toujours elle marque la fuite du temps, dans la répétition (« la mer, la mer, toujours recommencée », Paul Valéry, *Le Cimetière marin*), dans la progression, dans l'immobilité même : temps vivant, recommencé ou en devenir, temps de la mort, mais cette mort est toujours renaissance. Mircea Eliade a observé que, même dans ses aspects les plus tragiques, son symbolisme revêt trois apparences corollaires : source de vie, régénération, purification. C'est ce qui ressort d'ailleurs des propos des enfants, où elle est naturellement associée au voyage, mais aussi rassurante (la « mer calme » du ciel, où de surcroît l'arbre s'interprète comme une île, image maternelle) et lustrale (« l'eau douce de la piscine »). S'y révèle également une certaine crainte (« mer déchaînée »), mais le vaisseau est donné comme « remonté du fond de la mer », donc en quelque sorte ressuscité.

L'eau maternelle et féminine est évoquée par d'innombrables textes. Notamment : « Mon amante a les vertus de l'eau : un sourire clair, des gestes coulants, une voix pure et chantant goutte à goutte. » (Victor Ségalen, *Stèles orientées*). « La mer, de l'homme amoureuse, L'emporte et croit le bercer. » (Victor Hugo, *Naufrage*). « Ces eaux calmes sont de lait. » (Saint-John-Perse, *Éloges*). « Ta chevelure est une rivière tiède. » (Mallarmé, *Terre de songe*). « Pour que tu les berces, ô mer maternelle. » (Jean Moréas, *Les Cantilènes*).

S'y déclinent une matière laiteuse, des qualités de calme et de tiédeur, le mouvement du bercement.

L'œuvre qui leur répond de la manière la plus significative peut-être est *Les Yeux clos* d'Odilon Redon (1890, musée d'Orsay), un grand et pur visage de femme émergé d'un peu d'onde. L'intériorité manifestée dans les yeux clos s'y conjugue avec la souplesse de la facture, la tiédeur des teintes (ocres, bruns, mauves rosés et turquoises), la douceur du clair-obscur qui fond dans une ombre pâle la moitié du visage, la légèreté de la lumière qui pose sur l'eau un reflet laiteux répercuté à la base du cou, sur la joue, sur la lèvre. Le geste même de peindre semble tout de délicatesse : touche souple, caressante, balayage de l'eau qui est lui-même bercement... Peinture d'autant plus symbolique qu'elle inaugure le passage de l'artiste à la couleur. Jusque-là il n'avait travaillé que le noir, en des thèmes dramatiques (monstres, démembrements...), et brusquement il passe aux symboles de l'intimité : les thématiques de la grotte, la fleur, la femme, la boîte, la coquille et la barque, la femme et l'eau, se conjuguent avec les transformations techniques (couleur, pastel).

L'eau lustrale, émersion/immersion. Elle se relie à la précédente par les idées de régénérescence qu'elle contient, et c'est le thème de Vénus/Aphrodite qui en est l'archétype. Née de l'écume de la mer, déesse privilégiée du bain rituel confiée à Paphos aux mains des Charites qui « la baignent et la parfument de l'huile ambroisienne » (Ovide), elle évoque douceur, tiédeur, odeurs chaudes. Outre ses représentations propres, en dérivent toutes les images de baigneuses (notamment, celles de la Bible ou de la mythologie, maintes fois imagées : Suzanne, Bethsabée, Diane) ou d'odalisques. La publicité saura s'en servir pour promouvoir produits de beauté (supposés régénérer) et parfums.

Les eaux dormantes renvoient à notre avis aux mythes de Narcisse et d'Ophélie, c'est-à-dire à une mort consentie. Narkissos en grec se forme avec *narkè*, engourdissement. La mythologie y joint les deux idées essentielles d'illusion et de mort. Fasciné par son reflet (que d'ailleurs il ne reconnaît pas comme lui-même), épris d'une illusion, Narcisse, paralysé, y perdra la vie. De son sang, près de l'eau immobile qui l'a conduit à la folie, naîtra la fleur qui, à son tour, entraînera Perséphone dans le gouffre infernal. Ainsi se tissent en ambiguïtés les images de l'eau miroitante, et le terme d'engourdissement suggère le piège où l'on s'englue, dont l'on ne peut se défaire (*cf.* le *Narcisse* de Mallarmé : « mes lentes mains dans l'or adorable se lassent d'appeler ce captif que les feuilles enlacent. ») : tout reflet dans l'eau est illusion, et sa contemplation vertige des profondeurs.

Pénétration, plongée lente, également, pour Ophélie : « Ses vêtements se sont étalés et l'ont soutenue un moment, nouvelle sirène, pendant qu'elle chantait des bribes de vieilles chansons, comme insensible à sa propre détresse ou comme une créature naturellement formée pour cet élément. Mais cela n'a pu durer longtemps : ses vêtements, alourdis par ce qu'ils avaient bu, ont entraîné la pauvre malheureuse de son chant mélodieux à une mort fangeuse. » (Shakespeare.) Enlacement, engourdissement, dissolution, que nous avons déjà signalés pour la petite sirène, qui « sentit son corps se dissoudre en écume. Et le soleil s'éleva sur la mer, ses rayons tombèrent doux et chauds sur la froide écume marine, et la petite ondine ne sentit pas la mort. » (Andersen.) Ce sont ces mêmes concepts qui ont fait du *Grand Bleu* de Besson un film culte.

C'est pourquoi nous empruntons à Bachelard le beau terme d'« ophélisation » pour caractériser les recherches de Monet âgé autour des nymphéas. La fascination exercée par ce bassin qu'il a tant désiré, où s'unit le cosmos tout entier, qui met le détail à la dimension d'une totalité qui nous englobe, nous absorbe, nous avale, est pour nous la réalisation d'une vieillesse accomplie, distanciée, d'une mort anticipée par retour au sein maternel...

Les eaux courantes s'illustrent dans le dynamisme des nymphes et naïades. Étymologiquement, la naïade est « celle qui nage » et, comme la nymphe (oréade, dryade, hamadryade ou néréide), elle est liée à l'eau mouvante... De l'ondoiement aux remous et tourbillons, l'eau qui coule emprunte une variété infinie de verbes d'animation : elle serpente, glisse, circule, court, ruisselle, afflue, se précipite, bondit, bouillonne. Celle de la fontaine s'écoule, se répand, s'épanche ou se déverse, celle de la source sourd, jaillit ou gicle, le geyser s'élance et monte, la cascade saute et chute, éclabousse ou asperge. L'image de la pluie est aussi sujette à gradations, car, bénéfique semence divine, elle peut devenir le déluge qui noie et engloutit : aussi se fera-t-elle petite ou grosse, fine, torentielle ou diluvienne, tombera-t-elle en bruine, ondée, giboulée, averse, cataracte, trombe.

L'eau violente est « un des premiers schèmes de la colère universelle », écrit Bachelard qui constate qu'elle récupère toutes les métaphores de la rage animale. Elle aboie, rugit, gronde, se tord, « bave et gémit en les roches concaves, en tordant sa queue en les roches concaves » (Moréas). Dans le vocabulaire plastique, ce sont toutes les oppositions qui vont jouer : montée et descente de la vague, ombre des creux et blancheur des écumes, précision du dessin de la lame et flou des crêtes embrumées, liquidités et mousses cotonneuses, matière lisse et jetée d'éclaboussures.

Angoisse de la mort, femme fatale et funeste, mère dévorante (mais rappelons qu'océan et ouragan sont masculins), l'eau rejoint ici, bouclant la boucle, le monstrueux Cronos : « De vagues linéaments de gueules, d'antennes, de tentacules, de nageoires, d'ailerons, de mâchoires ouvertes, d'écailles, de griffes, de pinces, y flottent, y tremblent, y grossissent, s'y décomposent et s'y effacent dans la transparence sinistre. D'effroyables essaims nageant rôdent, faisant ce qu'ils ont à faire. C'est une ruche d'hydres. L'horrible est là, idéal. Voir le dedans de la mer, c'est voir l'imagination de l'Inconnu. C'est la voir du côté terrible. Le gouffre est analogue à la nuit. » Pourtant, quand Gilliatt se laissera avaler par la mer qui monte « avec une douceur sinistre », ce sera avec dans l'œil « l'acceptation lugubre d'un autre accomplissement. » (Victor Hugo, *Les Travailleurs de la mer*).

Malgré les ambiguïtés de sa nature universelle, l'eau porte les schèmes de la progression (on est *enfoui* dans la terre, on *chute* dans les abîmes ou les ténèbres, mais on *est porté* par l'onde, on s'y plonge, on en émerge, on y descend). Inscrite, aussi, dans un paysage, elle s'y associe à la terre dans la fonction primordiale de fécondation. Et mythologies et religions ont toujours placé l'arbre auprès de la source, signifiant par leur union le temps euphémisé.

L'arbre

L'arbre est un symbole universellement répandu, peut-être simplement parce qu'il réunit tous les éléments : l'eau qui l'alimente et circule en lui, la terre où il s'enracine, l'air qui baigne ses feuilles, le ciel qu'il effleure de ses branches, le feu qu'il nourrit et allume par frottement. « Ses branches sont l'éther, l'air, le feu, l'eau et la terre », disent les Upanishads… Aussi, axe vertical autour duquel rayonnent racines et branches unies par le jaillissement du tronc, se fait-il image du cosmos tout entier, d'autant que comme lui, il est organisme vivant périodiquement renouvelé, éternellement régénéré. Le *Paradis* de Dante est « cet arbre qui reçoit de sa cime la vie, acquiert toujours des fruits, ne perd jamais de feuilles ». Dans la *Genèse*, Dieu plante un jardin en Éden, et « des arbres de toutes espèces, agréables à voir et bons à manger, et l'arbre de vie au milieu du jardin, et l'arbre de la connaissance du bien et du mal ».

Symbole de vie en son sens dynamique, l'arbre devient du même coup celui de la puissance, image sociale du pouvoir d'un souverain, de la croissance du peuple, de la cité, de la famille, ancêtre mythique et, partout et toujours, symbole de fécondité et de fertilité. Il est à la fois masculin parce que verticalement dressé, et féminin car fructifère. La multiplicité de ses images conduit à lui confier d'autres fonctions corollaires : sagesse, sécurité spirituelle (c'est sous l'arbre pippal que Bouddha atteint la conscience suprême), régénération (particulièrement l'arbre creux).

Il semble d'ailleurs que, même référé à un fonds commun multiforme, son symbolisme soit concrètement commandé par un grand nombre de facteurs.

- *Par sa nature* (forme, fonction, persistance ou non de la végétation) : les arbres élancés, représentants de l'opposition ciel/terre, véhiculent les idées de spiritualité, de vie et de mort. Le cyprès, au feuillage persistant, est arbre de vie, mais sa relation aux divinités infernales en fait aussi un élément funéraire, avec substrat d'immortalité et de résurrection. Le peuplier, aux feuilles caduques, se trouve également relié à la mort avec signification régressive (passé, souvenir). Les fruitiers sont représentatifs du renouveau, de la fécondité, voire de l'immortalité, avec d'autres valeurs légèrement différenciées (prunier = jeunesse, poirier = éphémère, pommier = révélation, etc.). Le cèdre, en raison de sa taille, exprime grandeur et noblesse, force et pérennité. Le chêne, force et sagesse. Le bouleau est selon les cas, tutélaire, funéraire, associé au printemps et à la jeune fille. L'olivier est arbre de paix, de victoire, de fécondité et purification. Le saule pleureur, de par sa tristesse, est mis en relation avec la mort…

Par le point de vue qui le présente : n'importe quelle photographie démontre aisément que l'effet diffère selon que l'arbre est vu de face, en plongées ou contre-plongées plus ou moins accusées. La contre-plongée fait du feuillage, selon sa densité, une voûte, ou une claire-voie qui affirme la relation arbre/ciel. La plongée minimise, gomme la verticalité, écrase l'arbre au sol dont il devient une émanation. La vue frontale s'intéresse à la forme générale, donne à l'arbre son identité propre, reconnaît l'ensemble des relations qu'il sous-tend.

Par ce qui est privilégié dans la représentation, jamais totalement neutre. Dans une vue même complète, l'artiste insistera toujours sur tel ou tel morceau qui le sollicite. *A fortiori*, si la prise de vue n'est que partielle, selon l'importance accordée aux racines, au tronc ou aux branches, la signification et l'expression se feront autres : les racines évoqueront généralement le monde souterrain, chtonien, les ténèbres, le tronc l'élan ascendant, verticalisation bénéfique ou inquiétante, les branches selon les cas porteront les images du cycle saisonnier, de la relation céleste et lumineuse, voire de la protection (demeure, cachette, enfermement).

Ainsi Le Lorrain choisit espèces et formes en fonction du sens qu'il veut donner, de l'atmosphère qu'il cherche à créer, dans chacune de ses toiles. Non qu'il se plie à une quelconque convention générale ou symbolique précise. Il s'invente ses propres significations, utilisant par exemple les chênes (isolés, très lisibles) dans les sujets bibliques, les pins pour les récits classiques. Les saules sauvages, échevelés, indiquent la discussion ou la rupture, les mouvements mêmes expriment l'action : ainsi, dans *Pâris et Œnone* (Louvre), un arbre épanoui s'entoure de troncs inclinés ou brisés pour signifier l'amour ancien et la rupture proche (Œnone est l'épouse de Pâris, qui, comme on sait, va déchaîner sur Troie de grands malheurs en enlevant Hélène). Deux grands troncs croisés signalent l'aide et la protection de Tobie par l'ange (Madrid, Prado), l'entrelacement de branches tordues la souffrance de Marsyas (*Supplice de Marsyas*, coll. Leicester). Deux troncs opposent et contrarient leurs orientations dans *Apollon gardant les troupeaux d'Admète et Mercure les dérobant* (coll. Leicester), la douleur d'Ariane sur son rocher (Elmira, Arnot Art Gallery) se marque dans les torsions et l'isolement des deux arbres qui l'encadrent…

Il est par ailleurs caractéristique que les représentations enfantines marquent fréquemment les troncs d'un ovoïde figurant le nid.

Les contes se font l'écho de ces valeurs plurielles. Dans *Frêne* (*Lais* de Marie de France), l'arbre est berceau : la servante chargée de débarrasser sa maîtresse de l'une de ses filles « voit un large frêne, bien fourni en feuilles et en rameaux, et dont la souche se divisait en quatre maîtresses branches. Elle prend l'enfant, vient à lui, le place dans la fourche ». C'est un arbre vertical qui aide le petit Poucet à trouver le salut supposé, salut qui recèle, comme on le sait, le plus grand des dangers…

Car cet arbre-ci est dans une **forêt**, elle-même réceptacle privilégié de toutes sortes de mythes. Lieu où la terre, justement par l'intermédiaire des arbres, rejoint le ciel, sanctuaire naturel, elle est objet de cultes, abri et retraite pour les saints et les sages, en ce sens archétype, comme le pense Durand, de l'intimité féminoïde.
Pourtant il y a ambivalence. Car le peuple qui l'habite (animaux sauvages ou êtres fantastiques) est aussi dangereux, et d'ailleurs sa nature même (close certes, mais obscure et mystérieuse) la fait génératrice d'angoisse autant que de sérénité, d'oppression comme de curiosité, ainsi que la grotte de Léonard de Vinci. Elle en deviendra tout naturellement l'enjeu d'une quête initiatique, bouclant alors en elle tous les schèmes. Perceval doit traverser le bois pour atteindre le château du Graal, l'Enfer de Dante commence « dans une forêt obscure… sauvage, âpre, infranchissable… ». Même sens pour celle qui entoure le château de la Belle au bois dormant : « une si grande quantité de grands arbres et de petits, de ronces et d'épines que bête ni homme n'aurait pu y passer ». L'enchevêtrement y a rôle apotropaïque de protection par dissuasion : retraite en effet utérine, elle ne s'ouvrira que pour l'élu… Elle est ainsi passage obligé de tous les contes qui la mettent en scène, le héros y acquérant son statut propre et y gagnant son bonheur futur après en avoir bravé les dangers : Poucet, Blanche-Neige, Hansel et Gretel, Mille-Fourrures, etc. Victor Hugo en fait également le lieu du salut de Cosette, qui rencontre Jean Valjean après la traversée d'un bois tant ténébreux que monstrueusement animalisé : « Les hautes herbes fourmillaient sous la bise comme des anguilles. Les ronces se tordaient comme de longs bras armés de griffes cherchant à prendre des proies… L'obscurité est vertigineuse… Les cavités de la nuit, les choses devenues hagardes, des échevellements obscurs, des touffes irritées, des flaques livides, le lugubre reflété dans le funèbre, l'immensité sépulcrale du silence, des penchements de branches mystérieux, d'effrayants torses d'arbres, de longues poignées d'herbes frémissantes… Les forêts sont des apocalypses. »

Schèmes rythmiques : le fil

Les « longues poignées d'herbes » renvoient par association d'idées au travail d'une artiste qui dans leur frémissement voit, elle, l'expression même de la vie. **Marinette Cueco** est une Pénélope qui ne défait pas mais qui ne cesse jamais de produire : patiemment elle tisse, transformant des lieux herbus par tordage, peignage et tressage, ou confectionnant des panneaux végétaux à accrocher au mur ou à suspendre dans l'espace pour que la lumière y infiltre ses transparences. De ses doigts seuls elle tisse, tricote, crochète, araignée dans sa toile, préservant par le refus de l'outil le naturel de son geste comme du matériau. De ses panneaux elle varie la forme (carrée, rectangulaire, triangulaire) comme la taille, transformant chaque fois son propre rapport au support, la direction de sa « trace », l'orientation de son corps, la nature des rythmes répétés sur le tissage. Un extrait de son catalogue explicite son travail : elle y note soigneusement le titre de l'œuvre, la date, le format et la forme, le matériau utilisé, le lieu de la cueillette, la technique de tissage. On ne retiendra ici que le matériau et la technique :

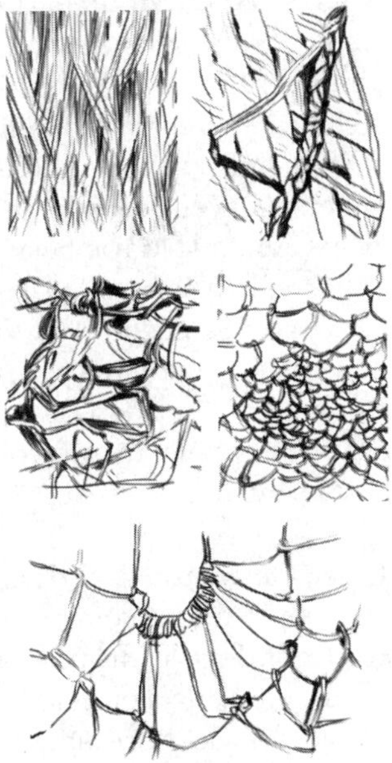

Orge des rats : tissé et entrelacé au niveau de la tige, épis libres en surface, retombée. Triangle posé sur la base.
Brise tremblante : tissage très serré et rebrodé irrégulièrement, formant un tissu de petites boules ; tiges lisses par places.
Fétuque rouge : paquets de tiges fines liées horizontalement.
Liseron soldanelle : entrelacs lâches avec les tiges plus robustes ; se concentrant en entrelacs plus serrés avec tiges plus fines (petit nuage).
Jonc grêle : entrelacs lâches et irréguliers en toile d'araignée ; attaches recouvertes d'un feston très régulier.
Barbe de maïs : fibre filée par roulement et tressée finement ; tissage rythmé.
Etc. (*in Catalogue d'exposition* du MAMVP, 1986)

L'herbe, symbole curatif et vivifiant en relation étroite avec l'arbre cosmique selon Éliade, attribut souvent des divinités fécondatrices, est de façon plus générale rattachée à la symbolique du fil : Déméter, déesse de la végétation, a pour fille Perséphone, reine des Enfers, habile tisseuse. Et le mythe associe, à travers ce lien d'apparence innocente, mère/fille, vie/mort, et cycle des saisons.

Symbole de *lien* entre tous les états de l'existence et leur principe, le fil est le souffle et la destinée, que filent de leurs quenouilles et fuseaux les grandes déesses de toutes les religions, maîtresses du temps que concrétisent le mouvement circulaire du fuseau et le rythme régulier du rouet, déesses lunaires parce que la lune, avec ses phases, en jalonne l'écoulement. C'est à elles que l'on doit l'invention du tissage, fondé lui aussi sur la répétition, l'alternance du passage du fil, et le tissu sera symbole de continuité plus encore que le fil qui se déroule et se coupe.

C'est du mouvement rythmique et circulaire que rend compte le mythe du labyrinthe, qui combine la spirale et la tresse pour figurer l'infini. Image redoublée par le peloton de fil confié par Ariane à Thésée pour le trajet initiatique en aller et retour du monde de la lumière à celui des ténèbres : « Quand, avec l'aide d'une vierge, la porte inaccessible et que nulle des précédentes victimes n'avait repassée, eut été retrouvée, grâce au fil enroulé de nouveau, alors sans retard, le fils d'Egée, enlevant la fille de Minos, cingla vers Dia… »

(Ovide, *Métamorphoses*) ; et Dédale plus tard, réfugié en Sicile, sera reconnu par Minos parce que, seul, il a su enfiler un coquillage en spirale.

Athéna l'industrieuse, protectrice des artisans, patronne du travail de la laine et des étoffes, enseignera le tissage à Pandore, première femme (commandée par Zeus à Héphaïstos pour se venger de l'homme), apprendra aux phéaciennes à « travailler les toiles et accomplir de beaux ouvrages » (*L'Odyssée*), et se vengera d'Arachné qui a osé la défier sur ce terrain : « Elle l'arrosa des sucs d'une herbe consacrée à Hécate. Tout aussitôt, à peine touchés par le redoutable poison, les cheveux d'Arachné tombèrent, et, avec ses cheveux, ses oreilles et son nez ; sa tête devint toute petite, et toutes les proportions de son corps diminuèrent, à ses flancs se rattachèrent de grêles doigts au lieu de jambes ; tout le reste n'est qu'un ventre d'où elle laisse échapper un fil ; et maintenant, araignée, elle tisse, comme jadis, sa toile. » (Ovide, *Métamorphoses*)… Pénélope redouble l'alternance de la navette par celle du faire/défaire. Dans la tradition chrétienne, les évangiles apocryphes rapportent que Marie faisait partie des sept vierges choisies pour filer « l'or, et l'amiante, et le lin, et la soie, et la jacinthe, et l'écarlate, et la pourpre authentique » nécessaires au temple du Seigneur. À la Vierge échut la pourpre, qu'elle travaillait lors de l'Annonciation (d'où la corbeille à ouvrage parfois placée auprès d'elle dans les représentations). Notons enfin que dans les traditions rurales, la quenouille fait partie des rites du mariage, comme le vêtement, qui voile avant que de dévoiler. Avec le labour, le tissage est symboliquement acte de création.

Tisser, filer, enrouler et dérouler, c'est apprivoiser le temps, et le geste répétitif et créateur que cela implique sera pour les enfants, confusément, conscience et maîtrise de la durée. Pourront donc s'enrouler des fils autour d'objets (emmaillotés, calfeutrés), se fabriquer (tordre, torsader) et lancer dans l'espace des tresses, des lianes, se nouer et tricoter du raphia, des sacs de plastique découpés en lanières, du papier, s'accrocher des pans de tissus, s'assembler (coudre) en patchwork des étoffes, s'imprimer des tresses, des cordes, des textiles, se tisser des fibres, et tous se détisser, trouer, effilocher, effranger, déchirer, etc.

Image de la destinée, le fil aussi se coupe, que tiennent en leurs mains les Moires « à qui le prudent Zeus a accordé le plus haut privilège, Clotho, Lachésis, Atropos, qui seules aux hommes mortels donnent heur ou malheur » (Hésiode). Clotho est la Fileuse, Lachésis le Sort, Atropos l'Inflexible.

Et se boucle la boucle…

Conclusion

Un ouvrage pédagogique ne peut jamais être conclu, puisque aussi bien ce qui fait la richesse de l'enseignement réside dans son évolution même. Tout comme, d'ailleurs, dans la diversité des pratiques et des enseignants. Nous nous contenterons donc d'une brève mise au point.

Le principe qui nous a guidée, comme pour nos précédents ouvrages, a été de donner des pistes de travail concrètes tout en montrant qu'elles doivent s'appuyer sur une réflexion et une culture de l'enseignant. Sans prétendre à l'exhaustivité, non plus qu'à la vérité qui n'est pas une, en art particulièrement. Notre seule ambition est en l'occurrence de proposer des pistes de travail et de recherche, et surtout de donner le désir de voir, faire et comprendre… Bien évidemment, si les pratiques envisagées sont le reflet de ce qui existe un peu partout, si les éléments didactiques rendent compte d'une réflexion générale, les articulations, les démarches, certaines analyses, nous sont personnelles. Aux maîtres de tisser leurs propres liens pour construire leur pédagogie en fonction de leurs connaissances et désirs propres, en fonction aussi des besoins et possibilités de leurs élèves. En tout état de cause, n'est valable que ce que l'on s'approprie en le transformant.

L'on pourra puiser dans un chapitre ou dans l'autre, relier les pratiques, au gré de chacun. Sachant qu'il y a toujours relation : ainsi par exemple l'assemblage, mis au chapitre « technicité », est à comprendre également comme opération, tandis qu'il s'appuie sur les schèmes du lien, de la fusion ou de la séparation. Le tissage, plusieurs fois évoqué, trouve son sens mythique dans le chapitre culturel… Artificiel mais nécessaire, ce découpage en chapitres articule, on l'a vu, la pratique élémentaire (le *faire*), première approche, essentielle, du domaine plastique, la réflexivité (opérations conscientisées), et le domaine culturel. Celui-ci d'une manière qui peut surprendre, mais qui nous semble s'appuyer sur les exigences propres à la nature humaine, seules aptes à aider l'enfant à se construire, et à acquérir un savoir non « obligé », mais désiré, voulu, donc engrangé comme bien personnel. Plutôt que de savoir, sans doute serait-il plus approprié de parler de mise en relation, car c'est bien de cela qu'il s'agit : d'une relation ouverte et continue qui s'établit avec le patrimoine de l'humanité, œuvres de toutes natures et toutes époques, présentées de telle sorte qu'elles soient références et non modèles, exemples et non règles.

L'on sait bien qu'il faut développer chez l'élève flexibilité et adaptabilité (maîtres mots de notre temps), et donc le placer devant des problèmes sans cesse renouvelés. Ce à quoi l'on pense moins, c'est que les enseignements artistiques sont le lieu même où se favorise et se suscite cette pensée mobile et souple qui permet de faire face de manière inventive à des situations inattendues. Et particulièrement celui des arts plastiques, qui permettent que se reconnaissent le moi et autrui, à travers des réalisations matérielles qui mettent en forme les idées, qui favorisent la compréhension par le principe du détour, qui valorisent, aident à se construire et se signifier, où s'exprime l'imaginaire, où s'inventent des formes nouvelles, qui communiquent et se communiquent. À la condition expresse qu'il s'agisse bien d'enseignement, articulé aux autres dans une totalité pédagogique, pris en compte à part entière par le champ scolaire et non renvoyé à une quelconque activité de « loisir » qui ne serait qu'occupationnelle.

Non pas donner à faire selon des modèles soi-disant confirmés. Non pas apprendre des techniques à seule fin de fabriquer pour simplement « passer le temps ». Ne pas inscrire non plus ces disciplines dans un aménagement du temps qui leur donnerait le statut du seul délassement (oubliant en cela que le « fondamental » est partout, et que convergence et divergence de la pensée, étroitement liées, ne peuvent se manifester que dans leur articulation). Les considérer, bien au contraire, comme une nécessité pour que se construise un homme dans sa totalité, confirmé dans sa singularité mais ouvert à l'autre, le fameux *homo symbolicus* de Gilbert Durand, conscient et riche de l'expérience humaine tout entière.

Artistes cités

ALOCCO Marcel (1937), France. Membre du groupe Support-Surface (qui propose une interrogation sur les composants minimaux de la peinture).

APPEL Karel (1921), Hollande. Membre du groupe Cobra, pour lequel un tableau est « un animal, une nuit, un cri, un être humain… ».

ARMAN (Arman Fernandez, 1928), France. Cofondateur en 1960 du groupe des Nouveaux Réalistes. Utilise les objets en accumulations.

ARNAL André-Pierre (1939), France. Groupe Support-Surface.

BAJ Enrico (1924), Italie. Collages et assemblages de matériaux ordinaires et dérisoires.

BAZAINE Jean-René (1904), France. Recherche l'expression par formes et couleurs élémentaires.

BELLMER Hans (1902-1975), Pologne/France. Surréaliste.

BERNINI gian Lorenzo, dit le Bernin (1598-1680), Italie.

BEN (Benjamin Vautier, 1935), France. Néo-dada : « tout est art ».

BOGART Bram (1921), Hollande/France. Travail en épaisseurs de plus en plus importantes, comme maçonnées, constituées d'agglomérats de pâtes et matériaux divers.

BOLTANSKI Christian (1944), France.

BONNARD Pierre (1867-1947), France. Participe au mouvement nabi.

BRAQUE Georges (1882-1963), France. Fondateur avec Picasso du cubisme dit « du Bateau-Lavoir ».

BRELEUR Ernest (1945), France. Peintre martiniquais.

BROODTHAERS Marcel (1924-1976), Belgique/Allemagne. D'esprit surréaliste et dadaïste, joue avec les mots et les objets sans délivrer de message clair car le rôle de l'artiste n'est, pour lui, pas là.

BRUEGEL Pieter dit l'Ancien (1530-1569), Flandres.

BRUEGEL Jan dit de Velours (1568-1625), Flandres. Fils du précédent, spécialisé dans les compositions florales.

BURAGLIO (1939), France.

BURRI Alberto (1915-1995), Italie. Exprime son obsession de la guerre en collages de matériaux bruts, marqués de cicatrices.

CANALETTO Giovanni Antonio, (1697-1768), Italie (Venise).

CÉSAR (César Baldaccini, 1921), France. Pratique l'utilisation du déchet industriel en assemblages et compressions, puis explore divers matériaux dans une sculpture à vocation toujours figurative.

CÉZANNE Paul (1839-1906), France. Post-impressionnisme. Fondateur, de par l'importance de sa recherche, de tous les mouvements du début du XXe siècle.

CHARDIN Jean-Baptiste Siméon (1699-1779), France.

CHAMPAIGNE Philippe de (1602-1674), Flandres/France.

CHRISTO (Christo Vladirimov Javacheff, 1935), Bulgarie/USA. Invente le paquetage comme moyen de s'approprier et montrer l'environnement.

CLAESZ Pieter (1597/8- 1661), Hollande.

CORNELL Joseph (1903-1972), USA. Proche des surréalistes, il chine et présente ses trouvailles dans des boîtes qui parlent du temps et de la condition humaine.

COROT Camille (1796-1875), France.

COTTINGHAM Robert, hyperréaliste américain.

CUECO Henri (1929), France. Amoureux du dessin, il pratique une figuration dont l'objectif est la critique sociale, mais qui manifeste aussi un grand amour du monde.

CUECO Marinette, France. S'approprie l'herbe des champs qu'elle tisse sur place, ou en atelier dans des œuvres qui déclinent la nature et le temps.

DALI Salvador (1904-1989), Espagne.

DELACROIX Eugène (1798-1863), France. Le principal représentant du mouvement romantique.

DESCHAMPS Gérard (1937), France. Adhère au groupe des Nouveaux Réalistes et, comme eux, utilise des objets récupérés (surtout des chiffons ou autres analogues).

DE STAËL Nicolas (1914-1955), Russie/France.

DEWASNE Jean (1921), France. Abstractions aux formes pures et couleurs vives et brillantes.

DEZEUZE Daniel (1942), France. Mène dans les années 70 une réflexion sur le support (châssis).

DISTEL Herbert (1942), Suisse.

DOU Gerrit (1613-1675), Hollande.

DUCHAMP Marcel (1887-1968), France. Frère de Jacques Villon et Raymond Duchamp-Villon, développe le nihilisme esthétique et invente le Ready Made, objet exposé comme œuvre d'art (le plus célèbre est le fameux urinoir intitulé *Fontaine*). Esprit brillant et caustique, il eut une énorme influence sur une part des artistes contemporains.

DUBUFFET Jean (1901-1985), France. Fondateur de l'« art brut ». Contrairement à sa légende, a une formation artistique.

ERNST Max (1891-1976), Allemagne/France. Surréaliste.

FAUTRIER Jean (1898-1964), France. Influencé par l'expressionnisme, pratique d'abord la figuration, puis lance la peinture informelle européenne.

FILLIOU Robert (1926-1984), France. Poète, artiste, membre de Fluxus, mouvement créé aux USA et dont l'idée est d'abolir les frontières séparant la vie de l'art : plus d'objet privilégié, non plus que de catégories artistiques, mais une attitude.

FRANCIS Sam (1923-1994), USA. Abstractions colorées en coulures, taches et éclaboussures, « mathématique unique de mon imagination ».

GENTILS Vic (1919), Angleterre.

GÉRICAULT Théodore (1791-1824), France. Initiateur du romantisme (*Radeau de la méduse*).

GAUGUIN Paul (1848-1903), France. Post-impressionnisme.

GNOLI Domenico (1933-1970), Italie. De formation classique, il fondera un style personnel de dilatation du détail insignifiant extrait d'objets quotidiens.

GONZALEZ Julio (1876-1942), Espagne. Marqué par le cubisme, étudie les possibilités suggestives du concave/convexe et renouvelle la technique du fer forgé.

GOYA Francisco (1746-1828), Espagne.

GRANDVILLE (1803-1847), France. Illustrateur et caricaturiste.

MONDRIAN Piet (1872-1944), Hollande/USA. Fondateur du mouvement De Stijl et de l'abstraction dite « géométrique.

NEVELSON Louise (1899-1988), USA. Présente dans des empilages de caisses des pièces de bois de toutes sortes, sorte d'archéologie du monde contemporain.

OSSORIO Alfonso (1916), USA. Associe aux surfaces peintes des objets divers qui leur confèrent une certaine préciosité.

OUDRY Jean-Baptiste (1686-1756), France.

PARANT Jean-Luc, France.

PARENT Mimi (1924), Canada. Surréaliste.

PARMENTIER (1938), France. Peinture minimale.

PHIDIAS (v.490-430 av. notre ère), antiquité grecque. Sculpteur, premier classicisme.

PICABIA Francis (1879-1953), France. Flirte avec le cubisme, puis avec Duchamp adhère au mouvement Dada.

PICASSO Pablo (1881-1973), Espagne/France. Fondateur avec Braque de l'une des formes du cubisme, dont il se détournera par la suite au profit de recherches multiformes qui n'en sont pourtant que le prolongement.

PIGNON Édouard (1905-1993), France. Résolument figuratif, avec une grande liberté d'expression.

PIGNON-ERNEST Ernest (Ernest Pignon, 1942), France. Colle dans la ville des dessins figuratifs fondés sur son histoire et sa mémoire.

POIRIER Annick et Patrick (1942), France. Construisent des ruines factices en matériaux miniatures.

POLIAKOFF Serge (1900-1969), Russie/France. Imbrique des formes abstraites jouant d'intensités colorées et de transparences.

POLLOCK Jackson (1912-1956), USA. Fondateur de l'Action Painting.

PRAXITÈLE (actif entre 375-330 av. notre ère), antiquité grecque. Sculpteur du second classicisme.

RAINER Arnulf (1928), Autriche. Expressionnisme brutal fortement dramatisé.

RAUSCHENBERG Robert (1925), USA. *Combine paintings*, tableaux collages qui associent peinture, objets, photos, journaux, etc.

RAYSSE Martial (1936), France.

REDON Odilon (1840-1916), France. Symboliste. Recherche d'irrationnel.

RIOPELLE (1923), Canada/France. Comme Messagier ou Mitchell, pratique une abstraction gestuelle qui cherche sa source dans la nature.

RODIN Auguste (1840-1917), France.

ROUAN François (1943), France. Découpe et tresse des surfaces d'abord blanches et noires, puis enrichies de réminiscences de figurations réapparues. Quand bien même il n'utilise pas le tissage réel, il conserve à la réalisation peinte ou dessinée la complexité du parcellaire.

RYMAN Robert (1930), USA. Cherche la réponse à la question : « comment peindre ? ».

SANDORFI Étienne (1948), Hongrie.

SAINT-PHALLE Nicki (1930), France. Utilise en 1960 la récupération d'objets dont le choix est exclusivement fondé sur l'aliénation féminine, puis se met au polyuréthane pour la fabrication de la série des énormes Nanas, technique qu'elle continue d'exploiter dans des œuvres ludiques richement colorées.

SCHLOSSER Gérard (1931), France. Hyperréaliste.

SEURAT Georges (1859-1891), France. Inventeur du néo-impressionnisme, dit aussi divisionnisme ou pointillisme, fondé sur la division du ton.

SHIELDS Alan (1944), USA.

SOULAGES Pierre (1919), France. Informel. Travaille essentiellement dans les noirs, dont il explore toutes les capacités d'expression.

SPOERRI Daniel (1930),Roumanie/France. Membre des Nouveaux Réalistes. Expose à la verticale des tables non desservies.

TÀPIES Antoni (1923), Espagne. Utilise le langage pictural des éléments les plus frustes et les plus pauvres.

TERBORCH Gerard (1617-1681), Hollande.

TINGUELY Jean (1925-1991), Suisse. Avec des déchets d'usines, fabrique des machines ludiques dont le fonctionnement affiche symboliquement l'inutilité.

TITUS-CARMEL Gérard (1942), France. Se consacre exclusivement au dessin et à la gravure.

TOMLIN (1899-1953), USA.

VAN EYCK Jan (1390-1441), Flandres.

VAN GOGH Vincent (1853-1890), Hollande. Post-impressionnisme.

VELASQUEZ Diego (1599-1660), Espagne.

VELICKOVIC Vladimir (1935), Yougoslavie/France. Peint des corps (humains ou animaux) en situations dramatiques, explore aussi le mouvement à travers l'œuvre de Muybridge (chronophotographie).

VERMEER Jan (1632-1675), Hollande.

VÉRONÈSE (Paolo Caliari, 1528-1588), Italie. Peintre vénitien de la Renaissance.

VIALLAT Claude (1936), France. En 1969, membre fondateur du groupe Support-Surface, qui travaille sur la matérialité du support.

VILLON Jacques (Gaston Duchamp, 1875-1963), France. Aîné de la famille Duchamp, importante figure du groupe cubiste dit de Puteaux.

WAROHL Andy (1928-1987), USA. Représentant du Pop'art, utilise des moyens mécaniques de reproduction d'images prises dans le popular (aux sens de populaire et « à la mode »), dans une intention de critique sociale.

ZAO Wou-Ki (1921), Chine/France. Recherche une « écriture imaginaire indéchiffrable » qui relie les traditions chinoise et occidentale.

Bibliographie

Éléments de didactique

Hameline D., *Les Objectifs pédagogiques en formation initiale et en formation continue*, ESF.

Lagoutte D., *Enseigner les arts plastiques*, Hachette.

Landsheere (V. et G. de), *Définir les objectifs de l'éducation*, PUF.

Ministère de l'éducation nationale et de la culture, *L'Éducation artistique à l'école*, CNDP.

Souriau E., *La Correspondance des arts*, Flammarion.

Souriau E., *Vocabulaire de l'esthétique*, PUF.

La technicité

Bachelard G., *L'Eau et les Rêves*, ?

Boesch J., *Du gribouillage au dessin figuratif*, Pédagogie préscolaire, Nathan.

Cheng F., *Vide et plein, le langage pictural chinois*, Points, Seuil.

Itten J., *Le Dessin et la forme*, Dessain et Tolra.

Dubuffet J., *Prospectus et tous écrits suivants*, Gallimard.

Kandinsky W., *Point, ligne, plan*, coll. Médiations, Gonthier.

Klee P., *Théorie de l'art moderne*, coll. Médiations, Gonthier.

Leroi-Gourhan A., *Le Geste et la Parole*, coll. Sciences d'aujourd'hui, Albin Michel.

Lugand S. et Margalejo D., *Carnets de dessin*, Magnard.

Lurçat L., *L'Activité graphique à l'école maternelle*, Sciences de l'éducation, ESF.

Luquet G.H., *Le Dessin enfantin*, Delachaux et Niestlé.

Matisse H., *Écrits et propos sur l'art*, coll. Savoir, Hermann.

Piaget et Inhelder, *La Représentation de l'espace chez l'enfant*, P.U.F.

Shitao, *Les Propos sur la peinture du moine Citrouille-amère*, coll. Savoir, Hermann.

Tàpies A., *La Pratique de l'art*, coll. Idées, Gallimard.

De l'action aux opérations

LENCLOS D. et J.-P., *Les Couleurs de la France*, Le Moniteur. *Les Couleurs de l'Europe*, Le Moniteur.

LACROIX C., *Journal d'une collection*, Patrick Mauriès.

Le champ culturel

AUMONT J., *L'Image*, Nathan-Université.

AGHION I., BARBILLON C., LISSARAGUE F., *Héros et dieux de l'Antiquité, guide iconographique*, Flammarion.

BACHELARD G., *La Poétique de l'espace*, PUF.

BONNEFOY Y. (ss dir. de), *Dictionnaire des mythologies*, Flammarion.

BOYER R., *Héros et dieux du Nord, guide iconographique*, Flammarion.

CHEVALIER J., GHEERBRANT A., *Dictionnaire des symboles*, coll. Bouquins, Laffont.

DUCHET-SUCHAUX G., PASTOUREAU M., *La Bible et les saints, guide iconographique*, Flammarion.

DUBORGEL B., *Imaginaire et pédagogie*, Le sourire qui mord.

DURAND G., *L'Imagination symbolique*, coll. Quadrige, PUF.

Les Structures anthropologiques de l'imaginaire, Bordas.

ELIADE M., *Traité d'histoire des religions*, Payot.

FLAUBERT G., *La Tentation de saint Antoine*, Garnier/Flammarion.

GRAVES R., *Les Mythes grecs*, Fayard.

GRIMAL P., *Dictionnaire de la mythologie*, PUF.

Encyclopédie de l'art, La Pochothèque, Livre de poche.

HÉSIODE, *La Théogonie*, Les Belles Lettres.

LASCAULT G., *Le Monstre dans l'art occidental*, Klincksieck.

MALRIEU P,. *Construction de l'imaginaire*, Dessart.

OVIDE, *Les Métamorphoses*, Garnier/Flammarion.

PANOFSKY E., *Essais d'iconologie*, Bibliothèque des sciences humaines, Gallimard.

Séminaires de l'École du Louvre, *Quels musées, pour quelles fins, aujourd'hui ?*, La Documentation française.

SPROCCATI S. (ss dir. de), *Guide de l'art*, Solar.

Pour une bibliographie plus complète, *cf.* D. LAGOUTTE et E. BONNET, *Orientations bibliographiques pour l'enseignement des arts plastiques à l'école*, CNDP 1989.

COLLECTION
FORMATION DES ENSEIGNANTS

• Professeurs des écoles

M.-C. BOUARÉ-DES-DÉSERTS, C. RIOLET, J.-P. THOMAS, *Education civique et Philosophie politique.*

R. DANY, *L'Enfant et l'Education.*

E. DANY, C. DURAND, P. EELSEN, S. RENAUDEAU, *L'Ecole maternelle, première école.*

C. DUBOIS, M. FÉNICHEL, M. PAUVERT, *Se former pour enseigner les mathématiques.*
– *Tome 1 : Problèmes, Géométrie.*
– *Tome 2 : Maternelle, grandeur et mesure.*
– *Tome 3 : Numération, décimaux.*
– *Tome 4 : Opérations, fonctions numériques.*

C. GILLIE-GUILBERT, L. FRITSCH, *Se former à l'enseignement musical. Approches didactique et pédagogique.*

B. GROMER, M. WEISS,
– *Lire, tome 1 : apprendre à lire.*
– *Lire, tome 2 : être lecteur.*
– *Dire, écrire.*

J.-L. HARTER, M.-C. MEUNIER, J. PRINIOTKIS, N. TACAILLE, *Quelles musiques à l'école ?*

M. KERVRAN, *L'apprentissage actif de l'anglais à l'école.*

D. LAGOUTTE (Sous la direction de), *Les Arts plastiques, objectifs, enjeux et finalités.*

M. MASSON, *Didactique d'une géographie plurielle.*

A. MAUFFREY, I. COHEN, *Lecture, éléments pour une pédagogie différenciée.*

R. OCTOR, *La Législation du système éducatif français.*

G. PY, *L'Enfant et l'Ecole maternelle : les enjeux.*

• Professeurs des écoles et collèges

M. MASSON, *Comment enseigner l'Europe, de l'école au lycée.*

C. VARGAS, *Grammaire pour enseigner.*
– *Tome 1 : L'Enoncé, le Texte, la Phrase.*
– *Tome 2 : La Phrase verbale, les Fonctions et les Catégories.*

C. REYT, *Les Arts plastiques à l'école.*

• Professeurs des collèges

S. BALAZARD, E. GENTET-RAVAZCO, *L'Atelier d'expression et d'écriture au collège.*

J. BROSSARD, M. KERVRAN, M. DENAT, *Enseigner l'anglais au collège.*

A. COUSIN-FAUCONNET, *Enseigner la géométrie au collège.*

D. FERNANDEZ, B. MEYER, *Enseigner le français au collège.*

M. GOFFARD, A. DUMAS-CARRÉ, *Rénover les activités de résolution de problèmes en physique. Concepts et démarches.*

G. HUGONIE, *Pratiquer la géographie au collège.*

M. MICHAUX, *Enseigner l'histoire au collège.*

A. ZAPATA, C. BARRACO, D. SUHR, *Construire son enseignement en technologie.*

En préparation :

P. STOUDER, *Les Documents du patrimoine et l'histoire.*

Tome 1 : de l'Antiquité au début des Temps modernes (6e/5e).

Tome 2 : des Temps modernes à l'Histoire contemporaine (4e/3e).

• Professeurs des lycées

A. BEITONE, M.-A. DECUGIS-MARTINI, A. LEGARDEZ, *Enseigner les sciences économiques et sociales au lycée.*

Ph. CAUCHE, A. DESANTE, Ph. DEUBEL, G. FERRÉOL, *Enseigner les modules en SES.*

I. CHELARD-MANDROUX, A.-M. TAUVERON, *Enseigner la lecture de l'œuvre littéraire.*

M. GOFFARD, *Les Activités de documentation en physique et chimie.*

N. LAUTIER, *Enseigner l'histoire au lycée.*

A. ZAPATA, L. FUSS, D. RAMSTEIN, *Enseigner les sciences et technologies industrielles.*

En préparation :

A. ROBERT et *alii, Enseigner les mathématiques au lycée.*

• Enseigner

M. BARLOW, *Le Travail en groupe des élèves.*

E. BAUTIER, J.-Y. ROCHEX, *L'Expérience scolaire des « nouveaux lycéens ». Démocratisation ou massification ?*

G. BOUCHET, *Laïcité et enseignement.*

G. BOUCHET, *Laïcité : textes majeurs pour un débat d'actualité.*

P. BOUMARD, J.-F. MARCHAT, *Chahuts, ordre et désordre dans l'institution éducative.*

P. BOUTAN, *Histoire de l'enseignement du français à l'école primaire.*

B. CHARLOT, E. BAUTIER, J.-Y. ROCHEX, *Ecole et Savoir dans les banlieues... et ailleurs.*

B. CHARLOT et J.-C. EMIN (coordonné par), *Violences à l'école : état des savoirs.*

R. ETIENNE, A. LEROUGE, *Enseigner en collège ou en lycée, repères pour un nouveau métier.*

Ph. FUSTER, Ph. JEANNE, *Enfants handicapés et intégration scolaire.*

D. GAYET, *Modèles éducatifs et relations pédagogiques.*

J. GONNET, *De l'actualité à l'école – Pour des ateliers de démocratie.*

G. HERVÉ, *Intervenir en réseaux d'aides spécialisées aux enfants en difficulté. Histoires de Paul, Hugo et Pierre.*

J. HOUSSAYE (Sous la direction de),
- *Quinze pédagogues, leur influence aujourd'hui.*
- *Quinze pédagogues, textes choisis.*
- *Pédagogues contemporains.*

G. LAPASSADE, *Guerre et paix dans la classe.*

M. PERRAUDEAU, *Les Méthodes cognitives, apprendre autrement à l'école.*

M. PERRAUDEAU, *Piaget aujourd'hui, réponses à une controverse.*

M. PERRAUDEAU, *Les Cycles et la Différenciation pédagogique* (nvlle édition).

M. PERRAUDEAU, *Echanger pour apprendre. L'entretien critique.*

En préparation :

M.-Th. CHADUC *et alii, Répertoire de 400 notions pédagogiques.*

Ph. FUSTER *et alii, Se former à l'enseignement spécialisé.*

M. KERVRAN, *Enseigner l'anglais avec facilité.*

• Concours

R. BOBICHON, M.-T. CHADUC, Ph. LARRALDE, I. de MECQUENEM, J. SANTURET,

- *L'Epreuve d'entretien au concours de professeur des écoles.*
- *La Préparation à l'épreuve d'entretien : textes et sujets commentés.*

M. DANJOUX, *L'Epreuve d'arts plastiques au concours de professeur des écoles.*

M. FÉNICHEL, M. PAUVERT, *L'Epreuve de mathématiques au concours de professeur des écoles* (nvlle édition corrigée).

C. GILLIE-GUILBERT, L. FRITSCH, *Se former à l'enseignement musical. Approches didactique et pédagogique.*

J. HIU, *L'Epreuve de français au concours de professeur des écoles.*

M. KERVRAN, *L'Epreuve d'anglais au concours de professeur des écoles* (nvlle édition mise à jour).

I. DE MECQUENEM, J. TORDJEMAN, *Préparer les concours interne et externe de CPE.*

M. MICHAUX, *L'Epreuve d'histoire-géographie au concours de professeur des écoles.*

D. SENORE (coordonné par), *Préparer le CAPSAIS - 1. Mémoire et questions.*
Préparer le CAPSAIS - 2. L'Epreuve théorique écrite.

En préparation :

D. Senore (coordonné par), *Préparer le CAPSAIS - 3. Mémoires commentés.*

Armand Colin
34 bis, rue de l'Université, 75007 Paris
N° 21960/1
Dépôt légal : novembre 1998

Achevé d'imprimer sur les presses de la
SNEL S.A.
rue Saint-Vincent 12 – B-4020 Liège
tél. 32(0)4 344 65 60 - fax 32(0)4 343 77 50
octobre 1998 – 10483